U0524684

今注本二十四史

三國志

晉 陳壽 撰　宋 裴松之 注
楊耀坤 揭克倫 校注

一〇　吳書〔一〕

中國社會科學出版社

三國志 卷四六

吳書一

孫破虜討逆傳第一

　　孫堅字文臺,吳郡富春人,[1]蓋孫武之後也。〔一〕[2]少爲縣吏。年十七,[3]與父共載船至錢唐,[4]會海賊胡玉等從匏里上掠取賈人財物,[5]方於岸上分之,行旅皆住,船不敢進。堅謂父曰:"此賊可擊,請討之。"父曰:"非爾所圖也。"堅行操刀上岸,以手東西指麾,若分部人兵以羅遮賊狀。賊望見,以爲官兵捕之,即委財物散走。堅追,斬得一級以還;父大驚。由是顯聞,府召署假尉。[6]會稽妖賊許昌起於句章,[7]自稱陽明皇帝,〔二〕與其子韶扇動諸縣,衆以萬數。堅以郡司馬募召精勇,[8]得千餘人,與州郡合討破之。是歲,熹平元年也。[9]刺史臧旻列上功狀,詔書除堅鹽瀆丞,[10]數歲徙盱眙丞,[11]又徙下邳丞。〔三〕[12]

　　〔一〕《吳書》曰:堅世仕吳,家於富春,葬於城東。冢上數有光怪，[13]雲氣五色，上屬于天，曼延數里。[14]衆皆往觀視。父老相謂曰："是非凡氣，孫氏其興矣！"[15]及母懷妊堅，夢腸出繞吳昌門，[16]寤而懼之，以告鄰母。鄰母曰："安知非吉徵也。"堅生，容貌不凡，性闊達，好奇節。

〔二〕《靈帝紀》曰：昌以其父爲越王也。

〔三〕《江表傳》曰：堅歷佐三縣，所在有稱，吏民親附。鄉里知舊，好事少年，往來者常數百人，堅接撫待養，有若子弟焉。

[1] 吳郡：治所吳縣，在今江蘇蘇州市。　富春：縣名。治所在今浙江富陽市。

[2] 孫武：春秋齊國人。以《兵法》十三篇見吳王闔閭，被任爲將。曾率吳軍攻破楚國，北威齊、晉，使吳國强盛一時（見《史記》卷六五《孫子列傳》）。其《兵法》十三篇，即傳世之《孫子兵法》，爲中國最早、最傑出之兵書。潘眉《考證》云："陳志不詳破虜父祖名字，裴注亦略之。考《宋書·符瑞志》，孫堅之祖名鍾，家在吳郡富春。"趙一清《補注》則云："此傳不稱父名，似當依《異苑》以鍾爲堅父。"

[3] 年十七：盧弼《集解》云：時爲漢靈帝建寧四年（171）。

[4] 錢唐：縣名。東漢時又作"錢塘"。謝鍾英《補三國疆域志補注》謂錢唐，西漢爲縣，東漢省，蓋漢末靈帝時又復置。西漢時治所在今浙江杭州市西靈隱山下，東漢末復置後治所在今杭州市。

[5] 匏里：地名。謝鍾英《補三國疆域志補注》云："匏里宜近錢塘。"

[6] 府：指錢唐縣府。　假尉：代理尉。漢制，大縣置尉二人，小縣一人。掌管軍事，防止盜賊。

[7] 會稽：郡名。治所山陰縣，在今浙江紹興市。　許昌：梁章鉅《旁證》云："《後漢書·靈帝紀》'許昌'作'許生'，'詔'

作'昭'。《續漢書·天文志》及《臧洪傳》皆作'許生''許昭',此作'昌'、作'韶',字誤。《孫權傳》(當云《孫策傳》)注'嚴白虎投許昭於虜中'。亦不作'韶'可證。或因晋諱'昭'改爲'韶'耳。" 句章:縣名。治所在今浙江餘姚市東南。

[8] 郡司馬:官名。胡三省云:"《百官志》,郡有丞、長史而無司馬。蓋是時以盜起,置司馬以主兵也。"(《通鑑》卷五七漢靈帝熹平元年注)按,西晋時州郡長官多帶將軍名號開府,乃置司馬以主軍務。

[9] 熹平:漢靈帝劉宏年號(172—178)。

[10] 鹽瀆:縣名。治所在今江蘇鹽城市。 丞:官名。縣令、長之副佐,職掌文書及倉、獄事。

[11] 盱眙:縣名。治所在今江蘇盱眙縣東北。

[12] 下邳:縣名。治所在今江蘇睢寧縣西北。

[13] 光怪:趙幼文《校箋》謂《藝文類聚》卷一〇引《吳錄》"怪"字作"如"。

[14] 曼延:趙幼文《校箋》謂《藝文類聚》引《吳錄》"曼"下有"下"字。按《藝文類聚》引"下"字在"曼"字上,作"下曼延數里"。

[15] 矣:趙幼文《校箋》謂《藝文類聚》引《吳錄》作"乎"。

[16] 昌門:吳縣之城門。

中平元年,[1]黃巾賊帥張角起于魏郡,[2]託有神靈,遣八使以善道教化天下,而潛相連結,自稱黃天泰平。三月甲子,三十六(萬)〔方〕一旦俱發,[3]天下響應,燔燒郡縣,殺害長吏。〔一〕[4]漢遣車騎將軍皇甫嵩、中郎將朱儁將兵討擊之。[5]儁表請堅爲佐軍司馬,[6]鄉里少年隨在下邳者皆願從。堅又募諸商旅及淮、泗精兵，[7]合千許人，與儁并力奮擊，所向無前。〔二〕汝、潁賊困迫，[8]走保宛城。[9]堅身當一面，登城先入，眾乃蟻附，遂大破之。儁具以狀聞上，拜堅別部司馬。〔三〕[10]

〔一〕《獻帝春秋》曰：角稱天公將軍，角弟寶稱地公將軍，寶弟梁稱人公將軍。

〔二〕《吳書》曰：堅乘勝深入，於西華失利。[11]堅被創墮馬，臥草中。軍眾分散，不知堅所在。堅所騎驄馬馳還營，[12]踏地呼鳴，[13]將士隨馬於草中得堅。堅還營十數日，創少愈，乃復出戰。

〔三〕《續漢書》曰：儁字公偉，會稽人，少好學，為郡功曹，[14]察孝廉，[15]舉進士。[16]漢朝以討黃巾功拜車騎將軍，[17]累遷河南尹。[18]董卓見儁，外甚親納，而心忌之，儁亦陰備焉。關東兵起，[19]卓議移都，儁輒止卓。卓雖憚儁，然貪其名重，乃表拜太僕以自副。[20]儁被召不肯受拜，因進曰："國不宜遷，必孤天下望，成山東之結，[21]臣不見其可也。"有司詰曰："召君受拜而君拒之，不問徒事而君陳之，何也？"儁曰："副相國，[22]非臣所堪也。遷都非計，臣之所急也。[23]辭所不堪，進臣所急，[24]臣之所宜也。"有司曰："遷都之事，初無此計也，[25]就有，未露，何所受聞？"儁曰："相國董卓為臣說之，臣聞之於相國。"有司不能屈，朝廷稱服焉。後為太尉。[26]李傕、郭汜相攻，劫質天子公卿，儁性剛，即發病而卒。

[1] 中平：漢靈帝劉宏年號（184—189）。

[2] 張角：東漢末以太平道組織農民起義的黃巾首領。《後漢書》卷七一《皇甫嵩傳》云："初，鉅鹿張角自稱'大賢良師'，奉事黃老道，畜養弟子，跪拜首過，符水咒說以療病，病者頗愈，

百姓信向之。角因遣弟子八人使於四方，以善道教化天下，轉相誑惑。十餘年間，衆徒數十萬，連結郡國，自青、徐、幽、冀、荆、揚、兗、豫八州之人，莫不畢應。遂置三十六方。方猶將軍號也。大方萬餘人，小方六七千，各立渠帥。訛言'蒼天已死，黃天當立，歲在甲子，天下大吉'。以白土書京城寺門及州郡官府，皆作'甲子'字。"中平元年三月初，"一時俱起，皆著黃巾爲摽幟，時人謂之'黃巾'"，"旬日之間，天下響應，京師震動"。 魏郡：治所鄴縣，在今河北臨漳縣西南鄴鎮東一里半。

[3] 三十六方：各本皆作"三十六萬"。盧弼《集解》引何焯、惠棟說，謂當作"三十六方"。校點本即從何焯、惠棟說改。今從校點本。

[4] 長吏：指郡守、縣令長。

[5] 車騎將軍：錢大昭《辨疑》云："嵩以北地太守爲左中郎將，與右中郎將朱儁共討潁川黃巾。黃巾已平，乃拜左車騎將軍。此時尚未爲車騎也。疑傳有誤。" 中郎將：《後漢書》卷一〇一《朱儁傳》作"右中郎將"。東漢置左、右中郎將各一人，分別領左、右署中郎、侍郎、郎中，掌訓練、管理、考核後備官員。東漢末又置中郎將爲統兵將領，位次將軍。

[6] 佐軍司馬：盧弼《集解》本作"左軍司馬"，百衲本、殿本、校點本作"佐軍司馬"。今從百衲本等。此佐軍司馬，爲右中郎將朱儁之屬官。以下文觀之，主領兵協同作戰。

[7] 淮泗：淮水與泗水。泗水源於今山東泗水縣東蒙山南麓，西流經泗水、曲阜、兗州等縣市，折南經濟寧市南魯鎮及魚臺縣東，轉東南流經江蘇沛縣及徐州市，此下略循廢黃河至淮陰市西南入淮河。

[8] 汝潁：汝南郡與潁川郡。《後漢書》卷一〇一《朱儁傳》即謂朱儁"與左中郎將皇甫嵩討汝南、潁川、陳國諸賊"。汝南郡治所平輿縣，在今河南平輿縣北。潁川郡治所陽翟縣，在今河南禹州市。

[9] 宛：縣名。治所在今河南南陽市。

[10] 別部司馬：官名。東漢時大將軍領營五部，部有軍司馬一人，秩比千石。其別營領屬稱別部司馬。後雖非大將軍者，亦或有置。

[11] 西華：縣名。治所在今河南西華縣南。

[12] 驄馬：青、白色相雜的馬。

[13] 踣地：百衲本"踣"字作"掊"，殿本、盧弼《集解》本、校點本作"踣"。按二字通。《集韻·德韻》："踣，《説文》：'僵也。'亦作仆、掊。"今從殿本等。

[14] 功曹：官名。漢代郡太守下設功曹史，簡稱功曹，爲郡太守之佐吏，除分掌人事外，並得參與一郡之政務。

[15] 孝廉：漢代選拔官吏的主要科目。孝指孝子，廉指廉潔之士。原本爲二科，後混同爲一科，也不再限於孝子和廉吏。東漢後期定制爲不滿四十歲者不得察舉；被舉者先詣公府課試，以觀其能。郡國每年要向中央推舉一至二人。

[16] 進士：《禮記·王制》："大樂正論造士之秀者，以告於王，而升諸司馬，曰進士。"鄭玄注："進士，可進受爵禄也。"即謂士人入仕爲官。而漢代選舉科目卻無進士。沈家本《瑣言》云："兩漢無進士之名，而此云'進士'，未詳其義。"

[17] 車騎將軍：官名。《後漢書》卷一〇一《朱儁傳》謂朱儁平黄巾軍後，以功拜右車騎將軍。東漢時車騎將軍位比三公，常以貴戚充任。出掌征伐，入參朝政。漢靈帝時常作加官或贈官。中平元年分置左、右，旋罷。

[18] 河南尹：官名。秩二千石。東漢建都洛陽，將京都附近二十一縣合爲一行政區，稱河南，相當於一郡；河南尹的長官亦名河南尹，地區名與官名相同。

[19] 關東：地區名。秦漢時通稱函谷關（在今河南靈寶市東北）以東地區爲關東，洛陽亦在其中。當時董卓尚在洛陽，正欲遷都長安。此所謂"關東"，則指洛陽以東之廣大地區。

［20］太僕：官名。東漢時秩中二千石，列卿之一。掌皇帝車馬，兼管官府畜牧業及兵器製作、織綬等。

［21］山東：地區名。秦漢時通稱崤山以東地區爲山東。而春秋時晉國則稱太行山以東之地爲山東。漢時亦有沿此稱者。

［22］相國：官名。西漢初置相國，後改稱丞相。漢獻帝初立，董卓復置相國自任之。

［23］臣之所急也：此句與上句《後漢書》卷一〇一《朱儁傳》作"遷都計，非事所急也"。

［24］進臣所急：《後漢書》卷一〇一《朱儁傳》作"言所非急"。

［25］初無：全無。

［26］太尉：官名。東漢時與司徒、司空並爲三公，共同行使宰相職能，而位列三公之首，名位甚重，或與太傅並録尚書事，綜理全國軍政事務。

邊章、韓遂作亂涼州，[1]中郎將董卓拒討無功。中平（三）〔二〕年，[2]遣司空張溫行車騎將軍，[3]西討章等。溫表請堅與參軍事，[4]屯長安。[5]溫以詔書召卓，卓良久乃詣溫。溫責讓卓，卓應對不順。[6]堅時在坐，前耳語謂溫曰："卓不怖罪而鴟張大語，[7]宜以召不時至，陳軍法斬之。"溫曰："卓素著威名於隴蜀之間，[8]今日殺之，西行無依。"堅曰："明公親率王兵，[9]威震天下，何賴於卓？觀卓所言，不假明公，輕上無禮，一罪也。章、遂跋扈經年，當以時進討，而卓云未可，沮軍疑衆，二罪也。卓受任無功，應召稽留，而軒昂自高，三罪也。古之名將，仗鉞臨衆，未有不斷斬以示威者也，是以穰苴斬莊賈，[10]魏絳戮楊干。[11]今明公垂意於卓,不即加誅,虧損威刑,於是在矣。"溫不忍發舉,[12]乃曰:"君且還,卓將疑人。"堅因起出。章、遂聞大兵向至,[13]黨衆離散,皆乞降。軍還,議者以軍未臨敵,不斷功賞,[14]然聞堅數卓三罪,勸溫斬之,無不歎息。拜堅議郎。[15]時長沙賊區星自稱將軍,[16]衆萬餘人,攻圍城邑,乃以堅爲長沙太守。到郡親率將士,施設方略,旬月之間,克破星等。〔一〕周朝、郭石亦帥徒衆起於零、桂,[17]與星相應。遂越境尋討,三郡肅然。漢朝録前後功,封堅烏程侯。〔二〕[18]

〔一〕《魏書》曰:堅到郡,郡中震服,任用良吏。敕吏曰:"謹遇良善,治官曹文書,必循治,以盜賊付太守。"

〔二〕《吳録》曰:是時廬江太守陸康從子作宜春長,[19]爲賊所攻,遣使求救於堅。堅整嚴救之。主簿進諫,[20]堅答曰:"太守無文德,以征伐爲功,越界攻討,[21]以全異國。[22]以此獲罪,何媿海内乎?"乃進兵往救,賊聞而走。

[1] 涼州:東漢時刺史治所隴縣,在今甘肅張家川回族自治縣。漢靈帝中平後迄於獻帝建安末,刺史治所冀縣,在今甘肅甘谷縣東。邊章、韓遂殺涼州刺史、郡守反叛事,見本書卷一《武帝紀》卷首。

[2] 中平二年:各本皆作"中平三年"。錢大昕《廿二史考異》謂張溫爲車騎將軍及西討邊章等,《後漢書》卷八《靈帝紀》皆載於中平二年。又按,《通鑑》亦與《靈帝紀》同,今從錢說改。

[3] 司空:官名。東漢時與太尉、司徒並爲三公,共同行使宰

相職能，而位列三公之末。本職掌土木營建與水利工程。

　　[4] 與參軍事：趙幼文《校箋》謂《太平御覽》卷一一八引無"與"字。按，《册府元龜》卷一九〇引亦有"與"字。

　　[5] 長安：縣名。治所在今陝西西安市西北。

　　[6] 應對：殿本、盧弼《集解》本作"對應"，百衲本、校點本作"應對"。今從百衲本等。

　　[7] 怖罪：趙幼文《校箋》謂《册府元龜》卷一九〇引"怖"字作"悔"。按，宋本《册府元龜》作"悕"，當是"怖"字之誤。

　　[8] 隴蜀：盧弼《集解》云："《通鑑》'隴蜀'作'河隴'。"按，當作"河隴"。河指黃河，隴指隴山。隴山在今陝西隴縣、寶雞市與甘肅清水縣、張家川回族自治縣之間。但蕭常《續後漢書》與郝經《續後漢書》俱作"隴蜀"，故不改字。

　　[9] 王兵：殿本、盧弼《集解》本作"天兵"，百衲本、校點本作"王兵"。今從百衲本等。

　　[10] 穰苴：即司馬穰苴。春秋齊國人，田氏，名穰苴。官至大司馬，故稱司馬穰苴。齊景公時，被晉國、燕國侵犯邊地及河南地。齊軍又被燕軍大敗。晏嬰乃薦穰苴於景公。景公以穰苴爲將軍，率兵擊燕、晉之師。穰苴曰："臣素卑賤，君擢之閭伍之中，加之大夫之上，士卒未附，百姓不信，人微權輕，願得君之寵臣，國之所尊，以監軍，乃可。"景公乃派寵幸莊賈爲監軍。穰苴因與莊賈約曰："旦日日中會於軍門。"莊賈素驕貴，至次日夕時方至軍門。穰苴因以軍法處斬莊賈。（見《史記》卷六四《司馬穰苴列傳》）

　　[11] 魏絳：春秋晉國大夫。公元前570年宋襄公與諸侯會盟於鷄澤（在今河北邯鄲市東北）。晉國魏絳與晉悼公之弟楊干參與盟會。因楊干之車在曲梁（在鷄澤稍東北）擾亂了軍車之行列，魏絳遂誅殺楊干之駕車者。（見《左傳·襄公三年》）

　　[12] 溫不忍發舉：錢大昭《辨疑》云："張溫不聽破虜之言即斬董卓，致令職爲亂階，小不忍乃亂大謀矣。"

[13] 向至：趙幼文《校箋》謂《册府元龜》卷一九〇引無"向"字。按宋本《册府元龜》引有"向"字。向至，即將至，臨近到來。楊樹達《詞詮》："向，近也。"

[14] 不斷功賞：沈家本《瑣言》謂《後漢書·靈帝紀》言張溫破北宮伯玉於美陽，又遣周慎追擊之，圍榆中；又遣董卓討先零羌。慎、卓並不克。又同書卷七二《董卓傳》謂中平三年（186）冬徵張溫還京師。然則溫以被徵而還，非軍勝而還。當時之不斷賞功，非以軍未臨敵；且其時溫破賊於美陽，不得謂軍未臨敵；"章、遂敗走榆中"（《董卓傳》語），亦無黨衆離散皆乞降之事。此傳與《後漢書》全不符合，恐係陳壽之謬。

[15] 議郎：官名。郎官之一種，屬光禄勳，秩六百石，不入直宿衛，得參預朝政議論。

[16] 長沙：郡名。治所臨湘縣，在今湖南長沙市。

[17] 零：指零陵郡。治所泉陵縣，在今湖南永州市。　桂：指桂陽郡。治所郴縣，在今湖南郴州市。

[18] 烏程：縣名。治所在今浙江湖州市南下菰城。　侯：爵名。漢代二十級爵之最高者稱列侯。金印紫綬，有封邑，食租税。功大者食縣，小者食鄉、亭。孫堅乃爲烏程縣侯。

[19] 廬江：郡名。治所本在舒縣，在今安徽廬江縣西南。建安四年（199）劉勳移於皖縣，在今安徽潛山縣。　宜春：縣名。治所在今江西宜春市。

[20] 主簿：官名。漢代中央及州郡官府皆置，以典領文書，經辦事務。

[21] 越界：宜春縣屬豫章郡，由長沙郡往討，是爲越界。

[22] 國：指郡國。

靈帝崩，卓擅朝政，橫恣京城。諸州郡並興義兵，欲以討卓。〔一〕堅亦舉兵。荆州刺史王叡素遇堅無禮，[1]

堅過殺之。[二]比至南陽,[2]衆數萬人。南陽太守張咨聞軍至,晏然自若。[三]堅以牛酒禮咨,咨明日亦答詣堅。酒酣,長沙主簿入白堅:"前移南陽,[3]而道路不治,軍資不具,請收主簿推問意故。"[4]咨大懼欲去,兵陳四周不得出。有頃,主簿復入白堅:"南陽太守稽停義兵,使賊不時討,請收出案軍法從事。"便牽咨於軍門斬之。郡中震慄,無求不獲。[四]前到魯陽,[5]與袁術相見。術表堅行破虜將軍,[6]領豫州刺史。[7]遂治兵於魯陽城。當進軍討卓,遣長史公仇稱將兵從事還州督促軍糧。[8]施帳幔於城東門外,祖道送稱,[9]官屬並會。卓遣步騎數萬人逆堅,輕騎數十先到。堅方行酒談笑,敕部曲整頓行陣,[10]無得妄動。後騎漸益,堅徐罷坐,導引入城,乃謂左右曰:"向堅所以不即起者,恐兵相蹈藉,諸君不得入耳。"卓兵見堅士衆甚整,不敢攻城,乃引還。[五]堅移屯梁東,[11]大爲卓軍所攻,堅與數十騎潰圍而出。堅常著赤罽幘,[12]乃脫幘令親近將祖茂著之。卓騎爭逐茂,故堅從閒道得免。茂困迫,下馬,以幘冠冢閒燒柱,因伏草中。卓騎望見,圍繞數重,定近覺是柱,乃去。堅復相收兵,合戰於陽人,[13]大破卓軍,梟其都督華雄等。[14]是時,或閒堅於術,術懷疑,不運軍糧。[六]陽人去魯陽百餘里,堅夜馳見術,畫地計校,曰:"所以出身不顧,上爲國家討賊,下慰將軍家門之私讎。堅與卓非有骨肉之怨也,而將軍受譖潤之言,[15]還相嫌疑!"[七]術踧踖,[16]即調發軍糧。堅還屯。卓憚堅猛壯,乃遣將軍李傕等來求和親，令堅列疏子弟任刺史、郡守者，許表用之。堅曰："卓逆天無道，蕩覆王室，今不夷汝三族，縣示四海，則吾死不瞑目，豈將與乃和親邪？"[17]復進軍大谷，[18]拒雒九十里。〔八〕[19]卓尋徙都西入關，[20]焚燒雒邑。堅乃前入至雒，脩諸陵，平塞卓所發掘。〔九〕訖，引軍還，住魯陽。〔一〇〕

〔一〕《江表傳》曰：堅聞之，拊膺歎曰："張公昔從吾言，朝廷今無此難也。"

〔二〕案《王氏譜》，叡字通耀，晉太保祥伯父也。[21]

《吳錄》曰：叡先與堅共擊零、桂賊，以堅武官，言頗輕之。及叡舉兵欲討卓，素與武陵太守曹寅不相能，[22]揚言當先殺寅。寅懼，詐作案行使者光祿大夫溫毅檄，[23]移堅，說叡罪過，令收行刑訖，以狀上。堅即承檄勒兵襲叡。叡聞兵至，登樓望之，遣問欲何為，堅前部答曰："兵久戰勞苦，所得賞，不足以為衣服，詣使君更乞資直耳。"[24]叡曰："刺史豈有所吝？"便開庫藏，使自入視之，知有所遺不。兵進及樓下，叡見堅，驚曰："兵自求賞，孫府君何以在其中？"[25]堅曰："被使者檄誅君。"叡曰："我何罪？"堅曰："坐無所知。"叡窮迫，刮金飲之而死。

〔三〕《英雄記》曰：咨字子議，[26]潁川人，亦知名。

《獻帝春秋》曰：袁術表堅假中郎將。堅到南陽，移檄太守請軍糧。咨以問綱紀，[27]綱紀曰："堅鄰郡二千石，[28]不應調發。"咨遂不與。

〔四〕《吳曆》曰：初堅至南陽，咨既不給軍糧，又不肯見堅。堅欲進兵，恐有後患，乃詐得急疾，舉軍震惶，迎呼巫醫，禱祀山川。遣所親人說咨，言病困，欲以兵付咨。咨聞之，心利其兵，即將步騎五六百人詣營省堅。[29]堅臥與相見。無何，卒然而起，按劍罵咨，遂執斬之。此語與本傳不同。

〔五〕《英雄記》曰：初堅討董卓，到梁縣之陽人。卓亦遣兵步騎五千迎之，陳郡太守胡軫爲大督護，[30]呂布爲騎督，[31]其餘步騎將校都督者甚衆。軫字文才，性急，預宣言曰："今此行也，要當斬一青綬，[32]乃整齊耳。"諸將聞而惡之。軍到廣成，[33]去陽人城數十里。日暮，士馬疲極，當止宿，又本受卓節度宿廣成，秣馬飲食，以夜進兵，投曉攻城。諸將惡憚軫，欲賊敗其事，布等宣言"陽人城中賊已走，當追尋之；不然失之矣"，便夜進軍。城中守備甚設，不可掩襲。於是吏士飢渴，人馬甚疲，且夜至，又無暫壘。釋甲休息，而布又宣言相驚，云"城中賊出來"。軍衆擾亂奔走，皆棄甲，失鞍馬。行十餘里，定無賊，[34]會天明，便還，拾取兵器，欲進攻城。城守已固，穿塹已深，軫等不能攻而還。[35]

〔六〕《江表傳》曰：或謂術曰"堅若得洛，不可復制，此爲除狼而得虎也"，故術疑之。

〔七〕《江表傳》載堅語曰："大勳垂捷而軍糧不繼，此吳起所以歎泣於西河，[36]樂毅所以遺恨於垂成也。[37]願將軍深思之。"

〔八〕《山陽公載記》曰：卓謂長史劉艾曰："關東軍敗數矣，皆畏孤，無能爲也。惟孫堅小戇，頗能用人，當語諸將，使知忌之。孤昔與周慎西征，慎圍邊、韓於金城。[38]孤語張溫，求引所將兵爲慎作後駐。溫不聽。孤時上言其形勢，知慎必不克。臺今有本末。[39]事未報，溫又使孤討先零叛羌，[40]以爲西方可一時蕩定。孤皆知其不然而不得止，遂行，留別部司馬劉靖將步騎四千屯安定，[41]以爲聲勢。叛羌便還，[42]欲截歸道，孤小擊輒開，畏安定有兵故也。虜謂安定當數萬人，不知但靖也。時又上章言狀，而孫堅隨周慎行，謂慎求將萬兵造金城，使慎以二萬作後駐，邊、韓城中無宿穀，當於外運，畏慎大兵，不敢輕與堅戰，而堅兵足以斷其運道，兒曹用必還羌谷中，[43]涼州或能定也。溫既不能用孤，慎又不用堅，自攻金城，壞其外垣，馳使語溫，自以克在旦夕。溫時亦自以計中也。而渡遼兒果斷（蔡圍）〔蔡園〕，[44]慎棄輜重走，果如孤策。臺以此封孤都鄉侯。"[45]堅以佐軍司馬，所見與人同，自爲可耳。"[46]艾曰："堅雖時見計，故自不如李傕、郭汜。聞在美陽亭北，[47]將千騎步與虜合，殆死，亡失印綬，此不爲能也。"卓曰："堅時烏合義從，兵不如虜精，且戰有利鈍。但當論山東大勢，終無所至耳。"艾曰："山東兒驅略百姓，以作寇逆，其鋒不如人，堅甲利兵彊弩之用又不如人，亦安得久？"卓曰："然，但殺二袁、劉表、孫堅，天下自服從孤耳。"

〔九〕《江表傳》曰：舊京空虛，數百里中無煙火。堅前入城，惆悵流涕。

《吳書》曰：堅入洛，掃除漢宗廟，祠以太牢。[48]堅軍城南甄官井上，[49]旦有五色氣，[50]舉軍驚怪，莫有敢汲。堅令人入井，[51]探得漢傳國璽，文曰"受命于天，既壽永昌"，方圓四寸，[52]上紐交五龍，[53]〔龍〕上一角缺。[54]初，黃門張讓等作亂，[55]劫天子出奔，左右分散，掌璽者以投井中。

《山陽公載記》曰：袁術將僭號，聞堅得傳國璽，乃拘堅夫人而奪之。[56]

《江表傳》曰：案《漢獻帝起居注》云"天子從河上還，得六璽於閣上"，[57]又太康之初孫皓送金璽六枚，[58]無有玉，明其僞也。

虞喜《志林》曰：[59]天子六璽者，文曰"皇帝之璽""皇帝行璽""皇帝信璽""天子之璽""天子行璽""天子信璽"。此六璽所封事異，故文字不同。《獻帝起居注》云"從河上還，得六玉璽於閣上"，此之謂也。傳國璽者，乃漢高祖所佩秦皇帝璽，世世傳受，號曰傳國璽。案傳國璽不在六璽之數，安得總其說乎？應氏《漢官》、皇甫《世紀》，[60]其論六璽，文義皆符。《漢官》傳國璽，[61]文曰"受命于天，既壽且康"。"且康""永昌"，二字為錯,未知兩家何者爲得。金玉之精,率有光氣,加以神器秘寶,輝耀益彰,蓋一代之奇觀,將來之異聞,而以不解之故,強謂之僞,不亦誣乎!陳壽爲《破虜傳》亦除此説,俱惑《起居注》,不知六璽殊名,與傳國爲七者也。吳時無能刻玉,故天子以金爲璽。璽雖以金,於文不異。吳降而送璽者送天子六璽,囊所得玉璽,乃古人遺印,不可施用。天子之璽,今以無有爲難,不通其義者耳。

臣松之以爲孫堅於興義之中最有忠烈之稱,若得漢神器而潛匿不言,此爲陰懷異志,豈所謂忠臣者乎?[62]吳史欲以爲國華,而不知損堅之令德。如其果然,以傳子孫,縱非六璽之數,要非常人所畜,孫皓之降,亦不得但送六璽,而寶藏傳國也。受命于天,奚取于歸命之堂?[63]若如喜言,則此璽今尚在孫門。匹夫懷璧,猶曰有罪,而況斯物哉!

[一〇]《吳錄》曰:是時關東州郡,務相兼并以自彊大。袁紹遣會稽周㬂爲豫州刺史,來襲取州。堅慨然歎曰:"同舉義兵,將救社稷。逆賊垂破而各若此,吾當誰與戮力乎!"言發涕下。㬂字仁明,周昕之弟也。

《會稽典錄》曰:[64]初曹公興義兵,遣人要㬂,㬂即收合兵衆,得二千人,從公征伐,以爲軍師。後與堅争豫州,屢戰失利。會次兄九江太守昂爲袁術所攻,[65]㬂往助之。軍敗,還鄉里,爲許貢所害。

[1] 荆州:刺史治所漢壽縣,在今湖南常德市東北。
[2] 南陽:郡名。治所宛縣,在今河南南陽市。
[3] 移:官府文書之一種。多用於平級或不相統屬的官府之間。
[4] 主簿:指南陽郡之主簿。
[5] 魯陽:縣名。治所在今河南魯山縣。

［6］破虜將軍：官名。漢獻帝初平初置，爲雜號將軍。

［7］豫州：刺史治所譙縣，在今安徽亳州市。

［8］長史：官名。漢代三公府設有長史，以輔助三公。將軍府之屬官亦有長史，以總理幕府。當時孫堅爲破虜將軍，故置長史。　兵從事：官名。即兵曹從事史。東漢州牧刺史之屬吏有從事史多人，兵曹從事史即其一，掌兵事。　公仇稱：趙幼文《校箋》謂《册府元龜》卷一八三引"仇"字作"孫"。按，宋本《册府元龜》亦作"仇"。

［9］祖道：古代爲出行者祭祀路神，並飲宴送行。後世謂之餞行。

［10］行陣：校點本作"行陳"，百衲本、殿本、盧弼《集解》本皆作"行陣"。二者通，今從百衲本等。以下各卷同此者，徑從百衲本等，不再一一做注。

［11］梁：縣名。治所在今河南汝州市南。

［12］赤幭幘：赤色毛氈製的頭巾。赤色頭巾係武官所服。《續漢書·輿服志下》云："武吏常赤幘，成其威也。"

［13］陽人：即陽人聚。古城名。在今河南汝州市西北。

［14］都督：官名。領兵將領，東漢末置。　華雄：潘眉《考證》謂"華雄"當作"葉雄"。《廣韻》二十九葉引《吳志·孫堅傳》有"都尉葉雄"。趙幼文《校箋》亦云："《通志·氏族略》：'葉，舊音攝。《風俗通》楚沈尹戌生諸梁，食采於葉，因氏焉。吳有都尉葉雄。'尤可證。"按《通鑑》亦作"華雄"。

［15］譖潤之言：日積月累的讒言。

［16］踧（cù）踖（jí）：恭敬而不安的樣子。

［17］乃：你。

［18］大谷：關隘名。即大谷關，又名水泉關。在今河南洛陽市東南大谷口，接登封市界。爲漢靈帝中平元年（184）所置八關之一。

［19］拒：趙幼文《校箋》謂《太平御覽》卷一一八、《册府

元龜》卷一八三引作"距",當從之。按,"拒"通"距"。如《武經總要前集》卷一二謂弩臺"與城相接,每臺相拒亦如之"。雒:古邑名。即漢代之雒陽縣(洛陽縣),在今河南洛陽市東北白馬寺東。

[20] 關:指潼關。在今陝西潼關縣東北黃河南岸潼關。

[21] 太保:官名。西晉時與太宰、太傅並爲上公,位在三公上,一品。爲榮譽職銜。

[22] 武陵:郡名。治所臨沅縣,在今湖南常德市。

[23] 案行使者:朝廷派出巡察地方的臨時官員。 光祿大夫:官名。秩比二千石。掌顧問應對,無常事,屬光祿勳。

[24] 使君:對州刺史之尊稱。

[25] 孫府君:盧弼《集解》本作"孫使君",百衲本、殿本、校點本作"孫府君"。今從百衲本等。府君,對太守的尊稱。

[26] 子議:盧弼《集解》本作"子儀",百衲本、殿本、校點本作"子議"。今從百衲本等。

[27] 綱紀:指郡主簿、功曹等主要屬吏。

[28] 二千石:指郡太守。太守秩爲二千石。

[29] 省堅:盧弼《集解》本作"省望",百衲本、殿本、校點本作"省堅"。今從百衲本等。

[30] 陳郡:趙一清《注補》云:"《後漢書·董卓傳》注引《九州春秋》作'東郡太守'。《續志》有陳國無陳郡,至曹魏始廢國爲郡。'陳'乃'東'字之訛。"按,吳增僅《三國郡縣表附考證》謂陳於東漢爲國,《元和郡縣圖志》言漢末陳王寵爲袁紹所殺,國除爲郡。則漢獻帝初已有陳郡,《九州春秋》與此之異,未審孰是,故不改。陳郡治所陳縣,在今河南淮陽縣。 大督護:官名。東漢末董卓置,爲軍中統帥。

[31] 騎督:官名。軍中統帥騎兵的中級軍官。

[32] 青綬:潘眉《考證》云:"《續漢志》九卿中二千石、二千石,青綬。"

[33] 廣成：地名。又稱廣成苑，在今河南伊川縣東南。漢桓帝延熹元年（158）曾校獵於此。

[34] 定無賊：吳金華《校詁》云："'定'乃副詞，猶今語'終究''到底'。"

[35] 軫等不能攻而還：盧弼《集解》引沈家本說，謂此注當在下文"合戰于陽人"之下。

[36] 吳起：戰國衛國人。爲魏將。《呂氏春秋·仲冬紀·長見》云："吳起治西河之外，王錯譖之於魏武侯。武侯使人召之，吳起至於岸門，止車而望西河，泣數行而下。其僕謂吳起曰：'竊觀公之意，視釋天下若釋躧（草鞋），今去西河而泣，何也？'吳起抿泣而應之曰：'子不識，君知我而使我畢能西河，可以王。今君聽讒人之議，而不知我，西河之爲秦取不久矣，魏從此削矣！'吳起果去魏入楚。有間，西河畢入秦。秦日益大，此吳起之所先見而泣也。"（本趙幼文《校箋》）

[37] 樂毅：戰國中山國人，爲燕將。燕昭王二十八年（前284）率軍擊破齊國，先後攻下七十餘城，僅莒、即墨二城未下。會燕昭王死，子燕惠王立。惠王中齊反間計，用騎劫代樂毅爲將。樂毅畏誅，乃投奔趙國。（見《史記》卷八〇《樂毅列傳》）

[38] 邊韓：指邊章、韓遂。　金城：郡名。治所允吾縣，在今甘肅永靖縣西北湟水南岸。

[39] 臺：指尚書臺。

[40] 先零叛羌：先零羌，係羌族的一支。東漢時主要分佈於天水、隴西、扶風等郡一帶。

[41] 安定：郡名。治所臨涇縣，在今甘肅鎮原縣東南。

[42] 便還：殿本、盧弼《集解》本作"更還"，百衲本、校點本作"便還"。今從百衲本等。

[43] 兒曹用：殿本《考證》云："'兒曹'以下疑有脱文。"《通鑑》卷六〇漢獻帝初平二年（191）作"兒曹用其言"。

[44] 渡遼兒：盧弼《集解》云："謂邊章、韓遂也。"　葵

園：百衲本、殿本作"蔡園"，盧弼《集解》本作"蔡園"。《後漢書》卷七二《董卓傳》作"葵園狹"，《通鑑》卷五八作"葵園峽"。校點本即據《後漢書》《通鑑》改作"葵園"。今從之。盧弼《集解》引《讀史方輿紀要》卷六〇，謂葵園峽在蘭州西。蘭州即今甘肅蘭州市。

[45] 都鄉侯：本書卷六《董卓傳》及《後漢書・董卓傳》均作"斄鄉侯"。

[46] 可：吳金華《校詁》云"可"猶快也，佳也。

[47] 美陽亭：美陽縣之亭。美陽縣治所在今陝西武功縣西北武功鎮西。

[48] 太牢：祭祀時牛、羊、豕三牲具備稱太牢。後單用牛亦稱太牢。

[49] 堅軍城南甄官井上：趙幼文《校箋》謂《北堂書鈔》卷一三一引"軍"上有"頓"字，"官"上有"署有"二字，無"上"字。按，甄官井，胡三省云："甄官署之井中也。《晉職官志》少府之屬有甄官令，而《續漢志》無之，蓋屬于他署，未置專官也。甄官掌琢石、陶土之事。"（《通鑑》卷六〇漢獻帝初平二年注）按，甄官井在今河南洛陽市東南。

[50] 旦有五色氣：殿本《考證》云："《文選》作'每旦有五色氣'。"趙幼文《校箋》謂《文選》張士然《爲吳令謝詢求爲諸孫置守冢人表》李善注引《吳書》"旦"上亦有"每"字。《北堂書鈔》引亦有"每"字。又《北堂書鈔》、《太平御覽》卷一五、卷六八二引句下有"從井中出"四字。按《太平御覽》卷一五引無此四字。

[51] 堅令人入井：趙幼文《校箋》謂《太平御覽》卷一五引作"堅命浚井"（按，《太平御覽》所引題曰《吳志》，引文作"孫堅令浚之"）、卷六八三（當作六八二）引亦作"浚"字（按，《太平御覽》作"堅使人浚之"）、《文選》李善注引作"堅命人浚"，俱無"入井"二字，則作"浚"者是也。

[52] 方圓：盧弼《集解》本、校點本作"方圜"，百衲本、殿本作"方圓"，《文選》張士然《爲吳令謝詢求爲諸孫置守冢人表》李善注引《吳書》與《太平御覽》卷六八二引均作"方圓"。今從百衲本等。

[53] 交五龍：趙幼文《校箋》謂《北堂書鈔》卷一三一引"交"下有"盤"字，《太平御覽》卷六八二引"盤"字作"蟠"。二字義同。

[54] 上一角缺：盧弼《集解》云："《文選》注'上'字上有'龍'字。"趙幼文《校箋》謂《建康實錄》卷一重"龍"字，"龍"字應重。今從盧、趙説補"龍"字。

[55] 黃門：此指宦官。

[56] 拘堅夫人而奪之：盧弼《集解》云："袁術僭號在建安二年，是時孫策已遣將詣阜陵迎母至曲阿，術安得而拘之？"

[57] 六璽：百衲本、殿本、盧弼《集解》本、校點本1959年12月第1版均作"六璽"，校點本1982年7月第2版作"六玉璽"，新增"玉"字，《校記》未作説明。蓋據下文虞喜《志林》引《獻帝起居注》之語增。其實，自秦朝起，玉製之璽已爲皇帝所專用，無須再標明"玉"字。蔡邕《獨斷上》云："衛宏曰：秦以前，民皆以金、玉爲印，龍虎紐，唯其所好。然則秦以來，天子獨以印稱璽，又獨以玉，群臣莫敢用也。"今仍從百衲本等。

[58] 太康：晉武帝司馬炎年號（280—289）。

[59] 虞喜：會稽餘姚（今浙江餘姚市）人。晉懷帝、明帝、成帝時均徵召爲官，皆不就。喜專心經傳，兼覽讖緯，著有《安天論》《毛詩略》《孝經注》等，又爲《志林》三十篇。（見《晉書》卷九一《虞喜傳》）《隋書·經籍志》《新唐書·藝文志》皆著錄虞喜《志林新書》爲二十卷，則已佚十卷。今僅有馬國翰輯《志林》一卷。

[60] 應氏漢官：殿本作"應氏漢宮"，百衲本、盧弼《集解》本、校點本作"應氏漢官"。今從百衲本等。《隋書·經籍志》著

錄應劭注《漢官》五卷，應劭撰《漢官儀》十卷。　皇甫世紀：《隋書·經籍志》著錄皇甫謐撰《帝王世紀》十卷。起三皇，盡漢、魏。

　　[61] 漢官：殿本、校點本作"漢宮"，百衲本、盧弼《集解》本作"漢官"。按，下文虞喜對"且康""永昌"二辭之不能判定，知虞喜所見之璽文"受命于天，既壽且康"，並非漢宮之璽文，而是《漢官》中所載之璽文。故從百衲本等。

　　[62] 忠臣：盧弼《集解》本作"忠烈"，百衲本、殿本、校點本作"忠臣"。今從百衲本等。

　　[63] 歸命：指孫皓。孫皓降晉後，被封爲歸命侯。

　　[64] 會稽典錄：《隋書·經籍志》著錄《會稽典錄》二十四卷，虞豫撰。《晉書》卷八二《虞預傳》謂東晉初虞預曾爲秘書丞、著作郎、散騎常侍等。曾撰《晉書》四十餘卷、《會稽典錄》二十篇。

　　[65] 九江：郡名。東漢時治所陰陵縣，在今安徽定遠縣西北；東漢末移治所於壽春，在今安徽壽縣。

　　初平（三）〔二〕年，[1]術使堅征荆州，[2]擊劉表。表遣黃祖逆於樊、鄧之間，[3]堅擊破之，追渡漢水，遂圍襄陽，單馬行峴山，[4]爲祖軍士所射殺。〔一〕兄子賁，帥將士衆就術，[5]術復表賁爲豫州刺史。

　　〔一〕《典略》曰：堅悉其衆攻表，表閉門，夜遣將黃祖潛出發兵。祖將兵欲還，堅逆與戰。祖敗走，竄峴山中。堅乘勝夜追祖，祖部兵從竹木間暗射堅，殺之。

　　《吳錄》曰：堅時年三十七。[6]

　　《英雄記》曰：堅以初平四年正月七日死。

　　又云：劉表將呂公將兵緣山向堅，[7]堅輕騎尋山討公。公兵下石，中堅頭，應時腦出物故。[8]其不同如此也。

［1］初平：漢獻帝劉協年號（190—193）。　二年：各本皆作"三年"。《通鑑考異》云："范書初平三年春堅死，《吳志·孫堅傳》亦云初平三年；《英雄記》曰初平四年正月七日死；袁紀（袁宏《後漢紀》）初平三年五月。《山陽載記》載策表曰'臣年十七喪失所怙'。裴松之按：'策以建安五年卒，時年二十六，計堅之亡，策應十八，而此表云十七，則為不符，張璠《漢記》及吳沖《吳歷》並以堅初平二年死，此為是而本傳誤也。'今從之。"（見《通鑑》卷六〇漢獻帝初平二年）按裴松之說見本卷後《孫策傳》。今並從裴說、《通鑑考異》說改"三年"為"二年"。

［2］荆州：劉表為刺史，移治所於襄陽縣，在今湖北襄陽市。

［3］樊：城名。在襄陽縣北，與襄陽隔漢水相對，在今湖北襄陽市。　鄧：縣名。治所在今湖北襄陽市西北。

［4］峴（xiàn）山：又名峴首山，在今湖北襄陽市南漢江西岸。

［5］帥將士衆：趙幼文《校箋》謂《太平御覽》卷一一八引"衆"下有"還"字。

［6］年三十七：盧弼《集解》云："以堅死於初平二年計之，當生於桓帝永壽元年（155）。"

［7］吕公：殿本《考證》云："《後漢書·劉表傳》注中引《英雄記》作'吕介'。"

［8］物故：死亡。

堅四子：策、權、翊、匡。權既稱尊號，謚堅曰武烈皇帝。〔一〕

〔一〕《吳錄》曰：尊堅廟曰始祖，墓曰高陵。[1]

《志林》曰：堅有五子：策、權、翊、匡，吳氏所生；少子朗，庶生也，一名仁。

[1] 高陵：孫堅陵墓名。盧弼《集解》謂據各書所載，孫堅初葬曲阿，後遷葬吳。又引《清一統志》謂孫堅墓在江蘇蘇州府吳縣南。按，漢末曲阿縣在今江蘇丹陽市。清代吳縣即今江蘇吳縣市。

策字伯符。堅初興義兵，策將母徙居舒，[1]與周瑜相友，收合士大夫，江、淮間人咸向之。〔一〕堅薨，還葬曲阿。已乃渡江居江都。〔二〕[2]

〔一〕《江表傳》曰：堅爲朱儁所表，爲佐軍，留家著壽春。[3]策年十餘歲，已交結知名，聲譽發聞。有周瑜者，與策同年，亦英達夙成，聞策聲聞，[4]自舒來造焉。便推結分好，義同斷金，[5]勸策徙居舒，策從之。

〔二〕《魏書》曰：策當嗣侯，[6]讓與弟匡。

[1] 舒：縣名。治所在今安徽廬江縣西南。
[2] 江都：縣名。治所在今江蘇揚州市西南。
[3] 壽春：縣名。治所在今安徽壽縣。
[4] 英達：趙幼文《校箋》謂《册府元龜》卷四三二（當作四三三）引"達"字作"邁"。按，宋本《册府元龜》亦作"達"。 聲聞：百衲本作"聲問"，殿本、盧弼《集解》本、校點本作"聲聞"。按二字通。朱駿聲《説文通訓定聲·屯部》："問，假借爲聞。"今從殿本等。
[5] 斷金：《易·繫辭上》："二人同心，其利斷金。"
[6] 策當嗣侯：徐紹楨《質疑》云："按《江表傳》載，建安

二年夏，漢朝遣議郞王誧奉戊辰詔書以策爲騎都尉，襲爵烏程侯，領會稽太守。《吳錄》亦載策表云'以臣襲爵，兼典名郡'，是烏程侯之爵，至是策始承襲。蓋孫堅死時方值大亂，詔命不通，策輩又年少無功，故未嗣侯耳。《魏書》所言殊未足信也。"

徐州牧陶謙深忌策。[1]策舅吳景，時爲丹楊太守，[2]策乃載母徙曲阿，與呂範、孫河俱就景，因緣召募得數百人。興平元年，[3]從袁術。術甚奇之，以堅部曲還策。〔一〕[4]太傅馬日磾杖節安集關東，[5]在壽春以禮辟策，表拜懷義校尉，[6]術大將喬蕤、張勳皆傾心敬焉。術常歎曰："使術有子如孫郞，死復何恨！"策騎士有罪，逃入術營，隱於內廐，策指使人就斬之，訖，詣術謝。術曰："兵人好叛，當共疾之，何爲謝也？"由是軍中益畏憚之。術初許策爲九江太守，已而更用丹楊陳紀。後術欲攻徐州，從廬江太守陸康求米三萬斛。康不與，術大怒。策昔曾詣康，康不見，使主簿接之。策嘗銜恨。術遣策攻康，謂曰："前錯用陳紀，每恨本意不遂。今若得康，廬江眞卿有也。"策攻康，拔之，術復用其故吏劉勳爲太守，策益失望。先是，劉繇爲揚州刺史，州舊治壽春。壽春，術已據之，繇乃渡江治曲阿。時吳景尚在丹楊，策從兄賁又爲丹楊都尉，[7]繇至，皆迫逐之。景、賁退舍歷陽。[8]繇遣樊能、于麋（陳）〔東〕（橫屯江津）〔屯橫江津〕，[9]張英屯當利口，[10]以拒術。術自用故吏琅邪惠衢爲揚州刺史，[11]更以景爲督軍中郞將，[12]與賁共將兵擊英等，連年不克。策乃說術，乞助景等平定江東。〔二〕[13]術表策爲折衝校尉，[14]行殄寇將軍，[15]兵財千餘，[16]騎數十匹，賓客願從者數百人。比至歷陽，衆五六千。策母先自曲阿徙於歷陽，策又徙母阜陵，[17]渡江轉鬭，所向皆破，莫敢當其鋒，而軍令整肅，百姓懷之。〔三〕

〔一〕《吳歷》曰：初策在江都時，張紘有母喪。策數詣紘，咨以世務，曰："方今漢祚中微，天下擾攘，英雄儁傑各擁衆營私，未有能扶危濟亂者也。先君與袁氏共破董卓，功業未遂，卒爲黃祖所害。策雖暗稚，竊有微志，欲從袁揚州求先君餘兵，[18]就舅氏於丹楊，收合流散，東據吳會，報讐雪恥，爲朝廷外藩。君以爲何如？"紘答曰："既素空劣，方居衰絰之中，[19]無以奉贊盛略。"策曰："君高名播越，遠近懷歸。今日事計，決之於君，何得不紆慮啓告，副其高山之望？若微志得展，血讐得報，此乃君之勳力，策心所望也。"因涕泣橫流，顏色不變。紘見策忠壯內發，辭令慷慨，感其志言，[20]乃答曰："昔周道陵遲，齊、晉並興；[21]王室已寧，諸侯貢職。今君紹先侯之軌，有驍武之名，若投丹楊，收兵吳、會，則荊、揚可一，讐敵可報。據長江，奮威德，誅除群穢，匡輔漢室，功業侔於桓、文，豈徒外藩而已哉？方今世亂多難，若功成事立，當與同好俱南濟也。"策曰："一與君同符合契，（同）有永固之分，[22]今便行矣，以老母弱弟委付於君，策無復回顧之憂。"

《江表傳》曰：策徑到壽春見袁術，涕泣而言曰："亡父昔從長沙入討董卓，與明使君會於南陽，同盟結好；不幸遇難，勳業不終。策感惟先人舊恩，欲自憑結，願明使君垂察其誠。"術甚貴異之，然未肯還其父兵。術謂策曰："孤始用貴舅爲丹楊太守，賢從伯陽爲都尉，[23]彼精兵之地，可還依召募。"策遂詣丹楊依舅，得數百人，而爲涇縣大帥祖郎所襲，[24]幾至危殆。於是復往見術，術以堅餘兵千餘人還策。

〔二〕《江表傳》曰：策說術云："家有舊恩在東，願助舅討橫江；橫江拔，因投本土召募，可得三萬兵，以佐明使君匡濟漢室。"術知其恨，而以劉繇據曲阿，王朗在會稽，謂策未必能定，故許之。

〔三〕《江表傳》曰：策渡江攻繇牛渚營，[25]盡得邸閣糧穀、戰具，[26]是歲興平二年也。時彭城相薛禮、下邳相笮融依繇爲盟主，[27]禮據秣陵城，[28]融屯縣南。策先攻融，融出兵交戰，斬首五百餘級，融即閉門不敢動。因渡江攻禮，[29]禮突走，而樊能、于麋等復合衆襲奪牛渚屯。策聞之，還攻破能等，獲男女萬餘人。復下攻融，爲流矢所中，傷股，不能乘馬，因自輿還牛渚營。或叛告融曰："孫郎被箭已死。"融大喜，即遣將於茲鄉策。[30]策遣步騎數百挑戰，[31]設伏於後，賊出擊之，鋒刃未接而僞走，賊追入伏中，乃大破之，斬首千餘級。策因往到融營下，令左右大呼曰："孫郎竟云何！"賊於是驚怖夜遁。融聞策尚在，更深溝高壘，繕治守備。策以融所屯地勢險固，乃舍去，攻破繇別將於梅陵，[32]轉攻湖孰、江乘，[33]皆下之。

[1] 徐州：東漢時刺史治所郯縣，在今山東郯城縣；東漢末移治所於下邳縣，在今江蘇睢寧縣西北。

[2] 丹楊：郡名。漢治所宛陵縣，在今安徽宣州市。按本書卷四九《劉繇傳》謂東漢末劉繇受命爲揚州刺史，時揚州刺史之治所壽春已被袁術所占據，劉繇不敢至州，由吳景、孫賁迎繇至曲阿。則此時吳景爲丹楊太守，其郡之治所在曲阿。

[3] 興平：漢獻帝劉協年號（194—195）。

[4] 部曲：本爲漢代軍隊的編制。《續漢書·百官志》云："大將軍營五部，部校尉一人，部下有曲。"因稱軍隊爲部曲。魏、晋以後，又稱私人武裝爲部曲。

[5] 太傅：官名。東漢時位上公，掌善導，無常職，多

爲加銜。

　　[6] 懷義校尉：官名。此時始置，統兵。

　　[7] 都尉：官名。西漢時郡置都尉，輔佐郡守並掌本郡軍事。東漢内地諸郡省，并其職於太守，如有緊急軍情，亦臨時設置。邊郡或關塞之地仍置都尉及屬國都尉，並漸漸分縣治民，職如太守。此丹楊郡既已有太守，所置都尉蓋因軍事臨時設置。

　　[8] 歷陽：縣名。治所在今安徽和縣。

　　[9] 東屯橫江津：各本皆作"陳橫屯江津"。趙一清《注補》云："《寰宇記》卷一百二十四：橫江浦在和州歷陽縣東南二十六里，建安初，孫策自壽春欲經略江東，揚州刺史劉繇遣將樊能、于糜屯橫江，孫策破之於此。一清案：此則橫江之津名也。而《吳夫人傳》及此注引《江表傳》亦祇有樊能、于糜二人，無'陳橫'姓名，則'陳'字疑'東'字之訛，'橫屯'二字當倒互。"校點本即從趙説改爲"東屯橫江津"。今從之。橫江，即今和縣與馬鞍山市之間的長江。

　　[10] 當利口：在今和縣東。爲當利水入江之口。趙幼文《校箋》謂《太平御覽》卷一一八引無"口"字。

　　[11] 琅邪：郡名。治所開陽縣，在今山東臨沂市北。

　　[12] 督軍中郎將：官名。東漢末初平中置，統兵出征。

　　[13] 江東：地區名。長江自西向東流，流至今安徽境，則偏北斜流，至江蘇省鎮江市又東流而下，古稱這段江路東岸之地爲江東（即今長江以南的蘇、浙、皖一帶），西岸之地爲江西（即今皖北和淮河下游一帶）。

　　[14] 折衝校尉：官名。東漢末置，爲領兵武職。

　　[15] 殄寇將軍。官名。東漢末興平中置，爲雜號將軍。

　　[16] 財：趙幼文《校箋》謂《太平御覽》卷一一八引作"纔"。按二字古通。《史記》卷一〇《孝文本紀》"太僕見馬遺財足"，司馬貞《索隱》："遺猶留也。財，古字與纔同。"

　　[17] 阜陵：縣名。西漢時治所在今安徽和縣西，東漢時移治

所於今安徽全椒縣東。

［18］袁揚州：指袁術。

［19］衰（cuī）絰（dié）之中：謂居喪之中。衰絰，喪服；衰，同"縗"。披於胸前的麻布條。絰，結在頭上和繫在腰間的麻帶。

［20］志言：趙幼文《校箋》謂《册府元龜》卷一八三引"言"字作"意"。按，宋本《册府元龜》亦作"言"。

［21］齊晉：指春秋齊桓公和晉文公之匡輔周王室。

［22］有永固之分：各本"有"上有"同"字。校點本從何焯說刪"同"字。今從之。

［23］伯陽：孫賁字伯陽。孫賁爲孫堅從子，孫策從兄。

［24］涇縣：治所在今安徽涇縣西。

［25］牛渚：山名。在今安徽馬鞍山市西南。此山突出於江中，稱牛渚磯，又名采石磯。自古爲大江南北重要津渡，爲軍事上必争之地。

［26］邸閣：官府儲存糧食物資的倉庫。

［27］彭城：王國名。治所彭城縣，在今江蘇徐州市。　相：官名。王國相由朝廷直接委派，執掌王國行政大權，相當於郡太守。　下邳：王國名。治所下邳縣，在今江蘇睢寧縣西北。

［28］秣陵：縣名。治所在今江蘇江寧縣南秣陵鎮。

［29］渡江攻禮：上文既云"禮據秣陵城，融屯縣南"，則孫策攻敗笮融而攻孫禮，不需渡江。疑"渡江"二字衍。

［30］於兹：盧弼《集解》本、校點本作"于兹"，百衲本、殿本作"於兹"。按，於、于皆爲姓。《廣韻·魚韻》："於，亦姓，今淮南有之。"又《廣韻·虞韻》："于，又姓。"趙一清《注補》云："於兹，人姓名。"今從百衲本等。　鄉：通"嚮"，向。

［31］策：百衲本無"策"字，殿本、盧弼《集解》本、校點本有。今從殿本等。

［32］梅陵：殿本、盧弼《集解》本、校點本作"海陵"，百衲本

作"梅陵"。趙一清《注補》云:"《方輿紀要》二十:'雨花臺在應天府城南一里,據岡阜高處,俯瞰城闕,江山四極,無不在目,即聚寶山之東嶺也。山麓爲梅岡,或謂之梅陵,相傳漢梅鋗屯兵地。孫策破劉繇別將於梅陵,即此。'然則'海陵'誤歟!"按,《通鑑》卷五三《漢紀》興平二年亦作"梅陵"。今從百衲本。梅陵,地名。在今江蘇南京市雨花臺下。

[33] 湖孰:縣名。治所在今江蘇江寧縣東南湖熟鎮。　江乘:縣名。治所在今江蘇句容縣北。

策爲人,美姿顔,好笑語,性闊達聽受,善於用人,是以士民見者,莫不盡心,樂爲致死。劉繇棄軍遁逃,諸郡守皆捐城郭奔走。[一]吳人嚴白虎等衆各萬餘人,處處屯聚。吳景等欲先擊破虎等,乃至會稽。策曰:"虎等羣盜,非有大志,此成禽耳。"遂引兵渡浙江,[1]據會稽,屠東冶,[2]乃攻破虎等。[二]盡更置長吏,策自領會稽太守,復以吳景爲丹楊太守,以孫賁爲豫章太守,[3]分豫章爲廬陵郡,[4]以賁弟輔爲廬陵太守,丹楊朱治爲吳郡太守。彭城張昭、廣陵張紘、秦松、陳端等爲謀主。[三][5]時袁術僭號,策以書責而絕之。[四]曹公表策爲討逆將軍,[6]封爲吳侯。[五]後術死,長史楊弘、大將張勳等將其衆欲就策,廬江太守劉勳要擊,悉虜之,收其珍寶以歸。策聞之,僞與勳好盟。勳新得術衆,時豫章上繚宗民萬餘家在江東,[7]策勸勳攻取之。勳既行,策輕軍晨夜襲拔廬江,勳衆盡降,勳獨與麾下數百人自歸曹公。[六]是時袁紹方彊,而策并江東,[8]曹公力未能逞,且欲撫之。[七]乃以弟女配策小弟匡，又爲子彰取賁女，[9]皆禮辟策弟權、翊，又命揚州刺史嚴象舉權茂才。[10]

〔一〕《江表傳》曰：策時年少，雖有位號，而士民皆呼爲孫郎。百姓聞孫郎至，皆失魂魄；長吏委城郭，竄伏山草。及至，軍士奉令，不敢虜略，鷄犬菜茹，一無所犯，民乃大悅，競以牛酒詣軍。劉繇既走，策入曲阿勞賜將士，遣將陳寶詣阜陵迎母及弟。發恩布令，告諸縣："其劉繇、笮融等故鄉部曲來降首者，一無所問；樂從軍者，一身行，復除門户；[11]不樂者，勿強也。"旬日之間，四面雲集，得見兵二萬餘人，馬千餘匹，威震江東，形勢轉盛。

〔二〕《吳錄》曰：時有烏程鄒他、錢銅及前合浦太守嘉興王晟等，[12]各聚衆萬餘或數千。引兵撲討，皆攻破之。策母吳氏曰："晟與汝父有升堂見妻之分，今其諸子兄弟皆已梟夷，獨餘一老翁，何足復憚乎？"乃舍之，餘咸族誅。策自討虎，虎高壘堅守，使其弟輿請和。許之。輿請獨與策會面約。既會，策引白刃斫席，[13]輿體動，策笑曰："聞卿能坐躍，勁捷不常，聊戲卿耳！"輿曰："我見刃乃然。"策知其無能也，乃以手戟投之，立死。輿有勇力，虎衆以其死也，[14]甚懼。進攻破之。虎奔餘杭，[15]投許昭於嬰中。[16]程普請擊昭，策曰："許昭有義於舊君，有誠於故友，此丈夫之志也。"乃舍之。

臣松之案：許昭有義於舊君，謂濟盛憲也，事見後注。有誠於故友，則受嚴白虎也。

〔三〕《江表傳》曰：策遣奉正都尉劉由、五官掾高承奉章詣許，[17]拜獻方物。

〔四〕《吳錄》載策使張紘爲書曰："蓋上天垂司過之星，[18]聖王建敢諫之鼓，[19]設非謬之備，急箴闕之言，[20]何哉？凡有所長，必有所短也。去冬傳有大計，無不悚懼；旋知供備貢獻，萬夫解惑。頃聞建議，復欲追遵前圖，即事之期，便有定月。益使憮然，想是流妄；設其必爾，民何望乎？囊日之舉義兵也，天下之士所以響應者，董卓擅廢置，害太后、弘農王,[21]略烝宮人,[22]發掘園陵，暴逆至此，故諸州郡雄豪聞聲慕義。神武外振，卓遂內殲。元惡既斃，幼主東顧，俾保傅宣命，欲令諸軍振旅，（於）〔然〕河北通謀黑山,[23]曹操放毒東徐,[24]劉表稱亂南荊,[25]公孫瓚枭休北幽,[26]劉繇決力江滸,[27]劉備爭盟淮隅:[28]是以未獲承命橐弓戢戈也。[29]今備、繇既破，操等飢餒，謂當與天下合謀，以誅醜類。捨而不圖，有自取之志，非海內所望，一也。昔成湯伐桀，稱有夏多罪;[30]武王伐紂，曰殷有罪罰重哉。[31]此二王者，雖有聖德，宜當君世；如使不遭其時，亦無由興矣。[32]幼主非有惡於天下，徒以春秋尚少，脅於彊臣，若無過而奪之，懼未合於湯、武之事，二也。卓雖狂狡，至廢主自興,[33]亦猶未也，而天下聞其桀虐，攘臂同心而疾之，以中土希戰之兵，當邊地勁悍之虜，所以斯須游魂也。今四方之人，皆玩敵而便戰鬥矣，可得而勝者，以彼亂而我治，彼逆而我順也。見當世之紛若，欲大舉以臨之，適足趣禍，三也。天下神器，不可虛干，必須天贊與人力也。殷湯有白鳩之祥,[34]周武有赤烏之瑞,[35]漢高有星聚之符,[36]世祖有神光之徵,[37]皆因民困悴於桀、紂之政,[38]毒苦於秦、莽之役，故能芟去無道，致成其志。今天下非患於幼主，未見受命之應驗，而欲一旦卒然登即尊號，未之或有，四也。天子之貴，四海之富，誰不欲焉？義不可，勢不得耳。陳勝、項籍、王莽、公孫述之徒,[39]皆南面稱孤，莫之能濟。帝王之位，不可橫冀，五也。幼主岐嶷,[40]若除其偪，去其鯁，必成中興之業。夫致主於周成之盛，自受旦、奭之美,[41]此誠所望於尊明也。縱使幼主有他改異，猶望推宗室之譜屬，論近親之賢良，以紹劉統，以固漢宗。皆所以書功金石，圖形丹青，流慶無窮，垂聲管絃。捨而不為，為其難者，想明明之素，必所

卷四六

吳書一

孫破虜討逆傳第一

2905

不忍，六也。五世爲相，[42]權之重，勢之盛，天下莫得而比焉。忠貞者必曰宜夙夜思惟，所以扶國家之蹎頓，念社稷之危殆，以奉祖考之志，以報漢室之恩。其忽履道之節而强進取之欲者，將曰天下之人非家吏則門生也，孰不從我？四方之敵非吾匹則吾役也，誰能違我？盍乘累世之勢，起而取之哉？二者殊數，不可不詳察，七也。[43]所貴於聖哲者，以其審於機宜，慎於舉措。若難圖之事，難保之勢，以激羣敵之氣，以生衆人之心，公義故不可，私計又不利，明哲不處，八也。世人多惑於圖緯而牽非類，[44]比合文字以悦所事，苟以阿上惑衆，終有後悔者，自往迄今，未嘗無之，不可不深擇而熟思，九也。九者，尊明所見之餘耳，庶備起予，[45]補所遺忘。忠言逆耳，幸留神聽！"《典略》云張昭之辭。臣松之以爲張昭雖名重，然不如紘之文也，此書必紘所作。

〔五〕《江表傳》曰：建安二年夏，[46]漢朝遣議郎王誧奉戊辰詔書曰：[47]"董卓逆亂，凶國害民。先將軍堅念在平討，雅意未遂，厥美著聞。[48]策遵善道，求福不回。今以策爲騎都尉，[49]襲爵烏程侯，領會稽太守。"又詔敕曰："故左將軍袁術不顧朝恩，[50]坐創凶逆，造合虛僞，欲因兵亂，詭詐百姓，〔始〕聞其言以爲不然。[51]定得使持節、平東將軍、領徐州牧溫侯布上術所造惑衆妖妄，[52]知術鴟梟之性，遂其無道，修治王宮，署置公卿，郊天祀地，[53]殘民害物，爲禍深酷。布前後上策乃心本朝，[54]欲還討術，爲國效節，乞加顯異。夫懸賞俟功，惟勤是與，故便寵授，承襲前邑，重以大郡，榮耀兼至，是策輸力竭命之秋也。其亟與布及行吳郡太守、安東將軍陳瑀戮力一心，[55]同時赴討。"策自以統領兵馬，但以騎都尉領郡爲輕，欲得將軍號，乃使人諷誧，[56]誧便承制假策明漢將軍。[57]是時，陳瑀屯海西，[58]策奉詔治嚴，當與布、瑀參同形勢。行到錢塘，瑀陰圖襲策，[59]遣都尉萬演等密渡江，[60]使持印傳三十餘紐與賊丹楊、宣城、涇、陵陽、始安、黟、歙諸險縣大帥祖郎、焦已及吳郡烏程嚴白虎等，[61]使爲內應，伺策軍發，欲攻取諸郡。策覺之，遣呂範、徐逸攻瑀於海西，大破瑀，獲其吏士妻子四千人。

《山陽公載記》曰：瑀單騎走冀州，[62]自歸袁紹，紹以爲故安都尉。[63]

《吳錄》載策上表謝曰："臣以固陋，孤特邊陲。[64]陛下廣播高澤，不遺細節，以臣襲爵，兼典名郡。仰榮顧寵，[65]所不克堪。興平二年十二月二十日，於吳郡曲阿得袁術所呈表，以臣行殄寇將軍；至被詔書，乃知詐擅。雖輒捐廢，猶用悚悸。臣年十七，喪失所怙，懼有不任堂構之鄙，[66]以忝析薪之戒，[67]誠無去病十八建功，[68]世祖列將弱冠佐命。[69]臣初領兵，年未弱冠，雖駑懦不武，然思竭微命。惟術狂惑，爲惡深重。臣憑威靈，奉辭伐罪，[70]庶必獻捷，以報所受。"[71]

臣松之案：本傳云孫堅以初平三年卒，策以建安五年卒，策死時年二十六，計堅之亡，策應十八，而此表云十七，則爲不符。張璠《漢紀》及《吳歷》並以堅初平二年死，[72]此爲是而本傳誤也。

《江表傳》曰：建安三年，策又遣使貢方物，倍於元年所獻。其年，制書轉拜討逆將軍，改封吳侯。

〔六〕《江表傳》曰：策被詔敕，與司空曹公、衞將軍董承、益州牧劉璋等并力討袁術、劉表。[73]軍嚴當進，會術死，術從弟胤、女壻黃猗等畏懼曹公，不敢守壽春，乃共舁術棺柩，扶其妻子及部曲男女，就劉勳於皖城。[74]勳糧食少，無以相振，乃遣從弟偕告糴於豫章太守華歆。歆郡素少穀，[75]遣吏將偕就海昏、上繚，[76]使諸宗帥共出三萬斛米以與偕。[77]偕往歷月，[78]纔得數千斛。偕乃報勳，具說形狀，使勳來襲取之。勳得偕書，使潛軍到海昏邑下。宗帥知之，空壁逃匿，勳了無所得。時策西討黃祖，行及石城，[79]聞勳輕身詣海昏，便分遣從兄賁、輔率八千人於彭澤待勳，[80]自與周瑜率二萬人步襲皖城，即克之，得術百工及鼓吹部曲三萬餘人，并術、勳妻子。表用汝南李術爲廬江太守，[81] 給兵三千人以守皖，皆徙所得人東詣吳。貢、輔又於彭澤破勳。勳走入楚江，[82] 從尋陽步上到置馬亭，[83] 聞策等已克皖，乃投西塞。[84] 至沂，[85] 築壘自守，告急於劉表，求救於黃祖。祖遣太子射船軍五千人助勳。[86] 策復就攻，大破勳。勳與偕北歸曹公，射亦遁走。策收得勳兵二千餘人，船千艘，遂前進夏口攻黃祖。[87] 時劉表遣從子虎、南陽韓晞將長矛五千，來爲黃祖前鋒。策與戰，大破之。

《吳錄》載策表曰："臣討黃祖，以十二月八日到祖所屯沙羨縣。[88] 劉表遣將助祖，並來趣臣。臣以十一日平旦部所領江夏太守行建威中郎將周瑜、領桂陽太守行征虜中郎將呂範、領零陵太守行蕩寇中郎將程普、行奉業校尉孫權、行先登校尉韓當、行武鋒校尉黃蓋等同時俱進。[89] 身跨馬櫟陳，手擊急鼓，以齊戰勢。吏士奮激，踊躍百倍，心精意果，各競用命。越渡重塹，迅疾若飛。火放上風，兵激煙下，弓弩並發，流矢雨集，日加辰時，祖乃潰爛。鋒刃所截，焱火所焚，[90] 前無生寇，惟祖迸走。獲其妻息男女七人，斬虎、（狼）韓晞已下二萬餘級，[91] 其赴水溺者二萬餘口，[92] 船六千餘艘，財物山積。雖表未禽，祖宿狡猾，爲表腹心，出作爪牙，表之鴟張，以祖氣息，而祖家屬部曲，掃地無餘，表孤特之虜，成鬼行尸。誠皆聖朝神武遠振，臣討有罪，得效微勤。"

〔七〕《吳歷》曰：曹公聞策平定江南，意甚難之，常呼"猘兒難與爭鋒也"。[93]

[1] 浙江：古又稱爲漸江水，即今浙江省之錢塘江。
[2] 東冶：縣名。治所在今福建福州市。
[3] 豫章：郡名。治所南昌縣，在今江西南昌市。
[4] 廬陵郡：治所廬陵縣，在今江西吉安市西南。

［5］廣陵：郡名。治所廣陵縣，在今江蘇揚州市西北蜀岡上。

［6］討逆將軍：官名。此時始置，後曹魏定爲五品。

［7］上繚：地名。在今江西永修縣。　宗民：當時長江下游一帶以宗族聚居的土著人民稱"宗民"。

［8］江東：盧弼《集解》本作"江夏"，並注云："策是時亦未有江夏郡全境。"而百衲本、殿本、校點本作"江東"。今從百衲本等。

［9］彰：百衲本、殿本、校點本作"章"，殿本《考證》云："'章'當作'彰'，鄢陵侯也。"盧弼《集解》本作"彰"。今從《集解》本。

［10］茂才：即秀才。東漢時避光武帝劉秀諱改，爲漢代薦舉人材科目之一。東漢之制，州牧刺史歲舉一人。三國沿之，或稱秀才。

［11］復除：免除賦役。

［12］合浦：郡名。治所合浦縣，在今廣西合浦縣東北。　嘉興：縣名。治所在今浙江嘉興市南。趙一清《注補》云："嘉興之名，至孫權立子和爲太子始改，不應於伯符之世先立此稱。"

［13］白刃：殿本《考證》云："《太平御覽》作'白削'。"趙幼文《校箋》云："考此見《御覽》卷三五二。"按白削，猶白刃。《禮記·少儀》："刀卻刃授穎，削授柎。"孔穎達疏："削，謂曲刀。"

［14］以：殿本《考證》云："以，宋本作'聞'。"

［15］餘杭：縣名。治所在今浙江餘杭市西南餘杭鎮。

［16］虜中：盧弼《集解》云："字疑誤。"

［17］奉正都尉：官名。孫策於此時新置。　五官掾：官名。漢代之郡國屬吏，地位僅次於功曹，祭祀居諸吏之首，無固定職掌，凡功曹及諸曹員吏出缺，即代理其職務。

［18］司過之星：盧弼《集解補》云："郝經曰：天官虛次有司非二星，主司過失。"

[19] 敢諫之鼓：盧弼《集解補》云："郝經曰：《鄧析子》堯有敢諫之鼓，舜立誹謗之木。"

[20] 箴闕：謂規諫過失。

[21] 太后：指漢靈帝何皇后。中平六年（189）靈帝死，皇子劉辯即帝位，尊何皇后爲太后。董卓入京後，廢劉辯爲弘農王，立陳留王劉協爲帝；不久，又先後殺害何太后與弘農王。（見《後漢書》卷一○下《靈思何皇后紀》）

[22] 略烝：奸淫。《左傳・桓公十六年》："衛宣公烝于夷姜。"杜預注："上淫曰烝。"

[23] 然河北通謀黑山：各本皆作"於河北通謀黑山"。盧弼《集解》引陳景雲曰："'於'字疑'然'字之誤。《後漢書・袁術傳》載此書，作'然而河北異謀於黑山'。章懷注：'謂袁紹爲冀州牧，與黑山賊相連。'蓋與術書不可顯斥，其書故微其詞。"校點本即從陳景雲說改。今從之。

[24] 東徐：殿本、盧弼《集解》本作"東齊"，百衲本、校點本作"東徐"。今從百衲本等。東徐，指徐州。

[25] 南荆：指荆州。

[26] 炰（páo）烋（xiāo）：《詩・大雅・蕩》："咨女殷商，女炰烋于中國。"鄭箋："炰烋，自矜氣健之貌。"亦即形容人之囂張跋扈。　北幽：指幽州。幽州刺史治所薊縣，在今北京城西南。

[27] 江濆：江邊，即長江邊。

[28] 淮隅：淮水下游之一隅。指徐州地區。陶謙死後，劉備以豫州刺史領徐州。

[29] 櫜弓戢戈：謂收藏兵器，停止戰爭。《詩・小雅・彤弓》"受言櫜之"，毛傳："櫜，韜也。"又《說文・戈部》："戢，藏兵也。"

[30] 有夏多罪：《史記》卷三《殷本紀》謂湯率諸侯伐桀，謂諸侯曰："格女衆庶，來，女悉聽朕言。匪臺小子敢行舉亂，有夏多罪，予維聞女衆言，夏氏有罪。予畏上帝，不敢不正。今夏多

罪，天命殛之。"

[31] 殷有罪：《史記》卷四《周本紀》謂殷紂昏亂暴虐滋甚，周武王乃遍告諸侯曰："殷有重罪，不可以不畢伐。"

[32] 由：盧弼《集解》本、校點本作"繇"，百衲本、殿本作"由"。按，二字通，今從百衲本等。

[33] 與：盧弼《集解》本作"興"，百衲本、殿本、校點本作"與"。今從百衲本等。

[34] 白鳩之祥：《太平御覽》卷九二一引《孫氏瑞應圖》曰："白鳩，成湯時來。王者養耆老，尊道德，不以新失舊，則至。"

[35] 赤烏之瑞：《史記·周本紀》謂周武王伐紂，既渡河，"有火自上復於下，至於王屋，流爲烏，其色赤，其聲魄云"。

[36] 星聚之符：《漢書·天文志》云："漢元年十月，五星聚於東井，以曆推之，從歲星也。此高皇帝受命之符也。"

[37] 神光之徵：《後漢書》卷一下《光武帝紀論》曰："皇考南頓君初爲濟陽令，以建平元年十二月甲子夜生光武於縣舍，有赤光照室中。"李賢注引《東觀記》曰："光照堂中，盡明如畫。"

[38] 悴：百衲本作"瘁"，殿本、盧弼《集解》本、校點本作"悴"。按，二字義同，今從殿本等。

[39] 公孫述：新莽時爲導江卒正（蜀郡太守）。綠林、赤眉起兵後，公孫述據益州稱帝，號成家。漢光武帝建武十二年（36）爲漢軍所破，被殺。（見《後漢書》卷一三《公孫述傳》）

[40] 岐嶷：《詩·大雅·生民》："誕實匍匐，克岐克嶷。"毛傳："岐，知意也。嶷，識也。"後多以"岐嶷"謂幼年聰慧。

[41] 旦奭：指周公旦、召公奭。周成王時，二公輔佐成王，分陝而治。自陝（今河南陝縣西南）以東，周公主之；自陝以西，召公主之。（見《史記》卷三四《燕召公世家》）

[42] 五世爲相：袁氏自袁安起，至袁術爲五代，其中有五人爲三公。即袁安爲司空、司徒，安子敞爲司空，安孫湯爲司空、司徒、太尉，湯子逢爲司空，湯少子隗爲太傅。袁術即逢子。（見

《後漢書》卷四五《袁安傳》)

[43] 七也：盧弼《集解》本作"者也"，百衲本、殿本、校點本作"七也"。今從百衲本等。

[44] 圖緯：圖讖和緯書。漢代流行的神學迷信。圖讖是方士製作的符命徵驗的隱語或預言。緯書是方士化的儒生附會儒家經典之作。

[45] 起予：《論語·八佾》："子曰：起予者商也！始可與言《詩》已矣。"後世多以"起予"謂啓發。

[46] 建安：漢獻帝劉協年號（196—220）。

[47] 王誧（bū）：殿本、盧弼《集解》本作"王輔"，百衲本、校點本作"王誧"。今從百衲本等。下同。

[48] 厥美：盧弼《集解》本作"厥箅"，百衲本、殿本、校點本作"厥美"。今從百衲本等。

[49] 騎都尉：官名。秩比二千石，屬光祿勳，掌監羽林騎。

[50] 左將軍：官名。位如上卿，與前、後、右將軍掌京師兵衛和邊防屯警。

[51] 始聞其言：各本皆無"始"字。殿本《考證》云："北宋本作'始聞其言'，多'始'字。"校點本則從何焯説增"始"字。今從之。

[52] 使持節：漢末三國，皇帝授予出征或出鎮的軍事長官的一種權力。至晉代，此種權力明確爲可誅殺二千石以下官員。若皇帝派遣大臣出巡或祭吊等事務時，加使持節，則表示權力和尊崇。
平東將軍：官名。漢獻帝建安初置，後與平西、平北、平南將軍爲四平將軍，皆領兵征伐。　温：縣名。治所在今河南温縣西南。吕布殺董卓後進封爲温侯。

[53] 郊天祀地：帝王在郊外祭祀天地，南郊祭天，北郊祭地，乃帝王之大典。

[54] 乃心：《尚書·康王之誥》："雖爾身在外，乃心罔不在王室。"孔傳："汝心常當忠篤，無不在王室。"後世遂以"乃心"

〔55〕安東將軍：官名。東漢末始置。爲出鎮某地區的軍事長官，或爲州牧刺史兼理軍務的加官。

〔56〕乃使人：百衲本、盧弼《集解》本作"及使人"，校點本從何焯説改"及"爲"乃"，而殿本正作"乃使人"。今從殿本。

〔57〕明漢將軍：官名。胡三省云："明漢將軍，亦權宜置此號，言明於逆順，知遵漢室也。"（《通鑑》卷六二漢獻帝建安二年注）

〔58〕海西：縣名。治所在今江蘇灌南縣東南。

〔59〕陰圖襲：殿本作"陰襲圖"，百衲本、盧弼《集解》本、校點本作"陰圖襲"。今從百衲本等。

〔60〕都尉：官名。此爲略低於校尉的帶兵武官。西漢時，郡則置都尉，輔佐郡守並掌本郡軍事。東漢廢除，但如有緊急軍事，亦臨時設置。東漢又在邊郡或關塞之地置都尉及屬國都尉，並漸漸分縣治民，職如太守。

〔61〕三十餘紐與賊：百衲本作"三十餘紐賊與"，殿本、盧弼《集解》本作"三十餘細賊與"，校點本作"三十餘紐與賊"。按文義，今從校點本。　宣城：縣名。西漢置，東漢廢，後復置。治所在今安徽南陵縣東青弋鎮。　陵陽：縣名。治所在今安徽石臺縣東北廣陽鎮。　始安：縣名。治所在今廣西桂林市。　黟：縣名。治所在今安徽黟縣東。　歙：縣名。治所在今安徽歙縣。

〔62〕冀州：東漢末刺史治所常在鄴縣，在今河北臨漳縣西南鄴鎮東一里半。

〔63〕故安：縣名。治所在今河北易縣東南東固安。

〔64〕孤特：殿本、盧弼《集解》本作"孤持"，百衲本、校點本作"孤特"。今從百衲本等。

〔65〕仰榮顧寵：殿本、盧弼《集解》本作"仰榮寵顧"，百衲本、校點本作"仰榮顧寵"。今從百衲本等。仰榮顧寵，謂仰思皇帝給予之榮寵。

〔66〕堂構：《尚書·大誥》："若考作室，既底法，厥子乃弗

肯堂，矧肯構。"孔傳："以作室喻治政也。父已致法，子乃不肯爲堂基，況肯構立屋乎？"後世遂以"堂構"比喻繼承祖先遺業。

〔67〕析薪：劈柴。《左傳·昭公七年》："古人有言曰：其父析薪，其子弗克負荷。"譬喻父勤勞興家立業，子不能繼承其業。

〔68〕去病：霍去病。《史記》卷一一一《衛將軍驃騎列傳》："是歲也，大將軍（衛青）姊子霍去病年十八，幸，爲天子侍中。善騎射，再從大將軍，受詔與壯士，爲剽姚校尉，與輕勇騎八百直棄大軍數百里赴利，斬捕首虜過當。"霍去病因此被封爲冠軍侯。

〔69〕世祖：漢光武帝劉秀廟號。　弱冠：古時男子二十歲束髮加冠，謂爲成人，但體尚未壯，故稱弱冠。

〔70〕奉辭伐罪：殿本"伐"字作"罰"，百衲本、盧弼《集解》本、校點本作"伐"。今從百衲本等。

〔71〕所受：殿本、盧弼《集解》本、校點本作"授"，百衲本作"受"。按上云"臣憑威靈，奉辭伐罪"，則主語是"臣"，故應作"受"。今從百衲本。

〔72〕及吳歷：趙幼文《校箋》謂《通鑑考異》引"及"下有"胡沖"二字，是，疑此脫。

〔73〕衛將軍：官名。東漢時位次大將軍、驃騎將軍、車騎將軍，位亞三公，開府置官屬。　益州：州牧刺史治所成都縣，在今四川成都市舊東、西城區。

〔74〕皖城：又名皖公城。在今安徽潛山縣。漢代皖縣之治所。

〔75〕郡：盧弼《集解》本作"部"，百衲本、殿本、校點本作"郡"。今從百衲本等。

〔76〕海昏：縣名。治所在今江西永修縣西北艾城。

〔77〕宗帥：宗民之首領。

〔78〕偕往：趙幼文《校箋》謂《册府元龜》卷一八三引"往"字作"住"。按，宋本《册府元龜》亦作"往"。

〔79〕石城：縣名。治所在今安徽當塗縣東北。

〔80〕彭澤：縣名。治所在今江西湖口縣東。

［81］表用：百衲本"表"字作"上"，殿本、盧弼《集解》本、校點本作"表"。今從殿本等。

［82］楚江：今湖北省境及其以東之長江又稱楚江。

［83］尋陽：縣名。治所在今湖北黃梅縣西南。　置馬亭：地名。在當時尋陽縣南。

［84］西塞：潘眉《考證》云："西塞，山名。在今湖北大冶縣東。"大冶縣即今大冶市。

［85］沂：趙一清《注補》云："'沂'字上有脫誤，當作'流沂'。又西塞山有流沂城，劉勳走保流沂，求救於黃祖即此。"

［86］太子：周壽昌《注證遺》云："祖尚爲劉表屬，並未僭號，子安能稱'太子'？疑是'長子'之訛。"林國贊《裴注述》則云："《甘寧傳》注引《吳書》，蘇飛直稱黃祖爲王。竊疑祖雖領江夏太守，然劉表僭郊祀，意祖亦必妄自尊大，故群下諛曰'王'、曰'太子'也。"按，百衲本、殿本、盧弼《集解》本、校點本《甘寧傳》注引《吳書》，蘇飛稱黃祖爲"主"，又盧弼《集解》注云："馮本、毛本'主'作'王'誤。"則林氏立論所據之版本不可靠，今仍從周說，但不改其字。

［87］夏口：地名。在今湖北武漢市原漢水入長江處。

［88］沙羨（yí）縣：治所在今湖北武漢市武昌縣西南金口。

［89］江夏：郡名。漢時治所西陵縣，在今湖北新州縣西。建威中郎將：官名。漢獻帝建安三年孫策置，即以周瑜爲之。領兵。　征虜中郎將：官名。亦建安初孫策所置。領兵。　蕩寇中郎將：官名。亦建安初孫策所置。領兵。　奉業校尉：本書卷四七《吳主傳》作"奉義校尉"。官名。建安初孫策置。　先登校尉：官名。亦建安初孫策置。領兵。　武鋒校尉：官名。亦建安初孫策置。領兵。

［90］焱（yàn）：殿本、盧弼《集解》本作"焱"，百衲本、校點本作"焱"。今從殿本等。《說文·火部》："焱，火華也。從三火。"段玉裁注："凡物盛則三之。"

[91] 虎：各本"虎"下皆有"狼"字。盧弼《集解》引何焯曰："虎即劉表從子。'狼'字疑衍。"潘眉《考證》亦云："劉表遣從子虎、南陽韓晞助黃祖，不聞有狼。疑此'狼'字當衍。"校點本即從何、潘說刪"狼"字。今從之。

[92] 溺者二萬餘口：殿本、盧弼《集解》本、校點本"二萬"作"一萬"，百衲本作"二萬"。趙幼文《校箋》謂《太平御覽》卷三九六引"溺"下有"死"字，無"者"字；"一"字作"二"。《册府元龜》卷一八二（當作一八三）引亦作"二"。按，今從百衲本作"二萬"。

[93] 猘（zhì）兒：猘，狂犬。猘兒，比喻勇猛少年。

建安五年，曹公與袁紹相拒於官渡，[1]策陰欲襲許，[2]迎漢帝，〔一〕密治兵，部署諸將。未發，會爲故吳郡太守許貢客所殺。[3]先是，策殺貢，貢小子與客亡匿江邊。策單騎出，卒與客遇，客擊傷策。〔二〕創甚，請張昭等謂曰：[4]"中國方亂，夫以吳、越之衆，三江之固，[5]足以觀成敗。公等善相吾弟！"呼權佩以印綬，謂曰："舉江東之衆，決機於兩陳之間，與天下爭衡，卿不如我；舉賢任能，各盡其心，以保江東，我不如卿。"至夜卒，時年二十六。〔三〕

〔一〕《吳錄》曰：時有高岱者，隱於餘姚，[6]策命出使會稽丞陸昭逆之，[7]策虛己候焉。聞其善《左傳》，乃自玩讀，欲與論講。或謂之曰："高岱以將軍但英武而已，無文學之才，若與論《傳》而或云不知者，則某言符矣。"又謂岱曰："孫將軍爲人，惡勝己者，若每問，當言不知，乃合意耳。如皆辨義，[8]此必危殆。"[9]岱以爲然，及與論《傳》，或答不知。策果怒，以爲輕己，乃囚之。知交及時人皆露坐爲請，[10]策登樓，望見數里中填滿。策惡其收衆心，遂殺之。岱字孔文，吳郡人也，受性聰達，輕財貴義。其友士拔奇，[11]取於未顯，所友八人，皆世之英偉也。太守盛憲以爲上計，[12]舉孝廉。許貢來領郡，[13]岱將憲避難於許昭家，求救於陶謙。謙未即救，岱憔悴泣血，水漿不入口。謙感其忠壯，有申包胥之義，[14]許爲出軍，以書與貢。岱得謙書以還，而貢已囚其母。吳人大小皆爲危竦，以貢宿忿，往必見害。岱言在君則爲君，且母在牢獄，期於當往，[15]若得入見，事自當解。遂通書自白，貢即與相見。才辭敏捷，[16]好自陳謝。貢登時出其母。岱將見貢，語友人張允、沈暚令豫具船，以貢必悔，當追逐之。出便將母乘船易道而逃。貢須臾遣人追之，令追者若及於船，江上便殺之，[17]已過則止。使與岱錯道，遂免。被誅時，年三十餘。

《江表傳》曰：時有道士琅邪于吉，[18]先寓居東方，往來吳會，立精舍，[19]燒香讀道書，制作符水以治病，吳會人多事之。策嘗於郡城門樓上，集會諸將賓客，吉乃盛服杖小函，漆畫之，名爲仙人鏵，趨度門下。諸將賓客三分之二下樓迎拜之，掌賓者禁呵不能止。策即令收之。諸事之者，悉使婦女入見策母，請救之。母謂策曰："于先生亦助軍作福，醫護將士，不可殺之。"策曰："此子妖妄，能幻惑衆心，遠使諸將不復相顧君臣之禮，盡委策下樓拜之，不可不除也。"諸將復連名通白事陳乞之，策曰："昔南陽張津爲交州刺史，[20]舍前聖典訓，廢漢家法律，常著絳帕頭，[21]鼓琴燒香，讀邪俗道書，云以助化，卒爲南夷所殺。此甚無益，諸君但未悟耳。今此子已在鬼籙，勿復費紙筆也。"即催斬之，縣首於市。諸事之者，尚不謂其死而云尸解焉，[22]復祭祀求福。

《志林》曰：初順帝時，琅邪宮崇詣闕上師于吉所得神書於曲陽泉水上，[23]白素朱界，[24]號《太平青領道》，[25]凡百餘卷。

順帝至建安中，五六十歲，于吉是時近已百年，[26]年在耄悼，[27]禮不加刑。又天子巡狩，問百年者，就而見之，敬齒以親愛，聖王之至教也。吉罪不及死，而暴加酷刑，是乃謬誅，非所以為美也。喜推考桓王之薨，[28]建安五年四月四日。是時曹、袁相攻，未有勝負。案夏侯元讓與石威則書，[29]袁紹破後也。書云：[30]"授孫賁以長沙，業張津以零、桂。"此為桓王於前亡，張津於後死，不得相讓，譬言津之死意矣。

臣松之案：太康八年，廣州大中正王範上《交廣二州春秋》。[31]建安六年，張津猶為交州牧。《江表傳》之虛如《志林》所云。

《搜神記》曰：策欲渡江襲許，與吉俱行。時大旱，所在燋屬。[32]策催諸將士使速引船，或身自早出督切，見將吏多在吉許，策因此激怒，言："我為不如于吉邪，而先趨務之？"便使收吉。至，呵問之曰："天旱不雨，道塗難澀，不時得過，故自早出，而卿不同憂慼，安坐船中作鬼物態，敗吾部伍，今當相除。"令人縛置地上暴之，使請雨，若能感天日中雨者，當原赦，不爾行誅。俄而雲氣上蒸，膚寸而合，[33]比至日中，大雨總至，溪澗盈溢。將士喜悅，以為吉必見原，並往慶慰，策遂殺之。將士哀惜，共藏其尸。天夜，忽更興雲覆之；明旦往視，不知所在。

案《江表傳》《搜神記》于吉事不同，未詳孰是。

〔二〕《江表傳》曰：廣陵太守陳登治射陽，[34]登即瑀之從兄子也。策前西征，登陰復遣閒使，以印綬與嚴白虎餘黨，圖為後害，以報瑀見破之辱。策歸，復討登。軍到丹徒，[35]須待運糧。策性好獵，將步騎數出。策驅馳逐鹿，所乘馬精駿，從騎絕不能及。初，吳郡太守許貢上表於漢帝曰："孫策驍雄，與項籍相似，宜加貴寵，召還京邑。若被詔不得不還，若放於外必作世患。"[36]策候吏得貢表，以示策。策請貢相見，以責讓貢。貢辭無表，策即令武士絞殺之。[37]貢奴客潛民間，欲為貢報讎。獵日，[38]卒有三人即貢客也。策問：“爾等何人？”答云：“是韓當兵，在此射鹿耳。”策曰：“當兵吾皆識之，未嘗見汝等。”因射一人，應弦而倒。餘二人怖急，便舉弓射策，中頰。後騎尋至，皆刺殺之。

《九州春秋》曰：策聞曹公北征柳城，[39]悉起江南之衆，自號大司馬，將北襲許，恃其勇，行不設備，故及於難。

孫盛《異同評》曰：凡此數書，各有所失。孫策雖威行江外，略有六郡，[40]然黃祖乘其上流，陳登間其心腹，且深險彊宗，未盡歸復，曹、袁虎爭，勢傾山海，策豈暇遠師汝、潁，[41]而遷帝於吳、越哉？斯蓋庸人之所鑒見，况策達於事勢者乎？又案袁紹以建安五年至黎陽，[42]而策以四月遇害，而《志》云策聞曹公與紹相拒於官渡，謬矣。伐登之言，爲有證也。

又《江表傳》說策悉識韓當軍士，疑此爲詐，便射殺一人。夫三軍將士或有新附，策爲大將，何能悉識？以所不識，便射殺之，非其論也。又策見殺在五年，柳城之役在十二年，《九州春秋》乖錯尤甚矣。

臣松之案：《傅子》亦云曹公征柳城，將襲許。記述若斯，何其疎哉！然孫盛所譏，未爲悉是。黃祖始被策破，魂氣未反，（但）〔且〕劉表君臣本無兼并之志，[43]雖在上流，何辨規擬吳會？策之此舉，理應先圖陳登，但舉兵所在，不止登而已。于時彊宗驍帥，祖郎、嚴虎之徒，禽滅已盡，所餘山越，[44]蓋何足慮？然則策之所規，未可謂之不暇也。若使策志獲從，大權在手，淮、泗之間，所在皆可都，何必畢志江外，其當遷帝於揚越哉？[45]案《魏武紀》，武帝以建安四年已出屯官渡，乃策未死之前，[46]久與袁紹交兵，則《國志》所云不爲謬也。許貢客，無聞之小人，而能感識恩遇，臨義忘生，卒然奮發，有侔古烈矣。《詩》云：“君子有徽猷，小人與屬。”[47]貢客其有焉。

〔三〕《吳歷》曰：策既被創，醫言可治，當好自將護，百日勿動。策引鏡自照，謂左右曰：“面如此，尚可復建功立事乎？”

榷几大奮，[48]創皆分裂，其夜卒。[49]

《搜神記》曰：策既殺于吉，每獨坐，仿佛見吉在左右，意深惡之，頗有失常。後治創方差，而引鏡自照，見吉在鏡中，顧而弗見，如是再三，因撲鏡大叫，創皆崩裂，須臾而死。

[1] 官渡：地名。在今河南中牟縣東北。

[2] 陰欲：趙幼文《校箋》謂《太平御覽》卷一一八、《文選》陸士衡《辨亡論》、張士然《爲吳令謝詢求爲諸孫置守冢人表》李善注"欲"字俱作"謀"。　許：縣名。治所在今河南許昌縣東。當時爲漢獻帝國都。

[3] 許貢客：《建康實錄》卷一云："爲貢客許昭伏刺，傷面。"

[4] 請張昭等謂曰：趙幼文《校箋》謂《太平御覽》卷一一八引作"謂張昭等曰"。

[5] 三江：泛指江南地區。《國語・越語下》范蠡曰："與我争三江五湖之利者，非吳耶？"韋昭注："三江，吳江、錢塘江、浦陽江也。"

[6] 餘姚：縣名。治所在今浙江餘姚市。

[7] 丞：官名。郡太守之副，佐掌衆事。秩六百石。

[8] 如皆辨義：趙幼文《校箋》謂郝經《續後漢書》（按，見《高岱傳》）作"如遂辯義"。

[9] 此：盧弼《集解》本作"比"，百衲本、殿本、校點本作"此"。今從百衲本等。

[10] 知交：百衲本"交"字作"友"，殿本、盧弼《集解》本、校點本作"交"。今從殿本等。

[11] 友士：趙幼文《校箋》謂郝經《續後漢書》作"甄英"。

[12] 上計：即上計吏。官名。東漢的郡國，遣吏至京都向朝廷呈上計簿，匯報本郡國的户口、錢糧、獄訟、盜賊等情況。此事

稱爲上計，所遣之吏稱爲上計掾或上計吏。

　　［13］許貢來領郡：趙幼文《校箋》謂郝經《續後漢書》此句下有"欲害憲"三字，似應補，方與下文相應。

　　［14］申包胥：春秋時楚國宗親。楚昭王時，吳國攻入郢都，昭王出走。申包胥至秦求救，秦不許。包胥遂立於秦廷晝夜哭泣，七日七夜不絶其聲。終於感動秦哀公，爲之出兵救楚。（見《史記》卷六六《伍子胥列傳》）

　　［15］期於當往：趙幼文《校箋》謂郝經《續後漢書》作"義當必往"。

　　［16］才辭敏捷：趙幼文《校箋》謂郝經《續後漢書》"才"上有"岱"字。

　　［17］江上：趙幼文《校箋》謂郝經《續後漢書》無"江"字。下句"過"下則有"江"字。

　　［18］于吉：百衲本作"干吉"，殿本、盧弼《集解》本、校點本作"于吉"。盧弼云："馮本'于'作'干'誤。"今從殿本等。

　　［19］精舍：此指道館，是道士修煉及傳播道教之處所。

　　［20］交州：《晋書·地理志》謂漢順帝永和九年（當爲六年）交阯太守周敞求立爲州，朝議不許，即拜敞爲交阯刺史。建安八年，張津爲刺史，士燮爲交阯太守，共表立州，乃拜津爲交州牧。則交州之置，在建安八年，而孫策死於建安五年，不當有"交州"之稱。

　　［21］常：校點本作"嘗"，百衲本、殿本、盧弼《集解》本作"常"。今從百衲本等。　帕頭：男子束髮之頭巾。《列子·湯問》："北國之人，鞨巾而裘。"張湛注："鞨音末。《方言》俗人帕頭是也。帕頭，操頭也。"

　　［22］謂其：百衲本"其"字作"之"，殿本、盧弼《集解》本、校點本作"其"。今從殿本等。　尸解：道教謂修道者死後，留下形骸，魂魄散去成仙，稱爲尸解。溺死的稱水解，死於兵刃的

稱兵解，等等。

［23］曲陽：縣名。治所在今江蘇沭陽縣東南。

［24］白素朱界：《後漢書》卷三〇下《襄楷傳》作"白素朱介"。李賢注："素，縑也。以朱爲介道。"

［25］太平青領道：《後漢書》卷三〇下《襄楷傳》作"太平清領書"。當從。

［26］于吉是時近已百年：現代不少學者懷疑孫策所殺的"于吉"，並非漢順帝時的宮崇之師，而是民間另一道士假託于吉之名。（任繼愈主編《中國道教史》，上海人民出版社1990年版）

［27］年在耄悼：《禮記·曲禮上》："八十九十曰耄，七年曰悼，悼與耄，雖有罪，不加刑焉。"鄭玄注："悼，憐愛也。"孔穎達疏："未有識慮，甚可憐愛也。"

［28］桓王：孫策。見本傳末。

［29］夏侯元讓：夏侯惇字元讓。

［30］書云：百衲本無"云"字，殿本、盧弼《集解》本、校點本有。今從殿本等。

［31］廣州：西晉時刺史治所番禺，在今廣東廣州市。　大中正：官名。魏文帝黃初初郡置中正，評定本郡士族之品第。魏齊王芳時又在郡中正之上，設州大中正，核實中正所報之品狀，主管州內士族品第之評定，並有推舉和罷免郡中正之權力（須通過司徒府）。爲大中正者，須屬州內"鄉品"二品之高門士族，並須現任中央官職者兼任。

［32］熇（xiāo）厲：酷熱。《文選》左太冲《魏都賦》"宅土熇暑"，李善注引《埤蒼》曰："熇，熱貌。"

［33］膚寸：古長度單位。一指寬爲一寸，四指寬爲膚。膚寸而合，此謂雲氣逐漸集合。如人兩手，四指平鋪，由分而合。

［34］廣陵：各本皆作"廣陵"，校點本1982年7月第2版誤作"慶陵"。　射陽：縣名。治所在今江蘇射陽縣。

［35］丹徒：縣名。治所在今江蘇鎮江市丹徒鎮。

［36］世患：趙幼文《校箋》謂《册府元龜》卷一八三引"世"字作"後"。按，宋本《册府元龜》亦作"世"。

［37］策即令武士絞殺之：《通鑑》卷六三漢獻帝建安五年《考異》曰："按貢先爲朱治所迫，已去郡依嚴白虎，安能復爾！蓋策破白虎時殺貢耳。"

［38］獵日：趙幼文《校箋》謂《太平御覽》卷三六七引作"策出獵"。

［39］柳城：西漢縣名。西漢時屬遼西郡。東漢省。治所在今遼寧朝陽市西南十二臺營子。（本《〈中國歷史地圖集〉釋文匯編·東北卷》）

［40］略有六郡：盧弼《集解》云："策已有丹陽、會稽、吳郡、豫章四郡，分置廬江一郡；九江、廬江、江夏三郡僅各割據其半耳。"

［41］汝潁：指汝南郡與潁川郡。

［42］黎陽：縣名。治所在今河南浚縣東北。按，本書卷一《武帝紀》建安四年八月曹操已進軍黎陽，九月已分兵守官渡。

［43］且：各本均作"但"。盧弼《集解》引何焯曰："'但'字，安溪改'且'。"安溪指李光地。校點本即從李光地說改。今從之。

［44］山越：漢末三國時期，居於南方山區的土著人民稱爲山越。因其在秦漢時稱越人，後雖經三百餘年已與漢族相融合，但時人仍稱之爲越。（本唐長孺《孫吳建國及漢末江南的宗部與山越》）

［45］揚越：指揚州。揚州古爲越人所居之地，故稱。東漢揚州刺史治所歷陽縣，在今安徽和縣；漢末移治所於壽春縣，在今安徽壽縣。

［46］乃策：百衲本無此二字，殿本、盧弼《集解》本有"策"字無"乃"字。《集解》云："陳本'策'上有'乃'字。"校點本有"乃策"二字。今從校點本。

［47］君子有徽猷小人與屬：見《詩·小雅·角弓》。意謂君

子有美政善道，人民就會跟隨他。

[48] 椎几：殿本、盧弼《集解》本作"推几"，百衲本、校點本作"椎几"。今從百衲本等。　大奮：趙幼文《校箋》謂《太平御覽》卷七一七、卷七四二引"奮"字作"呼"。按《太平御覽》卷七一七引實作"叫"。

[49] 其夜：殿本、盧弼《集解》本作"須臾"，百衲本、校點本作"其夜"。今從百衲本等。

權稱尊號，追謚策曰長沙桓王，封子紹爲吳侯，後改封上虞侯。[1]紹卒，子奉嗣。孫晧時，訛言謂奉當立，誅死。

[1] 上虞：縣名。治所在今浙江上虞市。

評曰：孫堅勇摯剛毅，孤微發迹，導溫戮卓，[1]山陵杜塞，有忠壯之烈。策英氣傑濟，猛銳冠世，覽奇取異，志陵中夏。然皆輕佻果躁，隕身致敗。且割據江東，策之基兆也，而權尊崇未至，子止侯爵，於義儉矣。〔一〕

〔一〕孫盛曰：孫氏兄弟皆明略絕羣。創基立事，策之由也，且臨終之日，[2]顧命委權。夫意氣之間，猶有刎頸，況天倫之篤愛，豪達之英鑒，豈吝名號於既往，違情本之至實哉？[3]抑將遠思虛盈之數，而慎其名器者乎？夫正本定名，爲國之大防；杜絕疑貳，消釁之良謀。是故魯隱矜義，[4]終致羽父之禍；宋宣懷仁，[5]卒有殤公之哀。皆心存小善，而不達經綸之圖；[6]求譽當年，而不思貽厥之謀。[7]可謂輕千乘之國，蹈道則未也。孫氏因擾攘之際，得奮其縱橫之志，[8]業非積德之基，邦無磐石之固，勢一則祿祚可終，情乖則禍亂塵起，安可不防微於未兆，慮難於將來？壯哉！策爲首事之君，有吴開國之主；將相在列，皆其舊也，而嗣子弱劣，析薪弗荷，奉之則魯桓、田市之難作，[9]崇之則與夷、子馮之禍興。是以正名定本，使貴賤殊邈，然後國無陵肆之責，後嗣罔猜忌之嫌，羣情絶異端之論，不逞杜覬覦之心；於情雖違，於事雖儉，至於括囊遠圖，永保維城，可謂爲之于其未有，治之于其未亂者也。陳氏之評，其未達乎！[10]

［1］温：指張温。　卓：指董卓。

［2］且：校點本作"自"，而百衲本、殿本、盧弼《集解》本皆作"且"。今從百衲本等。

［3］情本：盧弼《集解》本、校點本作"本情"，百衲本、殿本作"情本"，郝經《續後漢書》苟宗道注引亦作"情本"。今從百衲本等。

［4］魯隱：春秋初之魯隱公。魯隱公名息，魯惠公之長庶子，及年長，娶宋國女。宋女美，惠公奪爲己妻，生子允，立允爲太子。及惠公卒，允年幼，魯人共令息攝政，是爲隱公。隱公十一年（前712），公子揮詣謂隱公曰："百姓便君，君其遂立。吾請爲君殺子允，君以我爲相。"隱公不納，將還政於子允。公子揮懼子允聞而誅己，乃反譖隱公於子允曰："隱公欲遂立，去子，子其圖之。請爲子殺隱公。"子允許諾。公子揮遂使人殺隱公，立子允，是爲桓公。（見《史記》卷三三《魯周公世家》）公子揮，《左傳》作"公子翬"。翬字羽父。

［5］宋宣：盧弼《集解》本作"宋襄"，百衲本、殿本、校點本均作"宋宣"。今從百衲本等。宋宣公有太子與夷。十九年，宣公病，讓位與其弟和曰："父死子繼，兄死弟及，天下通義也。我其立和。"宣公卒，和立，是爲穆公。宋穆公有子馮。九年，穆公

病，召大司馬孔父謂曰："先君宣公舍太子與夷而立我，我不敢忘。我死，必立與夷也。"孔父曰："群臣皆願立公子馮。"穆公曰："毋立馮，吾不可以負宣公。"於是穆公使馮出居於鄭。穆公卒，與夷立，是爲殤公。宋殤公十年，大宰華督攻殺孔父，取其妻。殤公怒，華督又殺殤公而迎立馮，是爲莊公。（見《史記》卷三八《宋微子世家》）

［6］經綸：謂籌劃治理國家之大事。

［7］貽厥之謀：謂爲子孫之謀。古文《尚書·五子之歌》："有典有則，貽厥子孫。"

［8］縱橫：百衲本"縱"字作"從"，殿本、盧弼《集解》本、校點本作"縱"。按，二字通，今從殿本等。

［9］田市：秦末田儋之子。陳勝起兵爲王後，田儋亦起事，自立爲齊王。田儋死後，其弟田榮立儋子市爲齊王，榮爲相，榮弟橫爲將，平定齊地。項羽入咸陽滅秦後，大封諸侯王，乃徙齊王田市爲膠東王，立齊將田都爲齊王。田榮不得封，因怨項羽，並留田市，不使去膠東，又發兵拒擊田都。田市之左右曰："項王强暴，而王當之膠東，不就國，必危。"田市懼，乃亡奔膠東。田榮怒，追殺齊王市於即墨。（見《史記》卷九四《田儋列傳》）

［10］其未達乎：盧弼《集解》引李光地、趙一清、杭世駿諸家之說，謂孫盛之說迂謬。

三國志 卷四七

吳書二

吳主傳第二

　　孫權字仲謀。[1]兄策既定諸郡,時權年十五,[2]以爲陽羨長。[一][3]郡察孝廉,[4]州舉茂才,[5]行奉義校尉。[6]漢以策遠脩職貢,遣使者劉琬加錫命。琬語人曰:"吾觀孫氏兄弟雖各才秀明達,然皆禄祚不終,惟中弟孝廉,形貌奇偉,骨體不恒,有大貴之表,年又最壽,爾試識之。"

　　〔一〕《江表傳》曰:堅爲下邳丞時,[7]權生,方頤大口,目有精光,堅異之,以爲有貴象。[8]及堅亡,策起事江東,[9]權常隨從。性度弘朗,仁而多斷,好俠養士,始有知名,[10]侔於父兄矣。每參同計謀,[11]策甚奇之,自以爲不及也。每請會賓客,常顧權曰:"此諸君,汝之將也。"[12]

　　[1]孫權:劉咸炘《知意》云:"尚鎔曰:傳名'吳主',而傳首直名'孫權',不冠'吳主',與《蜀志》書'先主諱備'者,

異矣。"

〔2〕時權年十五：盧弼《集解》云："時爲漢獻帝建安元年。"

〔3〕陽羨：縣名。治所在今江蘇宜興市南荊溪南岸。

〔4〕孝廉：漢代選拔官吏的主要科目。孝指孝子，廉指廉潔之士。原本爲二科，後混同爲一科，也不再限於孝子和廉吏。東漢後期定制爲不滿四十歲者不得察舉；被舉者先詣公府課試，以觀其能。郡國每年要向中央推舉一至二人。

〔5〕茂才：即秀才。東漢時避光武帝劉秀諱改，爲漢代薦舉人材科目之一。東漢之制，州牧刺史歲舉一人。三國沿之，或稱秀才。

〔6〕奉義校尉：官名。漢獻帝建安初孫策置。

〔7〕下邳：縣名。治所在今江蘇睢寧縣西北。 丞：官名。縣令、長之副佐，職掌文書及倉、獄事。

〔8〕有貴象：趙幼文《校箋》謂《藝文類聚》卷一三、《太平御覽》卷三六七引俱無"有"字。

〔9〕江東：地區名。長江自西向東流，流至今安徽境，則偏北斜流，至江蘇省鎮江市又東流而下，古稱這段江路東岸之地爲江東（即今長江以南的蘇、浙、皖一帶），西岸之地爲江西（即今皖北和淮河下游一帶）。

〔10〕始有知名：趙幼文《校箋》謂《太平御覽》卷一一八引無"有"字。

〔11〕參同：趙幼文《校箋》謂《太平御覽》卷一一八引"同"字作"問"。

〔12〕此諸君汝之將也：趙一清《注補》云："此言亦未實，策之英武，何遽不及權？且未便自料年只二十六。"趙幼文《校箋》謂《太平御覽》卷一一八引作"此諸君之將軍也"；又《建康實錄》卷一引《江表記》作"策顧權謂衆曰：'此真諸君將軍也。'"與此語正相反。

建安四年,[1]從策征廬江太守劉勳。[2]勳破,進討黃祖於沙羨。[3]

五年,策薨,以事授權,權哭未及息。策長史張昭謂權曰:[4]"孝廉,此寧哭時邪?且周公立法而伯禽不師,非欲違父,時不得行也。[一]況今姦宄競逐,豺狼滿道,乃欲哀親戚,[5]顧禮制,是猶開門而揖盜,未可以爲仁也。"乃改易權服,扶令上馬,使出巡軍。是時惟有會稽、吳郡、丹楊、豫章、廬陵,[6]然深險之地猶未盡從,而天下英豪布在州郡,[7]賓旅寄寓之士以安危去就爲意,未有君臣之固。張昭、周瑜等謂權可與共成大業,故委心而服事焉。曹公表權爲討虜將軍,[8]領會稽太守,屯吳,使丞之郡行文書事。[9]待張昭以師傅之禮,而周瑜、程普、呂範等爲將率。招延俊秀,聘求名士,魯肅、諸葛瑾等始爲賓客。分部諸將,鎮撫山越,[10]討不從命。[二]

〔一〕臣松之按《禮記·曾子問》子夏曰:[11]"三年之喪,金革之事無避也者,[12]禮與?初有司與?"孔子曰:"吾聞諸老聃曰,昔者魯公伯禽有爲爲之也。"[13]鄭玄注曰:"周人卒哭而致事。[14]時有徐戎作難,[15]伯禽卒哭而征之,[16]急王事也。"昭所云"伯禽不師",蓋謂此也。

〔二〕《江表傳》曰:初策表用李術爲廬江太守,策亡之後,術不肯事權,[17]而多納其亡叛。權移書求索,術報曰:"有德見歸,無德見叛,不應復還。"權大怒,乃以狀白曹公曰:"嚴刺史昔爲公所用,[18]又是州舉將,[19]而李術凶惡,輕犯漢制,殘害州司,[20]肆其無道,宜速誅滅,以懲醜類。今欲討之,進爲國朝掃除鯨鯢,退爲舉將報塞怨讐,此天下達義,夙夜所甘心。術必懼誅,復詭説求救。明公所居,阿衡之任,[21]海内所瞻,願敕執事,勿復聽受。"是歲舉兵攻術於皖城。[22]術閉門自守,求救於曹公。曹公不救。糧食乏盡,婦女或丸土而吞之。[23]遂屠其城,梟術首,徙其部曲三萬餘人。[24]

[1] 建安:漢獻帝劉協年號(196—220)。

[2] 廬江:郡名。治所本在舒縣,在今安徽廬江縣西南。建安四年劉勳移於皖縣,在今安徽潛山縣。

[3] 沙羨(yí):縣名。治所在今湖北武昌縣西南金口。

[4] 長史:官名。漢代三公府設有長史,以輔助三公。將軍府屬官亦有長史,以總理幕府。孫策爲討逆將軍,故置長史。

[5] 親戚:盧弼《集解補》云:"顧炎武《日知録》卷二十四云:古人稱其父兄子弟亦曰親戚。"

[6] 會稽:郡名。治所山陰縣,在今浙江紹興市。 吳郡:治所吳縣,在今江蘇蘇州市。 丹楊:郡名。治所宛陵縣,在今安徽宣州市。 豫章:郡名。治所南昌縣,在今江西南昌市。 廬陵:郡名。治所廬陵縣,在今江西吉安市西南。按,潘眉《考證》、徐紹楨《質疑》引洪亮吉説,謂除以上五郡外,尚有廬江郡。盧弼《集解》云:"按《通鑑》有'廬江'二字。是時孫策實力,祇有會稽、吳郡、丹陽、豫章四郡及分置廬陵一郡,至淮南、廬江、江夏三郡,終吳之世,爲魏、吳分據,故承祚不及之也。"

[7] 布在:殿本無"布"字,百衲本、盧弼《集解》本、校點本有"布"字。今從百衲本等。

[8] 討虜將軍:官名。漢獻帝建安初置,爲雜號將軍。

[9] 丞:官名。此爲郡丞,爲郡守之副,佐掌衆事。秩六百石。潘眉《考證》云:"時以顧雍爲會稽郡丞。"

[10] 山越:漢末三國時期,居於南方山區的土著人民稱爲山

越。因其在秦漢時稱越人，雖經三百餘年已與漢族相融合，但時人仍稱之爲越。（本唐長孺《孫吳建國及漢末江南的宗部與山越》）

[11] 子夏曰：百衲本"曰"字在"子"字上，殿本、盧弼《集解》本、校點本皆在"夏"字下。今從殿本等。

[12] 金革之事：謂用兵打仗。

[13] 魯公伯禽：西周周公旦之子，名伯禽。周武王滅殷紂後，封周公旦於魯。而周公留京佐武王、成王，使伯禽就國，故爲魯公。（見《史記》卷三三《魯周公世家》）

[14] 周人卒哭而致事：鄭玄注全文爲："致事，還其職位於君。周人卒哭而致事。"

[15] 徐戎：古部族名。東夷之一。自夏至周分佈於今淮河中下游。周初建立徐國，在東夷中最爲强大，曾數次聯合淮夷對抗周。按，伯禽征徐戎事，亦見《史記》。《史記》卷三三《魯周公世家》云："伯禽即位之後，有管、蔡等反也，淮夷、徐戎亦並興反。於是伯禽率師伐之於肸，作《肸誓》。"

[16] 伯禽卒哭而征之：孔穎達疏云："周公致政之後，成王即位之時，周公猶在，則此云'伯禽卒哭'者，爲母喪也。"

[17] 術不肯事權：百衲本無"術"字，殿本、盧弼《集解》本、校點本有。今從殿本等。

[18] 嚴刺史：即嚴象。建安初爲揚州刺史。

[19] 舉將：上卷《孫策傳》謂嚴象舉孫權爲茂才。將，即指刺史。

[20] 州司：指嚴象。建安五年嚴象被李術所殺。（見本書卷一〇《荀彧傳》裴注引《三輔決錄注》）

[21] 阿衡：古官名。商湯時伊尹爲阿衡。此以曹操比伊尹。

[22] 皖：縣名。治所在今安徽潛山縣。

[23] 丸土：百衲本作"丸土"，殿本、盧弼《集解》本、校點本作"丸泥"。郝經《續後漢書》亦作"丸土"。趙幼文《校箋》謂《太平御覽》卷三七、《册府元龜》卷一八三引作"丸土"。今

從百衲本。

[24] 三萬餘人：盧弼《集解》云："《通鑑》'三'作'二'。"按，《建康實錄》卷一亦作"二萬人"。

七年，權母吳氏薨。

八年，權西伐黃祖，破其舟軍，惟城未克，而山寇復動。[1]還過豫章，使呂範平鄱陽，[2]（會稽）程普討樂安，[3]太史慈領海昏，[4]韓當、周泰、呂蒙等爲劇縣令長。[5]

九年，權弟丹楊太守翊爲左右所害，以從兄瑜代翊。〔一〕

〔一〕《吳錄》曰：是時權大會官寮，沈友有所是非，令人扶出，謂曰："人言卿欲反。"友知不得脫，乃曰："主上在許，有無君之心者，可謂非反乎？"遂殺之。友字子正，吳郡人。年十一，[6]華歆行風俗，見而異之，因呼曰："沈郎，可登車語乎？"友逡巡卻曰："君子講好，會宴以禮，今仁義陵遲，聖道漸壞，先生銜命，將以禪補先王之教，整齊風俗，而輕脫威儀，猶負薪救火，無乃更崇其熾乎！"歆慚曰："自桓、靈以來，雖多英彥，未有幼童若此者。"弱冠博學，[7]多所貫綜，善屬文辭。兼好武事，注《孫子兵法》。[8]又辯於口，每所至，衆人皆默然，莫與爲對，咸言其筆之妙，舌之妙，刀之妙，三者皆過絕於人。權以禮聘，既至，論王霸之略，當時之務，權斂容敬焉。陳荊州宜并之計，[9]納之。正色立朝，清議峻厲，爲庸臣所譖，誣以謀反。權亦以終不爲己用，故害之，時年二十九。

[1] 山寇：即山越。
[2] 鄱陽：縣名。治所在今江西鄱陽縣東北。又按，"鄱陽"

下各本皆有"會稽"二字。《通鑑》卷六四漢獻帝建安八年亦有"會稽"二字。胡三省云："《吕範傳》止云'鄱陽',《孫權傳》則有'會稽'二字。以地里考之,'會稽'二字衍。"校點本即從胡注説删"會稽"二字。今從之。

　　[3] 樂安：縣名。治所在今江西德興市東北。

　　[4] 海昏：縣名。治所在今江西永修縣西北艾城。

　　[5] 劇縣：胡三省云："劇,艱也,甚也。言其地當山越之要,最爲艱劇之甚者也。"(《通鑑》卷六四漢獻帝建安八年注)

　　[6] 年十一：盧弼《集解》云："沈友死於建安九年,時年二十九。時'年十一',當在靈帝中平三年(186),是時靈帝猶存,華歆決無'自桓靈以來'之語；又按,《華歆傳》,靈帝時歆亦無行風俗至吳郡之事。《吳録》所云,前後矛盾如此。"

　　[7] 弱冠：古時男子二十歲束髮加冠,謂爲成人,但體尚未壯,故稱弱冠。

　　[8] 注孫子兵法：《隋書·經籍志》謂梁有《孫子兵法》二卷,吳處士沈友撰,亡。《舊唐書·經籍志》《新唐書·藝文志》皆著録沈友注《孫子兵法》二卷。是後又重出。

　　[9] 荆州：東漢末劉表爲刺史,治所襄陽縣,在今湖北襄陽市。

　　十年,權使賀齊討上饒,[1]分爲建平縣。[2]

　　十二年,西征黄祖,虜其人民而還。

　　十三年春,權復征黄祖,祖先遣舟兵拒軍,都尉吕蒙破其前鋒,[3]而凌統、董襲等盡鋭攻之,遂屠其城。祖挺身亡走,[4]騎士馮則追梟其首,虜其男女數萬口。是歲,使賀齊討黟、歙,[5]黟音伊。歙音攝。分歙爲始新、新定、〔一〕黎陽、休陽縣,〔二〕[6]以六縣爲新都郡。[7]荆州牧劉表死,魯肅乞奉命弔表二子,且以觀變。肅未到,而曹公已臨其境,表子琮舉衆以降。劉備欲南濟江,肅與相見,因傳權旨,爲陳成敗。備進住夏口,[8]使諸葛亮詣權,權遣周瑜、程普等行。是時曹公新得表衆,[9]形勢甚盛,諸議者皆望風畏懼,多勸權迎之。〔三〕惟瑜、肅執拒之議,意與權同。瑜、普爲左右督,[10]各領萬人,與備俱進,遇於赤壁,[11]大破曹公軍。公燒其餘船引退,士卒飢疫,死者大半。備、瑜等復追至南郡,[12]曹公遂北還,留曹仁、徐晃於江陵,使樂進守襄陽。[13]時甘寧在夷陵,[14]爲仁黨所圍,用呂蒙計,留淩統以拒仁,以其半救寧,軍以勝反。權自率衆圍合肥,[15]使張昭攻九江之當塗。[16]昭兵不利,權攻城踰月不能下。曹公自荆州還,遣張喜將騎赴合肥。[17]未至,權退。

〔一〕《吳錄》曰:晋改新定爲遂安。[18]

〔二〕《吳錄》曰:晋改休陽爲海寧。

〔三〕《江表傳》載曹公與權書曰:"近者奉辭伐罪,(旄)〔旌〕麾南指,[19]劉琮束手。今治水軍八十萬衆,方與將軍會獵於吳。"權得書以示羣臣,莫不嚮震失色。[20]

[1] 上饒:縣名。吳置,治所在今江西上饒市西北天津橋。

[2] 建平縣:治所在今福建建陽市東南建溪東岸。

[3] 都尉:官名。略低於校尉的帶兵武官。本書卷五四《吕蒙傳》謂吕蒙爲平北都尉。

[4] 挺身:周一良云:"《方言》鋋訓盡訓空,挺與鋋通。挺身實即空身不携帶任何隨身物品之意。"(《魏書札記》)

[5] 黟:縣名。治所在今安徽黟縣東。　歙:縣名。治所在今

安徽歙縣。

［6］始新：縣名。治所在今浙江淳安縣西北。　新定：縣名。治所在今浙江淳安縣西南。　犁陽休陽縣：百衲本無此五字，殿本、盧弼《集解》本、校點本有。今從殿本等。犁陽，本書卷六〇《賀齊傳》作"黎陽"，西晉亦改稱"黎陽"。治所在今安徽休寧縣西南。休陽縣治所在今安徽休寧縣西。

［7］新都郡：治所即始新縣。

［8］夏口：地名。在今湖北武漢市原漢水入長江處。

［9］是時：百衲本無"時"字，殿本、盧弼《集解》本、校點本有。今從殿本等。

［10］瑜普：趙幼文《校箋》謂蕭常《續後漢書》"瑜"上有"乃使"二字。按郝經《續後漢書》有"乃以"二字。　左右督：官名。即左部督與右部督，皆統兵將領。

［11］赤壁：山名。在今湖北赤壁市西北長江邊。詳解見本書卷一《武帝紀》建安十三年注。

［12］南郡：治所江陵縣，在今湖北荊州市江陵區。

［13］襄陽：縣名。治所在今湖北襄陽市。後曹操以此爲治所置襄陽郡。

［14］夷陵：殿本、盧弼《集解》作"江陵"，百衲本、校點本作"夷陵"，殿本《考證》亦云："宋本作'夷陵'。"今從百衲本等。夷陵，縣名。治所在今湖北宜昌市東南。

［15］合肥：縣名。治所在今安徽合肥市西。梁章鉅《旁證》云："按《魏志·武帝紀》建安十三年冬，孫權爲劉備攻合肥，公自江陵征備，遣張憙救合肥，權乃走。公至赤壁，與備戰，不利，於是引軍還。是救合肥在先，而赤壁之戰在後，與此所云不合。然歷考諸將傳，皆赤壁在先，合肥在後，似以《吳志》爲是。"

［16］當塗：縣名。治所在今安徽懷遠縣南淮河南岸馬頭城。

［17］張喜：本書《武帝紀》作"張憙"。

［18］晉改新定爲遂安：此條《吳錄》，百衲本無，殿本、盧

弼《集解》本、校點本有。今從殿本等。

[19] 旌麾：各本作"旄麾"。殿本《考證》云："北宋本作'旌麾南指'。"趙幼文《校箋》謂《册府元龜》卷一八三亦作"旌麾"。按《通鑑》卷六五漢獻帝建安十三年亦作"旌麾"。今從諸書改。

[20] 嚮：盧弼《集解》云："《通鑑》'響'作'嚮'。"按二字通。《易·繫辭上》："其受命也如嚮。"陸德明《釋文》："嚮，許兩反。又作'響'。"

十四年，瑜、仁相守歲餘，所殺傷甚衆。仁委城走。權以瑜爲南郡太守。劉備表權行車騎將軍，[1]領徐州牧。[2]備領荆州牧，屯公安。[3]

十五年，分豫章爲鄱陽郡；[4]分長沙爲漢昌郡，[5]以魯肅爲太守，屯陸口。[6]

十六年，權徙治秣陵。[7]明年，城石頭，[8]改秣陵爲建業。[9]聞曹公將來侵，作濡須塢。[10]

十八年正月，曹公攻濡須，權與相拒月餘。曹公望權軍，歎其齊肅，乃退。〔一〕初，曹公恐江濱郡縣爲權所略，徵令内移。民轉相驚，自廬江、九江、蘄春、廣陵戶十餘萬皆東渡江，[11]江西遂虛，合肥以南惟有皖城。

〔一〕《吴歷》曰：曹公出濡須，作油船，[12]夜渡洲上。權以水軍圍取，得三千餘人，其没溺者亦數千人，權數挑戰，公堅守不出。權乃自來，[13]乘輕船，從濡須口入公軍。[14]諸將皆以爲是挑戰者，欲擊之。公曰："此必孫權欲身見吾軍部伍也。"敕軍中皆精嚴，弓弩不得妄發。權行五六里，迴還作鼓吹。公見舟船器仗軍伍整肅，喟然歎曰："生子當如孫仲謀，劉景升兒子若豚犬耳！"[15] 權爲牋與曹公，說："春水方生，公宜速去。"別紙言："足下不死，孤不得安。"曹公語諸將曰："孫權不欺孤。"乃徹軍還。

《魏略》曰：權乘大船來觀軍，公使弓弩亂發，箭著其船，船偏重將覆，權因迴船，復以一面受箭，箭均船平，乃還。

[1] 車騎將軍：官名。東漢時位比三公，常以貴戚充任。出掌征伐，入參朝政。漢靈帝時作加官或作贈官。

[2] 徐州：東漢末刺史治所下邳縣，在今江蘇睢寧縣西北。

[3] 公安：縣名。治所在今湖北公安縣西。

[4] 鄱陽郡：治所即鄱陽縣，在今江西鄱陽縣東北。

[5] 長沙：郡名。治所臨湘縣，在今湖南長沙市。　漢昌郡：治所漢昌縣，在今湖南平江縣東南。

[6] 陸口：地名。即今湖北赤壁市西北之陸溪口，亦即陸水入長江處。

[7] 秣陵：縣名。治所在今江蘇江寧縣南秣陵鎮。

[8] 石頭：城名。在今江蘇南京市西清涼山。

[9] 建業：縣名。孫權改秣陵爲建業後，徙治所於今南京市。

[10] 濡須塢：在今安徽無爲縣東北古濡須水畔。因形似偃月，又名偃月塢。

[11] 九江：郡名。治所陰陵縣，在今安徽定遠縣西北。　蘄春：郡名。治所蘄春縣，在今湖北蘄春縣西南。　廣陵：郡名。治所廣陵縣，在今江蘇揚州市西北蜀岡上。　户十餘萬：本書卷一四《蔣濟傳》作"十餘萬衆"。

[12] 油船：胡三省云："油船，蓋以牛皮爲之，外施油以捍水。"（《通鑑》卷七〇魏文帝黃初四年注）

[13] 自來：趙幼文《校箋》謂《北堂書鈔》卷一三〇引无

"自來"二字,《藝文類聚》卷一三、卷六八、《太平御覽》卷一一八、卷七七〇引俱無"來"字,似應刪。

[14] 濡須口:地名。古濡須水源出巢湖,東南流,經無爲縣東南入長江。入長江處稱濡須口。

[15] 劉景升:劉表字景升。

十九年五月,權征皖城。閏月,[1]克之,獲廬江太守朱光及參軍董和,男女數萬口。是歲劉備定蜀。[2]權以備已得益州,[3]令諸葛瑾從求荆州諸郡。備不許,曰:"吾方圖涼州,[4]涼州定,乃盡以荆州與吴耳。"權曰:"此假而不反,而欲以虚辭引歲。"遂置南三郡長吏,[5]關羽盡逐之。權大怒,乃遣呂蒙督鮮于丹、徐忠、孫規等兵二萬取長沙、零陵、桂陽三郡,使魯肅以萬人屯巴丘〔一〕以禦關羽。[6]權住陸口,爲諸軍節度。蒙到,二郡皆服,惟零陵太守郝普未下。會備到公安,使關羽將三萬兵至益陽,[7]權乃召蒙等使還助肅。蒙使人誘普,普降,盡得三郡將守,因引軍還,與孫皎、潘璋并魯肅兵並進,拒羽於益陽。未戰,會曹公入漢中,[8]備懼失益州,使使求和。權令諸葛瑾報,更尋盟好,遂分荆州,長沙、江夏、桂陽以東屬權,[9]南郡、零陵、武陵以西屬備。[10]備歸,而曹公已還。權反自陸口,遂征合肥。合肥未下,撤軍還。兵皆就路,權與凌統、甘寧等在津北爲魏將張遼所襲,[11]統等以死扞權,權乘駿馬越津橋得去。〔二〕

〔一〕巴丘今曰巴陵。

〔二〕《獻帝春秋》曰：張遼問吳降人：[12]"向有紫髯將軍，長上短下，[13]便馬善射，是誰？"降人答曰："是孫會稽。"[14]遼及樂進相遇，言不早知之，急追自得，舉軍歎恨。

《江表傳》曰：權乘駿馬上津橋，[15]橋南已見徹，丈餘無版。谷利在馬後，使權持鞍緩控，[16]利於後著鞭，以助馬勢，遂得超度。權既得免，即拜利都亭侯。[17]谷利者，本左右給使也，以謹直爲親近監，[18]性忠果亮烈，言不苟且，權愛信之。

[1] 閏月：按陳垣《二十史朔閏表》，建安十九年閏四月，此乃閏五月。但《通鑑》亦謂閏五月"權親攻皖城"。蓋亦未考確切之月。

[2] 蜀：地區名。指今成都平原一帶。戰國以前爲蜀國地。

[3] 益州：東漢末刺史治所成都縣，在今四川成都市舊東、西城區。

[4] 涼州：漢靈帝中平後迄漢獻帝建安末，刺史治所冀縣，在今甘肅甘谷縣東。

[5] 三郡：指長沙、零陵、桂陽三郡。零陵郡治所泉陵縣，在今湖南永州市。桂陽郡治所郴縣，在今湖南郴州市。

[6] 巴丘：山名。在今湖南岳陽市西南部。《水經·湘水注》謂湘水至巴丘山入江，山在湘水右岸，有吳之巴丘邸閣，西晉初在此置巴陵縣。

[7] 益陽：縣名。治所在今湖南益陽市東。

[8] 入漢中：《通鑑》卷六七漢獻帝建安二十年作"將攻漢中"。《通鑑考異》云："按操以七月入漢中，備未應即聞之，而八月權已攻合肥。蓋聞曹公兵始欲向漢中，即引兵還耳。"漢中郡治所南鄭縣，在陝西漢中市東。

[9] 江夏：郡名。東漢時治所西陵縣，在今湖北新州縣西。建安十三年孫權破黃祖，移治所於沙羨縣，在今湖北武漢市武昌區西

南金口。

[10] 武陵：郡名。治所臨沅縣，在今湖南常德市。

[11] 津：指逍遙津。在今安徽合肥市東北古肥水上。

[12] 吳降人：趙幼文《校箋》謂《北堂書鈔》卷一一五、《太平御覽》卷一一八引"人"下俱有"曰"字。按，《北堂書鈔》陳禹謨補注引《獻帝春秋》無"曰"字。

[13] 長上短下：吳金華《校詁》云："上額長而下頤短。"

[14] 孫會稽：指孫權。曹操曾表孫權領會稽太守。

[15] 上：盧弼《集解》本作"走"，百衲本、殿本、校點本作"上"。今從百衲本等。

[16] 控：盧弼《集解》云："胡三省曰：控即馬控。"按馬控即馬勒。趙幼文《校箋》謂《初學記》卷九、《太平御覽》卷三八五（當作三五八）、卷三五九、卷八九四、《事類賦》卷二二引俱作"鞚"。《埤蒼》曰："鞚，馬勒也。"

[17] 都亭侯：爵名。位在鄉侯下，食祿於都亭。都亭，城郭附近之亭。

[18] 親近監：官名。蓋孫權置以侍從之官。

二十一年冬，曹公次于居巢，[1] 遂攻濡須。

二十二年春，權令都尉徐詳詣曹公請降，公報使脩好，誓重結婚。[2]

二十三年十月，權將如吳，親乘馬射虎於庱亭。[3] 庱音攄陵反。馬為虎所傷，權投以雙戟，虎卻廢，常從張世擊以戈，獲之。

二十四年，關羽圍曹仁於襄陽，曹公遣左將軍于禁救之。[4] 會漢水暴起，羽以舟兵盡虜禁等步騎三萬送江陵，[5] 惟城未拔。權內憚羽，外欲以為己功，牋與曹公,乞以討羽自效。曹公且欲使羽與權相持以鬬之,驛傳權書,使曹仁以弩射示羽。羽猶豫不能去。閏月,[6]權征羽,先遣吕蒙襲公安,獲將軍士仁。蒙到南郡,南郡太守麋芳以城降。蒙據江陵,撫其老弱,釋于禁之囚。陸遜別取宜都,[7]獲秭歸、枝江、夷道,[8]還屯夷陵,守峽口以備蜀。[9]關羽還當陽,[10]西保麥城。[11]權使誘之。羽僞降,立幡旗爲象人於城上,因遁走,兵皆解散,尚十餘騎。權先使朱然、潘璋斷其徑路。十二月,璋司馬馬忠獲羽及其子平、都督趙累等於章鄉,[12]遂定荆州。是歲大疫,盡除荆州民租稅。曹公表權爲驃騎將軍,[13]假節、領荆州牧,[14]封南昌侯。[15]權遣校尉梁寓奉貢于漢,[16]及令王惇市馬,又遣朱光等歸。〔一〕

〔一〕《魏略》曰:梁寓字孔儒,吴人也。權遣寓觀望曹公,曹公因以爲掾,[17]尋遣還南。[18]

[1] 居巢:縣名。治所在今安徽巢湖市東北。
[2] 誓重結婚:本書卷四六《孫策傳》謂曹操"以弟女配策小弟匡",是曹孫已結婚。
[3] 麍(chěng)亭:地名。在今江蘇丹陽市東南。
[4] 左將軍:官名。位如上卿,與前、後、右將軍掌京師兵衛和邊防屯警。
[5] 江陵:縣名。治所在今湖北江陵縣。
[6] 閏月:按本書卷一《武帝紀》謂建安二十四年冬十月,"孫權遣使上書,以討關羽自效"。則此閏月,乃閏十月,亦合《二十史朔閏表》。

［7］宜都：郡名。治所夷道縣，在今湖北枝城市。

［8］秭歸：縣名。治所在今湖北秭歸縣。　枝江：縣名。治所在今湖北枝江市東北。

［9］峽口：即今湖北宜昌市西北長江西陵峽口。

［10］當陽：縣名。治所在今湖北荆門市西南。

［11］麥城：舊城名。在今湖北當陽市東南沮、漳二水之間。

［12］司馬：官名。當時潘璋爲偏將軍，其部下置有司馬，掌參贊軍務。　都督：官名。此爲領兵將領。　章鄉：地名。在今湖北荆門市西。

［13］驃騎將軍：官名。東漢時位比三公，地位尊崇。

［14］假節：漢末三國時期，皇帝賜予臣下的一種權力。至晋代，此種權力明確爲因軍事可殺犯軍令者。

［15］南昌：縣名。治所在今江西南昌市。

［16］校尉：官名。漢代軍職之稱。東漢末位次於中郎將。魏、晋沿置，而名號繁多，品秩亦高低不等。

［17］掾：官名。屬官之統稱。漢代三公府及其他重要官府皆置掾，分曹治事，掾爲曹長。

［18］還南：殿本、盧弼《集解》本作"南還"，百衲本、校點本作"還南"。今從百衲本等。

二十五年春正月，曹公薨，太子丕代爲丞相魏王，改年爲延康。[1]秋，魏將梅敷使張儉求見撫納。南陽陰、酇、築陽、築音逐。山都、中廬五縣民五千家來附。[2]冬，魏嗣王稱尊號，改元爲黄初。[3]二年四月，劉備稱帝於蜀。〔一〕權自公安都鄂，[4]改名武昌，以武昌、下雉、尋陽、陽新、柴桑、沙羨六縣爲武昌郡。[5]五月，建業言甘露降。八月，城武昌，下令諸將曰："夫存不忘亡，安必慮危，古之善教。昔雋不疑漢之名臣，[6]於安平之世而刀劍不離於身，蓋君子之於武備，不可以已。況今處身疆畔，豺狼交接，而可輕忽不思變難哉？[7]頃聞諸將出入，各尚謙約，不從人兵，甚非備慮愛身之謂。[8]夫保己遺名，以安君親，孰與危辱？宜深警戒，務崇其大，副孤意焉。"自魏文帝踐阼，權使命稱藩，及遣于禁等還。十一月，策命權曰："蓋聖王之法，以德設爵，以功制祿；勞大者祿厚，德盛者禮豐。故叔旦有夾輔之勳，[9]太公有鷹揚之功，[10]並啓土宇，并受備物，所以表章元功，殊異賢哲也。近漢高祖受命之初，分裂膏腴以王八姓，[11]斯則前世之懿事，後王之元龜也。[12]朕以不德，承運革命，君臨萬國，秉統天機，思齊先代，坐而待旦。惟君天資忠亮，命世作佐，深覩曆數，[13]達見廢興，遠遣行人，浮于潛漢。〔二〕望風影附，抗疏稱藩，[14]兼納纖絺南方之貢，普遣諸將來還本朝，忠肅內發，款誠外昭，信著金石，義蓋山河，朕甚嘉焉。今封君爲吳王，使使持節太常高平侯貞，[15]授君璽綬策書、金虎符第一至第五、左竹使符第一至第十，[16]以大將軍使持節督交州，[17]領荊州牧事，錫君青土，[18]苴以白茅，對揚朕命，以尹東夏。其上故驃騎將軍南昌侯印綬符策。今又加君九錫，[19]其敬聽後命。以君綏安東南，綱紀江外，民夷安業，無或攜貳，是用錫君大輅、戎輅各一，玄牡二駟。[20]君務財勸農，倉庫盈積，是用錫君袞冕之服，[21]赤舄副焉。[22]君化民以德，禮教興行，是用錫君軒縣之樂。[23]君宣導休風，懷柔百越，是用錫君朱戶以居。君運其才謀，官方任賢，是用錫君納陛以登。[24]君忠勇並奮，清除姦慝，是用錫君虎賁之士百人。[25]君振威陵邁，宣力荊南，梟滅凶醜，罪人斯得，是用錫君鈇鉞各一。君文和於內，武信於外，是用錫君彤弓一、彤矢百、玈弓十、玈矢千。[26]君以忠肅為基，恭儉為德，是用錫君秬鬯一卣，[27]圭瓚副焉。[28]欽哉！敬敷訓典，以服朕命，以勖相我國家，永終爾顯烈。"〔三〕是歲，劉備帥軍來伐，至巫山、秭歸，[29]使使誘導武陵蠻夷，假與印傳，許之封賞。於是諸縣及五谿民皆反為蜀。[30]權以陸遜為督，督朱然、潘璋等以拒之。遣都尉趙咨使魏。[31]魏帝問曰："吳王何等主也？"咨對曰："聰明仁智，雄略之主也。"帝問其狀，咨曰："納魯肅於凡品，是其聰也；拔呂蒙於行陣，是其明也；獲于禁而不害，是其仁也；取荊州而兵不血刃，是其智也；據三州〔而〕虎視於天下，[32]是其雄也；屈身於陛下，是其略也。"〔四〕帝欲封權子登，權以登年幼，上書辭封，重遣西曹掾沈珩陳謝，[33]并獻方物。〔五〕立登為王太子。〔六〕

〔一〕《魏略》曰：[34]權聞魏文帝受禪而劉備稱帝，乃呼問知星者，己分野中星氣何如，[35]遂有僭意。而以位次尚少，無以威眾，又欲先卑而後踞之，為卑則可以假寵，後踞則必致討，致討然後可以怒眾，[36]眾怒然後可以自大，故深絕蜀而專事魏。

〔二〕《禹貢》曰：沱、潛既道，注曰："水自江出為沱，漢為潛。"

〔三〕《江表傳》曰：權羣臣議，以為宜稱上將軍、九州伯，[37]不應受魏封。權曰："九州伯，於古未聞也。昔沛公亦受項羽（拜）〔封〕爲漢王，[38]此蓋時宜耳，復何損邪？"遂受之。

孫盛曰："昔伯夷、叔齊不屈有周，[39]魯仲連不爲秦民。[40]夫以匹夫之志，猶義不辱，況列國之君三分天下，[41]而可二三其節，或臣或否乎？余觀吳、蜀，咸稱奉漢，至於漢代，莫能固秉臣節，君子是以知其不能克昌厥後，卒見吞於大國也。向使權從羣臣之議，[42]終身稱漢將，豈不義悲六合，[43]仁感百世哉！"

〔四〕《吳書》曰：[44]咨字德度，南陽人，博聞多識，應對辯捷，權爲吳王，擢中大夫，[45]使魏。魏文帝善之，嘲咨曰："吳王頗知學乎？"咨曰："吳王浮江萬艘，帶甲百萬，任賢使能，志存經略，[46]雖有餘閒，博覽書傳，歷史籍，[47]採奇異，不效書生尋章摘句而已。"[48]帝曰："吳可征不？"咨對曰："大國有征伐之兵，小國有備禦之固。"又曰："吳難魏不？"咨曰："帶甲百萬，江、漢爲池，何難之有？"又曰："吳如大夫者幾人？"咨曰："聰明特達者八九十人，如臣之比，車載斗量，不可勝數。"咨頻載使〔魏〕，北人敬異。[49]權聞而嘉之，拜騎都尉。[50]咨言曰："觀北方終不能守盟，[51]今日之計，朝廷承漢四百之際，[52]應東南之運，宜改年號，正服色，以應天順民。"權納之。

〔五〕《吳書》曰：珩字仲山，吳郡人，少綜經藝，[53]尤善《春秋》內、外傳。[54]權以珩有智謀，能專對，乃使至魏。魏文帝問曰："吳嫌魏東向乎？"珩曰："不嫌。"[55]曰："何以？"[56]曰："信恃舊盟，言歸于好，是以不嫌。若魏渝盟，自有豫備。"又問："聞太子當來，寧然乎？"珩曰："臣在東朝，朝不坐，宴不與，若此之議，無所聞也。"文帝善之，乃引珩自近，談語終日。珩隨事響應，無所屈服。珩還言曰："臣密參侍中劉曄，[57]數爲賊設姦計，終不久慤。臣聞兵家舊論，不恃敵之不我犯，恃我之不可犯，今爲朝廷慮之。且當省息他役，惟務農桑以廣軍資；脩繕舟車，增作戰具，令皆兼盈；撫養兵民，使各得其所；攬延英俊,[58]獎勵將士,[59]則天下可圖矣。"以奉使有稱,封永安鄉侯,[60]官至少府。[61]

〔六〕《江表傳》曰:是歲魏文帝遣使求雀頭香、大貝、明珠、象牙、犀角、瑇瑁、孔雀、翡翠、鬭鴨、長鳴雞。[62]羣臣奏曰:"荆、揚二州,貢有常典,魏所求珍玩之物非禮也,宜勿與。"權曰:"昔惠施尊齊爲王,[63]客難之曰:'公之學去尊,今王齊,何其倒也?'惠子曰:'有人於此,欲擊其愛子之頭,而石可以代之,子頭所重而石所輕也,以輕代重,何爲不可乎?'[64]方有事於西北,[65]江表元元,恃主爲命,非我愛子邪?彼所求者,於我瓦石耳,孤何惜焉?彼在諒闇之中,[66]而所求若此,寧可與言禮哉!"皆具以與之。[67]

[1] 延康:漢獻帝劉協年號(220)。

[2] 陰:縣名。治所在今湖北老河口市西北。 鄀:縣名。治所亦在今湖北老河口市西北。 築陽:縣名。治所在今湖北穀城縣北。 山都:縣名。治所在今湖北穀城縣東南。 中廬:縣名。治所在今湖北南漳縣東北。

[3] 黄初:魏文帝曹丕年號(220—226)。

[4] 鄂:縣名。治所在今湖北鄂州市。

[5] 下雉:縣名。治所在今湖北陽新縣東。 尋陽:縣名。治所在今湖北黄梅縣西南。 陽新:縣名。治所在今湖北陽新縣西南陽新鎮。 柴桑:縣名。治所在今江西九江市西南。 武昌郡:治所即武昌縣。

[6] 雋不疑:百衲本"雋"字作"儁",殿本、盧弼《集解》本、校點本、《漢書》皆作"雋"。今從殿本等。雋不疑,西漢勃海人。漢武帝末年,以暴勝之直指使者督課郡國。勝之至勃海,請與不疑相見。不疑帶劍至門,門下吏欲使解劍,不疑曰:"劍者君子武備,所以衛身,不可解。請退。"吏告勝之。勝之開門延請,

並薦之於朝廷。後不疑歷任青州刺史、京兆尹，名聲甚重。（見《漢書》卷七一《雋不疑傳》）

[7] 不思：趙幼文《校箋》謂《太平御覽》卷六三七引"不"下有"豫"字。

[8] 備慮：趙幼文《校箋》謂《太平御覽》引"慮"字作"虞"。

[9] 叔旦：即周公旦，周武王之弟。

[10] 太公：即太公望，呂尚。佐周武王滅殷紂，以功封於齊。鷹揚：《詩·大雅·大明》："維師尚父，時維鷹揚。"謂威武如飛揚之雄鷹。

[11] 八姓：盧弼《集解補》："郝經曰：楚王韓信，梁王彭越，九江王英布，韓王信，趙王張耳，燕王盧綰，長沙王吳芮，越王無諸。"

[12] 元龜：古代用於占卜之大龜。用以比喻可資借鑒的往事。

[13] 曆數：指朝代順應天道而更替的次序。

[14] 抗疏：上書。

[15] 使持節：漢末三國皇帝授予出征或出鎮的軍事長官的一種權力。至晉代，此種權力明確爲可誅殺二千石以下官員。若皇帝派遣大臣出巡或參加祭吊等事務時，加使持節，則表示權力和尊崇。　太常：官名。東漢時仍爲列卿之首，秩中二千石。掌禮儀祭祀，選試博士等。三國沿置，魏爲三品。　貞：潘眉《考證》謂邢貞。

[16] 金虎符：漢代發兵或表明身份之銅製虎形符信。《漢書》卷四《文帝紀》："初與郡守爲銅虎符、竹使符。"顏師古注："應劭曰：'銅虎符第一至第五，國家當發兵，遣使者至郡合符，符合乃聽受之。竹使符皆以竹箭五枚，長五寸，鐫刻篆書，第一至第五。'……師古曰：'與郡守爲符者，謂各分其半，右留京師，左以與之……'"

[17] 大將軍：官名。東漢時常兼錄尚書事，與太傅、太尉等

共同主持政務。漢末位在三公上。三國時權任稍減，但曹魏時仍爲上公，第一品。　交州：建安八年置，刺史治所龍編縣，在今越南河內東天德江北岸；同年又移治所於廣信縣，在今廣西梧州市；建安十五年又移治所於番禺縣，在今廣東廣州市。

[18] 青土：東方之土。《白虎通·社稷》云："《春秋傳》曰，天子有太社焉。東方青色，南方赤色，西方白色，北方黑色，上冒以黃土。故將封東方諸侯，青土苴以白茅，謹敬絜清也。"

[19] 九錫：古代天子賜予大臣之最高禮遇。詳見本書卷一《武帝紀》建安十八年"九錫"注。

[20] 玄牡：黑紅色公馬。　駟：四馬駕一車爲駟。

[21] 袞：天子、上公所穿繡龍之禮服。　冕：天子、諸侯、卿大夫之禮冠。

[22] 舄（xì）：複底鞋。《周禮·天官冢宰·履人》鄭玄注云："王吉服有九，舄有三等，赤舄爲上。"　副：相配。

[23] 軒縣之樂：三面懸掛樂器。周代懸掛樂器的制度，天子宮懸，諸侯軒懸。宮懸，四面懸掛。軒懸，少去一面，即三面懸掛。

[24] 納陛：納，內。陛，帝王登殿之臺階。帝王升陛欲不露，故內之於檐下，稱爲納陛。

[25] 虎賁之士百人：虎賁，勇士，衛士。錢大昭《辨疑》曰："此九錫文與權受公孫淵同，若魏晉九錫，皆云軒縣之樂、六佾之舞、虎賁之士三百人。"

[26] 彤弓：赤弓。　旅（lú）弓：黑弓。《禮記·王制》云："諸侯賜弓矢然後征，賜鈇鉞然後殺。"

[27] 秬（jù）鬯（chàng）：黑黍釀成之香酒，用以祭祀。卣（yǒu）：盛酒器。

[28] 圭瓚：以圭爲柄之勺。圭，上圓下方的玉器。瓚，勺子。

[29] 巫山：本書卷三二《先主傳》作"巫"，爲縣名，在今重慶市巫山縣。若作山名之"巫山"，則在今巫山縣東。巫山縣之

稱，則始於隋。

　　[30] 五谿：在武陵郡境。《水經·沅水注》："武陵有五溪，謂雄溪、樠溪、無溪、酉溪，辰溪其一焉。"

　　[31] 都尉：趙幼文《校箋》謂《太平御覽》卷二四一引"都"上有"騎"字。

　　[32] 三州：指揚、荆、交三州。郭沫若《新疆出土的晋人寫本〈三國志〉殘卷》謂"三州"下有"而"字。盧弼《集解》亦謂《太平御覽》"三州"下有"而"字。趙幼文《校箋》謂此見《太平御覽》卷二一一（當作卷二四一）。則《太平御覽》與晋寫本合，今據增"而"字。

　　[33] 西曹掾：官名。漢魏諸公府之僚屬，爲西曹長官，掌府吏署用。

　　[34] 魏略：殿本作"魏啓"誤，百衲本、盧弼《集解》本、校點本均作"魏略"。今從百衲本等。

　　[35] 分野：古代天象家將天空星辰分爲十二次，與地上州國的位置相對應，稱爲分野。

　　[36] 怒衆：盧弼《集解補》："林國贊曰：權前後兩臣魏，前則掩襲荆州之故，後則御兵猇亭之故，最後魏師臨江，權猶乞哀。則以吳患莫甚於山越，洎山越削平，權遂僭號，安所謂怒衆舉事耶？"

　　[37] 上將軍：官名。西漢曾置，位極尊。　九州伯：即傳說中的九州長。傳說堯分天下爲九州，召許由爲九州長，"由不欲聞之，洗耳於潁水濱"。（見《史記》卷六一《伯夷列傳》張守節《正義》引皇甫謐《高士傳》）

　　[38] 沛公：即漢高祖劉邦。秦末陳勝起兵後，沛縣民共殺沛令，立劉邦爲沛公。劉邦遂起兵攻没郡縣，投屬項梁。項梁立楚懷王孫心爲楚王後，俱屬楚王。劉邦奉命入關滅秦後，項羽亦入關。項羽不滿，佯尊懷王爲義帝，大封諸侯王。劉邦被封爲漢王，轄巴、蜀、漢中三郡，都於南鄭（今陝西漢中市東）。（見《史記》

卷八《高祖本紀》）　封爲漢王：各本"封"字作"拜"。《建康實錄》卷一、郝經《續後漢書》、《通鑑》卷六九均作"封"。又古代賜予爵位皆稱封，故從諸書改。

[39] 伯夷叔齊：殷商末孤竹君之二子。父欲立叔齊。及父死，叔齊讓伯夷，伯夷不受而逃。叔齊亦不肯立而逃之。伯夷、叔齊遂共投奔周西伯，及至，西伯卒，其子武王東伐紂。伯夷、叔齊攔馬而諫曰："父死不葬，爰及干戈，可謂孝乎？以臣弑君，可謂仁乎？"及武王滅殷，天下歸周，伯夷、叔齊恥食周粟，餓死於首陽山。（見《史記》卷六一《伯夷列傳》）

[40] 魯仲連：戰國齊人。常周游各國，排難解紛。趙孝成王時，秦軍大敗趙軍於長平，趙損失四十餘萬衆，秦軍又進圍趙都邯鄲。魏國雖派將救趙，但畏秦，不敢進軍；魏王又派新垣衍入邯鄲，説趙尊秦爲帝，秦必退兵。此時魯仲連正在邯鄲，因見新垣衍曰："彼秦者，棄禮義而上首功之國也，權使其士，虜使其民。彼即肆然而爲帝，過而爲政於天下，則連有蹈東海而死耳，吾不忍爲之民也。"（見《史記》卷八三《魯仲連列傳》）

[41] 三分：百衲本"三"作"參"，殿本、盧弼《集解》本、校點本作"三"。按，二字同，今從殿本等。

[42] 議：殿本、盧弼《集解》本作"義"，百衲本、校點本作"議"。今從百衲本等。

[43] 悲：盧弼《集解》云："'悲'疑作'被'。"

[44] 曰：殿本無"曰"字，百衲本、盧弼《集解》本、校點本有。今從百衲本等。

[45] 擢中大夫：百衲本"擢"下有"至"字，殿本、盧弼《集解》本、校點本無。趙幼文《校箋》謂《北堂書鈔》卷四〇、《太平御覽》卷三三〇引有"至"字。按，《北堂書鈔》實無"至"字，郝經《續後漢書》亦無。今從殿本等。又按，"中大夫"上《太平御覽》尚有"太"字，《北堂書鈔》及郝經書亦無。中大夫，官名。王國官。漢代置，多以文學之士充任，掌奉使京城及諸

國之事。

　　[46] 志存：趙幼文《校箋》謂《太平御覽》卷三三〇引"存"字作"在"，《建康實錄》卷一、郝經《續後漢書》亦作"在"。

　　[47] 歷史籍：校點本"籍"字作"藉"，百衲本、殿本、盧弼《集解》本作"籍"。今從百衲本等。又趙幼文《校箋》云："《書鈔》（即《北堂書鈔》）引作'博覽經傳'，無'歷史籍採奇異'六字，《實錄》（即《建康實錄》）作'博覽史籍而採奇異'。疑此'歷'蓋衍字也。"按，有"歷"字亦通。《爾雅·釋詁下》："歷，相也。"郝懿行《義疏》："相，又訓視也。"則歷史籍，猶言閱覽史籍。故此三句之標點應爲"博覽書傳，歷史籍，採奇異"。而校點本標點爲"博覽書傳歷史，藉採奇異"，則違原書本意。

　　[48] 書生：校點本作"諸生"，百衲本、殿本、盧弼《集解》本作"書生"。今從百衲本等。　摘句：百衲本"摘"字作"擿"，殿本、盧弼《集解》本、校點本作"摘"。按，二字同，今從殿本等。

　　[49] 咨頻載使魏北人敬異：各本皆作"咨頻載使北人敬異"。盧弼《集解》云："朱邦衡曰：'北'下疑脫'魏'字。"校點本即從朱邦衡說於"北"下增"魏"字。趙幼文《校箋》則謂《册府元龜》卷八五九（按當作六五九）引作"咨頻載使魏北人敬異"。按，朱說無據，今從趙說據《册府元龜》於"北"上增"魏"字。

　　[50] 騎都尉：官名。東漢時屬光祿勳，秩比二千石，掌監羽林騎兵。三國沿置。吳或以統羽林兵，宿衛左右。

　　[51] 觀北方：趙幼文《校箋》謂《建康實錄》"觀"上有"臣"字，疑此脫。

　　[52] 際：趙幼文《校箋》謂《建康實錄》作"餘"，"際"字當爲"餘"字之形訛。

　　[53] 綜：殿本、盧弼《集解》本作"總"，百衲本、校點本作"綜"。今從百衲本等。

［54］春秋内外傳：古人對《左傳》《國語》之別稱。《漢書·藝文志》謂《春秋左氏傳》與《國語》皆左丘明所撰。學者又以二書皆述春秋之史事，衹不過《左傳》以記事爲主，《國語》以記言爲主。故謂二書爲姊妹篇，遂稱《左傳》爲内傳，《國語》爲外傳。其實《左傳》《國語》皆非左丘明所撰，可參現代學者對二書之論述。

［55］不嫌：趙幼文《校箋》謂《北堂書鈔》卷四〇、《太平御覽》卷四六三、《文選》陸士衡《辨亡論》李善注引"嫌"下有"也"字。按，《北堂書鈔》實無"也"字。

［56］何以：趙幼文《校箋》謂《太平御覽》引"以"下有"言之"二字。《文選》李善注引作"可以知之"。按，李善注實無"之"字。

［57］侍中：官名。曹魏時第三品。爲門下侍中寺長官。職掌門下衆事，侍從左右，顧問應對，拾遺補闕，與騎散常侍、黄門侍郎等共平尚書奏事。晋沿置，爲門下省長官。

［58］攬：殿本作"覽"，百衲本、盧弼《集解》本、校點本作"攬"。今從百衲本等。

［59］奬勵：百衲本"勵"字作"厲"，殿本、盧弼《集解》本、校點本作"勵"。按，二字義同，今從殿本等。

［60］鄉侯：爵名。漢制列侯大者食縣邑，小者食鄉、亭。東漢後期，遂以食鄉、亭者稱爲鄉侯、亭侯。

［61］少府：官名。漢列卿之一，秩中二千石。東漢時掌宫中御衣、寶貨、珍膳等。

［62］雀頭香：植物名。即香附子。而胡三省云："《本草》以香附子爲雀頭香。此物處處有之，非珍也，恐别是一物。"（《通鑑》卷六九魏文帝黄初二年注）　瑇（dài）瑁（mào）：爬行動物，形似龜。甲殻黄褐色，有黑斑和光澤，可作裝飾品。甲片可入藥。　長鳴鷄：《齊民要術·養鷄》引楊孚《異物志》："九真長鳴鷄，最長、聲甚好，清朗。鳴未必在曙時，潮水夜至，因之並鳴，

或曰伺潮鷄。"

[63] 惠施：戰國宋人。名家代表人物之一。曾爲魏惠王相，主張聯合齊、楚以抗秦。孫權所説"惠施尊齊爲王"事，見《吕氏春秋·開春論·愛類》，文字略有小異。其中"客難"之客，乃匡章。

[64] 不可乎：趙幼文《校箋》謂《册府元龜》卷一九〇引"乎"字作"予"。按，宋本《册府元龜》亦作"乎"。

[65] 西北：西謂蜀，北謂魏。

[66] 諒闇：帝王居喪稱諒闇。當時曹操已死，曹丕正在喪期中。《禮記·喪服四制》："《書》云：'高宗諒闇，三年不言。'"按，《尚書·無逸》"諒闇"作"亮陰"，《論語·憲問》引作"諒陰"。

[67] 皆具以與之：趙幼文《校箋》謂《太平御覽》卷六八八引《江表傳》作"皆備以付使"。

黃武元年春正月，[1]陸遜部將軍宋謙等攻蜀五屯，[2]皆破之，斬其將。三月，鄱陽言黃龍見。蜀軍分據險地，前後五十餘營，遜隨輕重以兵應拒，自正月至閏月，[3]大破之，臨陣所斬及投兵降首數萬人。劉備奔走，僅以身免。〔一〕

〔一〕《吴歷》曰：權以使聘魏，具上破備獲印綬及首級、所得土地，並表將吏功勤宜加爵賞之意。[4]文帝報使，致鼲子裘、明光鎧、騑馬，[5]又以素書所作《典論》及詩賦與權。[6]
《魏書》載詔答曰："老虜邊窟，[7]越險深入，曠日持久，内迫罷弊，外困智力，故見身於鷄頭，[8]分兵擬西陵，[9]其計不過謂可轉足前迹以揺動江東。[10]根未著地，摧折其支，雖未刳備五臟，使身首分離，其所降誅，亦足使虜部衆兇懼。昔吴漢先燒荆門，[11]後發夷陵，而子陽無所逃其死；來歙始襲略陽，[12]文叔喜之，而知隱慝無所施其巧。今討此虜，正似其事，將軍勉建方略，務全獨克。"

［1］黃武：吳大帝孫權年號（222—229）。

［2］部將軍：校點本1959年12月第1版從何焯說刪"軍"字，不當。部將軍即部署分遣將軍。校點本1982年7月第2版已改正。　攻蜀五屯：徐紹楨《質疑》云："吾兄少白曰：下文言蜀軍分據險要，前後五十餘營，自正月至閏月，大破之。考《先主傳》，章武二年正月，先主軍還秭歸，將軍吳班、陳式水軍屯夷陵，夾江東西岸。二月，先主率諸將進軍，與吳軍相距於夷陵道。夏六月，陸議大破先主軍於猇亭。據此，即不當復有正月破蜀五屯之事也。"

［3］閏月：潘眉《考證》云："是年閏六月。"

［4］意：趙幼文《校箋》謂《册府元龜》卷二一五引作"恩"。

［5］貆（hún）子：灰鼠。其毛皮柔軟，可製衣裘。　騑馬：指駕車之良馬。

［6］典論：魏文帝曹丕所撰。詳見本書卷二《文帝紀》卷末注。

［7］老虜：指劉備。

［8］鷄頭：山名。趙一清《注補》云："《方輿紀要》卷七十七，鷄頭山在荊門州北六十里，最高。諺云：'鷄頭馬仰，去天一丈。'"荊門州在今湖北荊門市。但從當時劉備的出兵路綫看，劉備並未至今湖北荊門市附近。

［9］西陵：縣名。吳改稱夷陵為西陵，治所仍在今湖北宜昌市東南。

［10］轉足：殿本、盧弼《集解》本作"轉是"，百衲本、校點本作"轉足"。今從百衲本等。

［11］吳漢：東漢光武帝劉秀功臣。光武帝建武十一年（35），吳漢率岑彭等伐割據巴蜀之公孫述（字子陽）。及岑彭攻破荊門

（在今湖北枝城市西北長江邊），長驅入江關（在今重慶市奉節縣東長江北岸赤甲山上），吳漢又在夷陵備辦船隻，然後率軍三萬人溯江而上。次年，攻克成都，公孫述被殺。（見《後漢書》卷一八《吳漢傳》）

[12] 來歙：東漢光武帝劉秀功臣。光武帝初隗囂割據隴右，建武八年，來歙與祭遵襲擊略陽（在今甘肅秦安縣東北隴城鎮），斬隗囂守將金梁，因保其城。隗囂遂以數萬人圍略陽，來歙與將士奮力堅守數月。光武帝乃大發關東兵，自率伐之，隗囂衆潰逃，圍解。光武帝遂設宴慰勞，重賞來歙。次年即破隗囂。（見《後漢書》卷一五《來歙傳》）

初，權外託事魏，而誠心不款。魏欲遣侍中辛毗、尚書桓階往與盟誓，[1]并徵任子，[2]權辭讓不受。秋九月，魏乃命曹休、張遼、臧霸出洞口，[3]曹仁出濡須，曹真、夏侯尚、張郃、徐晃圍南郡。權遣呂範等督五軍，以舟軍拒休等，諸葛瑾、潘璋、楊粲救南郡，朱桓以濡須督拒仁。時揚、越蠻夷多未平集，內難未弭，故權卑辭上書，求自改厲，[4]"若罪在難除，必不見置，當奉還土地民人，乞寄命交州，以終餘年"。文帝報曰："君生於擾攘之際，本有縱橫之志，降身奉國，以享茲祚。自君策名已來，[5]貢獻盈路。討備之功，國朝仰成。埋而掘之，古人之所恥。〔一〕朕之與君，大義已定，豈樂勞師遠臨江漢？廊廟之議，[6]王者所不得專；三公上君過失，[7]皆有本末。朕以不明，雖有曾母投杼之疑，[8]猶冀言者不信，以爲國福。故先遣使者犒勞，又遣尚書、侍中踐修前言，以定任子。君遂設辭，不欲使進，議者怪之。〔二〕又前都尉浩周勸君遣子，乃實朝臣交謀，以此卜君，君果有辭，外引隗囂遣子不終，[9]內喻竇融守忠而已。[10]世殊時異，人各有心。浩周之還，口陳指麾，益令議者發明衆嫌，終始之本，無所據杖，[11]故遂俛仰從羣臣議。今省上事，款誠深至，心用慨然，悽愴動容。即日下詔，敕諸軍但深溝高壘，不得妄進。若君必效忠節，以解疑議，登身朝到，夕召兵還。此言之誠，有如大江！"〔三〕權遂改年，臨江拒守。冬十一月，大風，範等兵溺死者數千，餘軍還江南。曹休使臧霸以輕船五百、敢死萬人襲攻徐陵，[12]燒攻城車，殺略數千人。[13]將軍全琮、徐盛追斬魏將尹盧，殺獲數百。十二月，權使太中大夫鄭泉聘劉備于白帝，[14]始復通也。〔四〕然猶與魏文帝相往來，至後年乃絕。是歲改夷陵爲西陵。

〔一〕《國語》曰：[15]貍埋之，[16]貍掘之，[17]是以無成功。
〔二〕《魏略》載魏三公奏曰："臣聞枝大者披心，[18]尾大者不掉，[19]有國有家之所慎也。昔漢承秦弊，天下新定，大國之王，臣節未盡，以蕭、張之謀不備錄之，[20]至使六王前後反叛，已而伐之，戎車不輟。又文、景守成，[21]忘戰戢役，驕縱吳、楚，[22]養虺成蛇，[23]既爲社稷大憂，蓋前事之不忘，後事之師也。吳王孫權，幼豎小子，[24]無尺寸之功，遭遇兵亂，因父兄之緒，少蒙翼卵昫伏之恩，[25]長含鴟梟反逆之性，背棄天施，[26]罪惡積大。復與關羽更相覘伺，逐利見便，挾爲卑辭。先帝知權姦以求用，時以于禁敗於水災，等當討羽，[27]因以委權。先帝委裘下席，[28]權不盡心，誠在惻怛，[29]欲因大喪，寡弱王室，希託董桃傳先帝令，乘未得報許，擅取襄陽，及見驅逐，乃更折節。邪辟之態，巧言如流，雖重驛累使，發遣禁等，內包隗囂顧望之姦，外欲緩誅，支仰蜀賊。聖朝含弘，既加不忍，優而赦之，與之更始，猥乃割地王之，使南面稱孤，兼官累位，禮備九命，[30]名馬百駟，以成其勢，光寵顯赫，古今無二。權爲犬羊之姿，[31]橫被虎豹之文，不思靖力致死之節，[32]以報無量不世之恩。臣每見所下權前後章表，又以愚意採察權旨，自以阻帶江湖，負固不服，狃忕累世，[33]詐僞成功，上有尉佗、英布之計，[34]下誦伍被屈彊之辭，[35]終非不侵不叛之臣。以爲鼂錯不發削弱王侯之謀，[36]則七國同衡，禍久而大；蒯通不決襲歷下之策，[37]則田橫自慮，罪深變重。臣謹考之《周禮》九伐之法，[38]平權凶惡，逆節萌生，見罪十五。昔九黎亂德，[39]黃帝加誅；項羽罪十，[40]漢祖不捨。權所犯罪釁明白，非仁恩所養，宇宙所容。臣請免權官，鴻臚削爵土，[41]捕治罪。敢有不從，移兵進討，以明國典好惡之常，以靜三州元元之苦。"[42]其十五條，文多不載。

〔三〕《魏略》曰：浩周字孔異，上黨人。[43]建安中仕爲蕭令，[44]至徐州刺史。後領護于禁軍，軍没，爲關羽所得。權襲羽，並得周，甚禮之。及文帝即王位，權乃遣周，爲牋魏王曰："昔討關羽，獲于將軍，即白先王，當發遣之。此乃奉款之心，不言而發。先王未深留意，而謂權中間復有異圖，愚情惓惓，[45]用未果決。遂值先王委離國祚，殿下承統，下情始通。公私契闊，[46]未獲備舉，是令本誓未即昭顯。梁寓傳命，委曲周至，深知殿下以爲意望。權之赤心，不敢有他，願垂明恕，保權所執。謹遣浩周、東里袞，至情至實，皆周等所具。"又曰："權本性空薄，文武不昭，昔承父兄成軍之緒，得爲先王所見獎飾，遂因國恩，撫綏東土。[47]而中間寡慮，庶事不明，畏威忘德，以取重戾。先王恩仁，不忍遐棄，既釋其宿罪，且開明信。雖致命虜廷，梟獲關羽，功效淺薄，未報萬一。事業未究，先王即世。殿下踐阼，咸仁流邁，私懼情願未蒙昭察。[48]梁寓來到，具知殿下不遂疏遠，必欲撫錄，追本先緒。權之得此，欣然踊躍，心開目明，不勝其慶。權世受寵遇，分義深篤，今日之事，永執一心，惟察悾悾，重垂含覆。"又曰："先王以權推誠已驗，軍當引還，故除合肥之守，著南北之信，令權長驅不復後顧。近得守將周泰、全琮等白事，過月六日，有馬步七百，徑到橫江，[49]又督將馬和復將四百人進到居巢，[50]琮等聞有兵馬渡江，視之，爲兵馬所擊，臨時交鋒，大相殺傷。辛得此問，情用恐懼。權實在遠，不豫聞知，約敕無素，敢謝其罪。又聞張征東、朱橫海今復還合肥，[51]先王盟要，[52]由來未久，且權自度未獲罪釁，不審今者何以發起，牽軍遠次？事業未訖，甫當爲國討除賊備，重聞斯問，深使失圖。凡遠人所恃，在於明信，願殿下克卒前分，開示坦然，使權誓命，得卒本規。凡所願言，周等所當傳也。"初東里袞爲于禁軍司馬，[53]前與周俱沒，又俱還到，有詔皆見之。帝問周等，周以爲權必臣服，而東里袞謂其不可必服。帝悅周言，以爲有以知之。是歲冬，魏王受漢禪，遣使以權爲吳王，詔使周與使者俱往。周既致詔命，時與權私宴，謂權曰："陛下未信王遣子入侍也，周以闔門百口明之。"權因字謂周曰："浩孔異，卿乃以舉家百口保我，我當何言邪？"遂流涕沾襟。及與周別，又指天爲誓。周還之後，權不遣子而設辭，帝乃久留其使。到八月，權上書謝，又與周書曰："自道路開通，不忘脩意。既新奉國命加知起居，假歸河北，故使情問不獲果至。望想之勞，曷云其已。孤以空闇，分信不昭，中間招罪，以取棄絕，幸蒙國恩，復見赦宥，喜乎與君克卒本圖。傳不云乎，雖不能始，善終可也。"又曰："昔君之來，欲令遣子入侍，于時傾心歡以承命，徒以登年幼，欲假年歲之間耳。而赤情未蒙昭信，[54]遂見討責，常用慚怖。自頃國恩，復加開導，忘其前愆，取其後效，喜得因此尋竟本誓。前已有表具說遣子之意，[55]想君假還，已知之也。"[56]又曰："今子當入侍，而未有妃耦，昔君念之，以爲可上連綴宗室若夏侯氏，雖中間自棄，常奉戢在心。當垂宿念，爲之先後，使獲攀龍附驥，永自固定。其爲分惠，豈有量哉！如是欲遣孫長緒與小兒俱入，[57]奉行禮聘，成之在君。"又曰："小兒年弱，加教訓不足，念當與別，爲之緬然，父子恩情，豈有已邪！又欲遣張子布追輔護之。[58]孤性無餘，凡所欲爲，今盡宣露。惟恐赤心不先暢達，[59]是以具爲君説之，宜明所以。"於是詔曰："權前對浩周，自陳不敢自遠，樂委質長爲外臣，又前後辭旨，頭尾擊地，此鼠子自知不能保爾許地也。[60]又今與周書，請以十二月遣子，復欲遣孫長緒、張子布隨子俱來，彼二人皆權股肱心腹也。又欲爲子於京師求婦，此權無異心之明效也。"[61]帝既信權甘言，且謂周爲得其真，而權但華僞，[62]竟無遣子意。自是之後，帝既彰權罪，周亦見疎遠，終身不用。

〔四〕《江表傳》曰：權云："近得玄德書，[63]已深引咎，求復舊好。前所以名西爲蜀者，以漢帝尚存故耳，今漢已廢，自可名爲漢中王也。"

《吳書》曰：鄭泉字文淵，陳郡人。[64]博學有奇志，而性嗜酒，其閒居每曰："願得美酒滿五百斛船，以四時甘脆置兩頭，[65]反覆沒飲之，憊即住而啖肴膳。酒有斗升減，隨即益之，不亦快乎！"權以爲郎中。[66]嘗與之言："卿好於衆中面諫，或失禮敬，寧〔不〕畏龍鱗乎？"[67]對曰："臣聞君明臣直，今值朝廷上下無諱，[68]實恃洪恩，不畏龍鱗。"後侍讌，權乃怖之，[69]使提出付有司促治罪。泉臨出屢顧，[70]權呼還，笑曰："卿言不畏龍鱗，何以臨出而顧乎？"[71]對曰："實恃恩覆，知無死憂，至當出閤，感惟威靈，不能不顧耳。"使蜀，劉備問曰："吳王何以不答吾書，得無以吾正名不宜乎？"[72]泉曰："曹操父子陵轢漢室，終奪其位。殿下託爲宗室，[73]有維城之責，[74]不荷戈執殳爲海内率先，而於是自名，[75]未合天下之議，是以寡君未復書耳。"備甚慚恧。泉臨卒，謂同類曰：[76]"必葬我陶家之側，[77]庶百歲之後化而成土，幸見取爲酒壺，實獲我心矣。"

［1］欲：校點本1959年12月第1版作"乃"，百衲本、殿本、盧弼《集解》本、校點本1982年7月第2版作"欲"。今從百衲本等。　尚書：官名。曹魏置吏部、左民、客曹、五兵、度支等五曹尚書，秩皆六百石，第三品。其中吏部職要任重，徑稱爲吏部尚書，其餘諸曹均稱尚書。

［2］任子：即質子，人質。

［3］洞口：地名。即洞浦。在今安徽和縣東南長江邊。

［4］厲：盧弼《集解》本作"悔"，百衲本、殿本、校點本作"厲"。今從百衲本等。厲，徐灝《説文解字注箋·厂部》："因磨勵之義，又爲勉厲，激厲之義。"改厲，謂改過自勉。

［5］策名：即"策名委質"。此指孫權接受曹魏之官號、封爵。

［6］廊廟：廊，殿四周之廊；廟，太廟。皆古帝王與大臣議政之所，後因稱朝廷爲廊廟。

［7］三公：魏仍以太尉、司徒、司空爲三公。

［8］曾母：指曾參之母。《史記》卷七一《樗里子甘茂列傳》載甘茂曰："昔曾參之處費，魯人有與曾參同姓名者殺人，人告其母曰'曾參殺人'，其母織自若也。頃之，一人又告之曰'曾參殺人'，其母尚織自若也。頃之又一人告之曰'曾參殺人'，其母投杼下機，逾墻而走。夫以曾參之賢與其母信之也，三人疑之，其母懼焉。"

［9］隗囂遣子不終：漢光武帝劉秀稱帝後，隗囂仍據有隴西。建武二年（26），光武帝命鄧禹西擊赤眉，禹將馮愔叛禹，引兵西向天水，隗囂擊破之。鄧禹承制遣使命囂爲西州大將軍。次年，隗囂乃至洛陽上書，光武帝報以殊禮。建武五年，光武帝復遣來歙説隗囂遣子入朝，隗囂遂遣長子恂隨來歙入朝。光武帝以恂爲胡騎校尉，封鐫羌侯。後隗囂又遣使稱臣於公孫述，公孫述以囂爲朔寧王。隗囂因多次與漢軍爲敵，朝廷乃誅其子隗恂。（見《後漢書》卷一三《隗囂傳》）

〔10〕竇融：東漢初扶風平陵（今陝西咸陽市西北）人。累世爲河西官吏。新莽末，竇融爲波水將軍，繼降更始帝劉玄，任張掖屬國都尉。劉玄敗，融聯合酒泉、金城、敦煌等五郡，割據河西，稱行河西五郡大將軍事。漢光武帝劉秀即帝位後，竇融遣使上書獻馬，光武帝以融爲涼州牧。後助漢軍滅隗囂，以功封安豐侯，弟與諸將亦受封。及隴、蜀平定後，竇融乃入朝爲官，任大司空。（見《後漢書》卷二三《竇融傳》）

〔11〕杖：校點本作"仗"，百衲本、殿本、盧弼《集解》本作"杖"。按，二字義同，皆憑倚之義，今從百衲本等。

〔12〕徐陵：地名。即徐陵亭，在今安徽當塗縣西南東梁山北。（本謝鍾英《補三國疆域志補注》）

〔13〕數千人：百衲本"千"字作"十"，殿本、盧弼《集解》本、校點本作"千"。今從殿本等。

〔14〕太中大夫：官名。秩千石。掌顧問應對，參謀議政。白帝：城名。在今重慶市奉節縣東白帝山上。

〔15〕國語：此《國語》所引，見《國語·吴語》。

〔16〕狸：盧弼《集解》本作"貍"，百衲本、殿本、校點本作"狸"。今從百衲本等。而今傳本《國語·吴語》作"狐"。下同。

〔17〕掘：今傳本《國語·吴語》作"捐"。亦掘義。

〔18〕披：折斷。《戰國策·秦策三》："木實繁者披其枝，披其枝者傷其心。"

〔19〕掉：搖擺。《左傳·昭公十一年》："末大必折，尾大不掉。"楊伯峻注："《説文》：'掉，搖也。'"

〔20〕蕭張：指蕭何、張良。

〔21〕文景：漢文帝、漢景帝。

〔22〕吴楚：指吴王劉濞、楚王劉戊。漢初，同姓王之封地甚大，如吴王濞，有三郡五十三城。其境内又有銅山，竟招致天下亡命者盜鑄錢；其東境臨海，又以海水煮鹽，故吴國富足。漢文帝

時，吳王濞及其太子驕恣不法，文帝亦寬容之。至漢景帝初，開始削藩，縮小王國封地。吳、楚等七國遂起兵反叛。（見《漢書》卷三五《吳王濞傳》）

[23] 虺（huǐ）：小蛇。《國語·吳語》："爲虺弗摧，爲蛇將若何？"韋昭注："虺，小蛇。"

[24] 豎：百衲本作"竪"，殿本、盧弼《集解》本、校點本作"豎"。今從殿本等。

[25] 昫（xù）伏：鳥孵卵。比喻對後輩之撫育。又按，百衲本"昫"作"煦"，殿本等皆作"昫"，二字通，《說文·火部》："煦，赤貌。"段玉裁注："昫、煦古通用。"今從殿本等。

[26] 天施：殿本、盧弼《集解》本作"天地"，百衲本、校點本作"天施"。今從百衲本等。

[27] 等：盧弼《集解》云："'等'疑作'本'，郝（經）書作'分'，何（焯）曰宋本作'籌'。"等，等待，等候。《字彙·竹部》："等，候待也。"

[28] 委裘：《呂氏春秋·開春論·察賢》："故曰堯之容若委衣裘，以言少事也。"後世以"委裘"指君主任賢舉能。

[29] 誠在惻怛：趙幼文《校箋》謂郝經《續後漢書》作"誠不惻怛"。

[30] 九命：九錫之命。

[31] 犬羊：盧弼《集解》本作"太馬"，百衲本、殿本、校點本作"犬羊"。今從百衲本等。

[32] 靖力：百衲本、殿本、盧弼《集解》本作"静力"。盧氏引何焯曰："宋本作'靖'。"則此宋本爲北宋本。校點本即作"靖力"。今從校點本。

[33] 狃（niǔ）忕（shì）：殿本、盧弼《集解》本作"狃挾"，百衲本、校點本作"狃忕"。今從百衲本等。又"忕"爲'忕'之訛字。《集韻·祭韻》："忕，習也。"方成珪考證："忕訛忕，後以制切同。據宋本正。"又郝經《續後漢書》正作"狃忕"。

《後漢書》卷八七《西羌傳》："迷吾既殺傅育，狃忕邊利。"李賢注："狃忕，慣習也。"今又據郝書改"忕"爲"忕"。

[34] 尉佗：即趙佗。本真定（今河北正定縣南）人。秦末曾爲南海郡尉，故稱尉佗。秦滅後，尉佗兼并桂林、象郡，自立爲南越武王。漢高祖劉邦定天下後，士衆勞苦，無力南討，故於十一年（前196）遣陸賈入南，立尉佗爲南越王。呂后時，尉佗又自號南越武帝，與漢對立。（見《史記》卷一一三《南越列傳》） 英布：即黥布。秦末義軍起，布屬項羽，以戰功，封爲九江王。後歸漢王劉邦，封爲淮南王。劉邦即帝位後，彭越、韓信相繼被誅殺，英布懼而舉兵反。劉邦問薛公英布之反計，薛公對曰："布反不足怪也。使布出於上計，山東非漢之有也；出於中計，勝敗之數未可知也；出於下計，陛下安枕而臥矣。"又問布取何計，對曰："出下計。"劉邦遂親率兵東擊布，布果用下計，東擊荆，盡劫其兵；渡淮擊敗楚軍後，乃西向進軍，與劉邦軍相遇，劉邦遙謂布曰："何苦而反？"布曰："欲爲帝耳。"（見《史記》卷九一《黥布列傳》）

[35] 伍被：漢文帝時爲淮南國郎中。淮南王劉安欲舉兵謀反，伍被數諫阻，劉安不聽。最後劉安提出，如起兵諸侯無有應者，可還略衡山以自保。伍被則曰："東保會稽，南通勁越，屈强（即倔强）江淮間，可以延歲月之壽耳，未見其福也。"（見《漢書》卷四五《伍被傳》）

[36] 鼂錯：西漢政論家。漢文帝時曾爲中大夫，主張削奪諸侯王國封地，以鞏固中央集權。文帝未采納施行。景帝即位後，錯爲御史大夫，再次提出削減王國封地，景帝采納，遂引起吳楚七國之亂。（見《漢書》卷四九《鼂錯傳》）

[37] 蒯通：秦末漢初之辯士。楚漢相争中，齊王田榮死後，其子廣繼爲齊王，弟横爲相。漢王劉邦遣酈生往説田廣、田横，使與漢聯合。田横應允，因罷歷下（今山東濟南市）之守備。而漢將韓信平趙燕後，卻用蒯通計，襲破齊歷下軍，進入臨淄（今山東淄博市東北）。田廣、田横怒，以爲酈生賣己，遂烹酈生。韓信平齊

後，被立爲齊王。田橫出奔彭越。漢王劉邦即帝位後，封彭越爲梁王。田橫懼誅，因與其徒屬五百餘人逃入海，居島中。（見《史記》卷九四《田儋列傳》）

[38] 九伐：《周禮·夏官·大司馬》謂大司馬職掌之一，"以九伐之法正邦國"。鄭玄注："諸侯有違王命，則出兵以征伐之，所以正之也。諸侯之於國，如樹木之有根本，是以言伐云。"

[39] 九黎：古代南方之少數族部落，相傳蚩尤爲其首領。《國語·楚語下》："及少皞之衰也，九黎亂德，民神雜糅，不可方物。"又《史記》卷一《五帝本紀》云："蚩尤作亂，不用帝命。於是黄帝乃征師諸侯，與蚩尤戰於涿鹿之野，遂禽殺蚩尤。"張守節《正義》引孔安國曰："九黎君，號蚩尤。"

[40] 項羽罪十：《史記》卷八《高祖本紀》謂楚、漢相争，久而未決。漢王四年，與項羽相持於廣武（今河南滎陽市東北），"項羽欲與漢王獨身挑戰"。漢王遂數項羽十大罪狀。

[41] 鴻臚：即大鴻臚。官名。漢列卿之一，秩中二千石。掌少數民族君長、諸侯王、列侯之迎送、接待，安排朝會、封授、襲爵及奪爵削土之典禮；諸侯王死，則奉詔護理喪事，宣讀誄策謚號；百官朝會，掌贊襄引導；兼管京都之郡國邸舍及郡國上計吏之接待；又兼管少數民族之朝貢使節及侍子。三國沿之，魏爲三品。

[42] 三州：指荆、揚、交三州。

[43] 上黨：郡名。漢代治所長子縣，在今山西長子縣西南，東漢末移治壺關縣，在今山西長治市北。

[44] 蕭：縣名。治所在今安徽蕭縣西北。

[45] 僂（lóu）僂：恭謹。《玉篇·心部》："僂，謹敬也。"

[46] 契闊：勞苦。《詩·邶風·擊鼓》："死生契闊，與子成説。"毛傳："契闊，勤苦也。"

[47] 撫綏：百衲本作"綏撫"，殿本、盧弼《集解》本、校點本作"撫綏"。按，二者義同。《廣雅·釋言》："綏，撫也。"今從殿本等。

〔48〕私懼情願：百衲本無"情願"二字，殿本、盧弼《集解》本、校點本有。今從殿本等。

〔49〕橫江：即今安徽和縣與馬鞍山市之間的長江。

〔50〕督將：百衲本、殿本作"篤將"，盧弼《集解》本、校點本作"督將"。殿本《考證》云："'篤將'疑作'督將'。"今從《集解》本等。

〔51〕張征東：即張遼。張遼曾爲征東將軍。　朱橫海：洪飴孫《三國職官表》謂朱靈曾爲橫海將軍。但本書各卷均未見。吳金華《〈三國志〉斠議》謂"朱"字當是"吕"的傳寫之誤，吕橫海應是建安末被關羽圍困於襄陽的吕常。《隸釋》卷一九《橫海將軍吕君碑銘》記載，建安二十四年（219）十二月關羽敗亡後，吕常由平狄將軍轉爲橫海將軍，至黃初二年（221）病死，享年六十一。

〔52〕盟要：即盟約。

〔53〕軍司馬：官名。漢代校尉所領營部，置以佐之。不置校尉之部，則爲長官，領兵征伐，秩比千石。

〔54〕赤情：趙幼文《校箋》謂《册府元龜》卷二一四引"情"字作"心"。

〔55〕前已：百衲本、盧弼《集解》本"已"字作"以"，殿本、校點本作"已"。按，二字通。今從殿本等。

〔56〕也：盧弼《集解》本作"矣"，百衲本、殿本、校點本作"也"。今從百衲本等。

〔57〕孫長緒：孫邵字長緒。見本傳黃武四年裴注引《吳錄》。

〔58〕張子布：張昭字子布。

〔59〕不先：殿本《考證》云："'不先'《册府》作'不克'。"趙幼文《校箋》云："'克'字是。克，能也。"

〔60〕爾許地：如此小之地。爾，此。許，些許，少許。

〔61〕無異心：百衲本、殿本無"無"字。殿本《考證》李龍官曰："此'權'下疑脱'無'字，諸本俱同，惟《册府》作'無異心'是。"盧弼《集解》本、校點本正作"無異心"，今從《集

解》本等。

[62] 華偽：趙幼文《校箋》謂郝經《續後漢書》"華"字作"飾"。

[63] 玄德：劉備字玄德。

[64] 陳郡：治所陳縣，在今河南淮陽縣。

[65] 甘脆：美味食品。

[66] 郎中：官名。東漢時，秩比三百石，分隸五官、左、右三署中郎將，名義上備宿衛，實爲後備官吏人材。

[67] 寧不畏龍鱗乎：各本無"不"字。趙幼文《校箋》謂《藝文類聚》卷二五、《太平御覽》卷四五七引"畏"下俱有"不"字，郝經《續後漢書》同。按，《藝文類聚》《太平御覽》及郝經《續後漢書》"不"字實在"畏"字上，今從諸書增"不"字。龍鱗，喻指皇帝或皇帝之威嚴。《韓非子·說難》："夫龍之爲蟲也，柔可狎而騎也，然其喉下有逆鱗徑尺，若人有嬰之者，則必殺人。人主亦有逆鱗，說者能無嬰人主之逆鱗，則幾矣。"

[68] 上下：趙幼文《校箋》謂《太平御覽》卷三五七（當作四五七）引又作"與下"，是也。按，《藝文類聚》卷二五引作"上下"，故暫不改字。

[69] 乃：趙幼文《校箋》謂蕭常《續後漢書》作"欲"。

[70] 泉臨出：百衲本無"泉"字，殿本、盧弼《集解》本、校點本有。今從殿本等。

[71] 何以臨出而顧乎：趙幼文《校箋》謂蕭常《續後漢書》作"何以臨出而屢反顧乎"。按，蕭常書實作"何爲出而屢反顧乎"。

[72] 正名：謂稱帝。

[73] 託：殿本、盧弼《集解》本、校點本作"既"，百衲本作"託"。趙幼文《校箋》謂《建康實錄》作"託以宗室"。今從百衲本。

[74] 維城：謂護衛王室。《詩·大雅·板》："懷德維寧，宗

子維城。"

［75］於是：趙幼文《校箋》謂《建康實録》作"因是"。

［76］謂同類曰：趙幼文《校箋》云："《琱玉集》引《吴書》作'敕其子曰'。"

［77］必葬我：趙幼文《校箋》謂《太平御覽》卷八三三引"我"下有"於"字，《琱玉集》、《建康實録》、郝經《續後漢書》同。

二年春正月，曹真分軍據江陵中州。[1]是月，城江夏山。[2]改四分，[3]用乾象曆。〔一〕[4]三月，曹仁遣將軍常彫等，以兵五千，乘油船，晨渡濡須中州。仁子泰因引軍急攻朱桓，桓兵拒之，遣將軍嚴圭等擊破彫等。是月，魏軍皆退。夏四月，權羣臣勸即尊號，權不許。〔二〕劉備薨于白帝。〔三〕五月，曲阿言甘露降。[5]先是戲口守將晋宗殺將王直，[6]以衆叛如魏，魏以爲蘄春太守，數犯邊境。六月，權令將軍賀齊督糜芳、劉邵等襲蘄春，邵等生虜宗。冬十一月，[7]蜀使中郎將鄧芝來聘。〔四〕[8]

〔一〕《江表傳》曰：權推五德之運，[9]以爲土行用未祖辰臘。[10]

《志林》曰：土行以辰臘，得其數矣。土盛於戌，[11]而以未祖，其義非也。土生於未，故未爲坤初。是以《月令》：[12]建未之月，祀黃精於郊，[13]祖用其盛。今祖用其始，豈應運乎？

〔二〕《江表傳》曰：權辭讓曰："漢家堙替，[14]不能存救，亦何心而競乎？"羣臣稱天命符瑞，固重以請。權未之許，而謂將相曰："往年孤以玄德方向西鄙，故先命陸遜選衆以待之。聞北部分，[15]欲以助孤，孤内嫌其有挾，若不受其拜，是相折辱而趣其速發，便當與西俱至，二處受敵，於孤爲劇，[16] 故自抑按，就其封王。低屈之趣，諸君似未之盡，今故以此相解耳。"

〔三〕《吳書》曰：權遣立信都尉馮熙聘于蜀，[17] 弔備喪也。熙字子柔，潁川人，[18] 馮異之後也。[19] 權之爲車騎，熙歷東曹掾，[20] 使蜀還，爲中大夫。後使于魏，文帝問曰："吳王若欲脩宿好，宜當屬兵江關，[21] 縣旆巴蜀，[22] 而聞復遣脩好，必有變故。"熙曰："臣（聞）〔間〕西使，[23] 直報問，且以觀釁，非有謀也。"又曰："聞吳國比年災旱，人物彫損，以大夫之明，觀之何如？"熙對曰："吳王體量聰明，善於任使，賦政施役，每事必咨，教養賓旅，親賢愛士，賞不擇怨仇，而罰必加有罪，臣下皆感恩懷德，惟忠與義。帶甲百萬，穀帛如山，稻田沃野，民無饑歲，所謂金城湯池，彊富之國也。以臣觀之，輕重之分，未可量也。"帝不悅，以陳羣與熙同郡，使羣誘之，啗以重利。熙不爲迴。送至摩陂，[24] 欲困苦之。後又召還，未至，熙懼見迫不從，必危身辱命，乃引刀自刺。[25] 御者覺之，不得死。[26] 權聞之，垂涕曰："此與蘇武何異？"[27] 竟死於魏。

〔四〕《吳歷》曰：蜀致馬二百匹，錦千端，及方物。自是之後，聘使往來以爲常。吳亦致方土所出，以答其厚意焉。

[1] 江陵中州：盧弼《集解》引趙一清曰："凡曰中洲，皆江中之洲也。"又胡三省云："江陵中洲即百里洲也。其洲自枝江縣西，至上明東及江津，江津北岸即東陵故城。"（《通鑑》卷六九魏文帝黃初三年注）按，胡氏所言之百里洲，即在今湖北枝江市南長江中。

[2] 江夏山：又名峽山。在今湖北武漢市武昌區東南。

[3] 四分：指四分曆。漢章帝元和二年（85）編訢、李梵等所造，以一年之長爲三百六十五又四分之一日，故稱四分。（見《續漢書・律曆志中》）

［4］乾象曆：《晋書·律曆志中》謂漢靈帝時會稽東部尉劉洪所造，"獻帝建安元年，鄭玄受其法，以爲窮幽極微，又加注釋焉"。"吳中書令闞澤受劉洪《乾象法》於東萊徐岳，又加解注"，"故孫氏用《乾象曆》，至吳亡"。

［5］曲阿：縣名。治所在今江蘇丹陽市。

［6］戲口：地名。未詳。　殺將王直：趙幼文《校箋》謂《册府元龜》卷二一七引"王直"上有"主"字。

［7］冬十一月：殿本、盧弼《集解》本無"冬"字，百衲本、校點本有。今從百衲本等。

［8］中郎將：官名。東漢末爲統兵武職，位次將軍，秩比二千石。三國沿置。

［9］五德之運：戰國、秦、漢之陰陽家，將金、木、水、火、土五行之本性看成五德，並用以附會朝代之命運。其説又分兩種，一爲五行相生説，一爲五行相克説。《史記·封禪書》云："自齊威、宣之時，騶子（即鄒衍）之徒論著終始五德之運。"裴駰《集解》引如淳曰："今其書有《五德終始》。五德各以所勝爲行。秦謂周爲火德，滅周者水，故自謂水德。"此爲五行相克説。《漢書·律曆志下》又以漢高祖"伐秦繼周。木生火，故爲火德。天下號曰漢"。此則爲五行相生説。孫權"以爲土行"，亦用五行相生説。

［10］未祖辰臘：祖、臘，皆祭名。祖，祭路神；臘，年終之祭。《後漢書》卷四六《陳寵傳》謂王莽篡位後，陳寵"猶用漢家祖臘"。李賢注云："應劭《風俗通》曰，共工之子好遠游，死爲祖神。漢家火行，盛於午，故以午日爲祖也。臘者，歲終祭衆神之名。臘，接也，新故交接，故大祭以報功也。漢火行，衰於戌，故臘用戌日也。"孫權以土行，則用未日祖祭，辰日臘祭。

［11］戌：百衲本、殿本作"戍"，盧弼《集解》本、校點本作"戌"。今從《集解》本等。

［12］月令：《禮記》之一篇。

［13］祀：殿本、盧弼《集解》本作"祖"，百衲本、校點本

作"祀"。今從百衲本等。　黃精：黃土之精，后土之神。《禮記·月令》："其帝黃帝，其神后土。"鄭玄注："此黃精之君，土官之神。"

［14］堙替：猶言廢置，衰敗。

［15］北部分：趙幼文《校箋》謂《建康實錄》引"分"下有"兵"字。

［16］孤：趙幼文《校箋》謂《建康實錄》引作"國"。

［17］立信都尉：官名。孫權所置，爲出使之職。

［18］潁川：郡名。治所陽翟縣，在今河南禹州市。

［19］馮異：東漢初光武帝劉秀之功臣。光武帝即位後，被封爲陽夏侯，爲征西大將軍。（見《後漢書》卷一七《馮異傳》）

［20］東曹掾：官名。東漢三公府及大將軍府均置有東曹掾，秩比四百石，主二千石長吏之遷除及軍吏。孫權爲車騎將軍亦置東曹掾。

［21］江關：關隘名。在今重慶市奉節縣東長江北岸赤甲山上。

［22］巴蜀：指益州。巴，巴郡，治所江州縣，在今重慶市渝中區。蜀，蜀郡，治所成都縣，在今四川成都市舊東西城區。益州刺史治所即成都縣。

［23］間：各本皆作"聞"。吳金華《校詁》云："翁本校改'聞'作'間'，批曰：'宋刻本作間。'"郁松年《續後漢書札記》卷三云："'聞'當作'間'，熙先嘗使漢，故云。"今從郁、吳之説改。

［24］摩陂：地名。在今河南郟縣東南。

［25］乃引刀自刺：殿本《考證》云："《太平御覽》'刺'下多'中乳房'三字。"趙幼文《校箋》謂《北堂書鈔》卷四〇、《太平御覽》卷三七一、卷四三八引"刺"下俱有"中乳房"三字，此脱，應據補。按《北堂書鈔》實無"中乳房"三字，又蕭常及郝經之《續後漢書》亦無，故暫不增字。

［26］不得死：趙幼文《校箋》謂《北堂書鈔》、蕭常及郝經

之《續後漢書》俱作"得不死"。

[27] 蘇武：西漢杜陵（今陝西西安市東南）人。漢武帝天漢元年（前100）爲中郎將奉命赴匈奴，因副使張勝事相牽連，單于使衛律治其事。蘇武恐事發受辱，欲自殺，乃以佩刀自刺。被救後，又被扣留。（見《漢書》卷五四《蘇建附武傳》）

三年夏，遣輔義中郎將張溫聘于蜀。[1]秋八月，赦死罪。九月，魏文帝出廣陵，望大江，曰"彼有人焉，未可圖也"，乃還。〔一〕

〔一〕干寶《晉紀》曰：魏文帝之在廣陵，吳人大駭，[2]乃臨江爲疑城，自石頭至于江乘，[3]車以木楨，[4]衣以葦席，加采飾焉，一夕而成。魏人自江西望，甚憚之，遂退軍。權令趙達算之，曰："曹丕走矣，雖然，吳衰庚子歲。"權曰："幾何？"達屈指而計之，曰："五十八年。"權曰："今日之憂，不暇及遠，此子孫事也。"

《吳錄》曰：是歲蜀主又遣鄧芝來聘，重結盟好。權謂芝曰："山民作亂，江邊守兵多徹，慮曹丕乘空弄態，而反求和。議者以爲內有不暇，幸來求和，於我有利，宜當與通，以自辨定。恐西州不能明孤赤心，[5]用致嫌疑。孤土地邊外，間隙萬端，而長江巨海，皆當防守。丕觀釁而動，惟不見便，寧得忘此，復有他圖。"

[1] 輔義中郎將：官名。孫吳置，張溫爲之，以此職使蜀漢。

[2] 吳人：殿本無"人"字，百衲本、盧弼《集解》本、校點本均有。今從百衲本等。

[3] 江乘：縣名。治所在今江蘇句容縣北。

[4] 木楨：築牆時豎在兩端的木柱。

[5] 西州：指益州之蜀漢。

四年夏五月，丞相孫邵卒。〔一〕六月，以太常顧雍爲丞相。〔二〕，皖口言木連理。[1]冬十二月，鄱陽賊彭綺自稱將軍，攻没諸縣，衆數萬人。是歲地連震。〔三〕

〔一〕《吳錄》曰：邵字長緒，北海人，[2]長八尺。爲孔融功曹，[3]融稱曰"廊廟才也"。從劉繇於江東。及權統事，數陳便宜，以爲應納貢聘，權即從之。拜廬江太守，遷車騎長史。黃武初爲丞相，威遠將軍，[4]封陽羨侯。張溫、暨艷奏其事，邵辭位請罪，權釋令復職，年六十三卒。

《志林》曰：吳之創基，邵爲首相，史無其傳，竊常怪之。嘗問劉聲叔。聲叔，博物君子也，云："推其名位，自應立傳。項峻、（吳孚）〔丁孚〕時已有注記，[5]此云與張惠恕不能。[6]後韋氏作史，[7]蓋惠恕之黨，故不見書。"

〔二〕《吳書》曰：以尚書令陳化爲太常。[8]化字元耀，汝南人，[9]博覽衆書，氣幹剛毅，長七尺九寸，雅有威容。爲郎中令使魏，[10]魏文帝因酒酣，嘲問曰："吳、魏峙立，誰將平一海内者乎？"化對曰："《易》稱帝出乎震，[11]加聞先哲知命，[12]舊說紫蓋黃旗，[13]運在東南。"帝曰："昔文王以西伯王天下，豈復在東乎？"化曰："周之初基，太伯在東，[14]是以文王能興于西。"帝笑，無以難，心奇其辭。使畢當還，禮送甚厚。權以化奉命光國，拜犍爲太守，[15]置官屬。頃之，遷太常，兼尚書令。正色立朝，敕子弟廢田業，[16]絶治產，仰官廩祿，不與百姓爭利。妻早亡，化以古事爲鑒，乃不復娶。權聞而貴之，以其年壯，敕宗正妻以宗室女，[17]化固辭以疾，權不違其志。年出七十乃上疏乞骸骨，遂愛居章安，[18]卒於家。長子熾，字公熙，少有志操，能計算。衛將軍全琮表稱熾任大將軍〔掾〕，[19]赴召，道卒。

〔三〕《吳錄》曰：是冬魏文帝至廣陵，臨江觀兵，兵有十餘萬，旌旗彌數百里，有渡江之志。權嚴設固守。時大寒冰，舟不得入江。帝見波濤洶涌，歎曰："嗟乎！固天所以隔南北也！"遂歸。孫韶又遣將高壽等率敢死之士五百人於徑路夜要之，帝大驚，壽等獲副車羽蓋以還。[20]

[1] 皖口：地名。在今安徽安慶市西南，皖水入長江處。按，吴金華《校詁》謂"皖口"上當從《建康實錄》卷一有"秋七月"三字，因按史例，一月一事，若在六月，亦當有"是月"二字；晋、宋《五行志》皆作"六月"，顯沿《國志》之誤。按史例，不必一月一事，即如本傳黄武二年（223）夏四月，"權群臣勸即尊號，權不許。劉備薨于白帝"。顯然是不相關的兩事。又黄武五年秋七月，叙述了全不相關的三件事，中間亦無"是月"二字。故不必據《建康實錄》以定《國志》及晋、宋《五行志》爲誤。

[2] 北海：郡名。治所劇縣，在今山東昌樂縣西。

[3] 功曹：官名。漢代郡太守下設功曹史，簡稱功曹，爲郡太守之佐吏，除分掌人事外，並得參與一郡之政務。

[4] 威遠將軍：官名。孫吳置，權任頗重。

[5] 項峻：校點本"峻"字作"竣"，百衲本、殿本、盧弼《集解》本作"峻"。今從百衲本等。 丁孚：各本皆作"吴孚"。趙一清《注補》云："'吴'當作'丁'。二人亦見《薛瑩傳》，丁孚又見《齊書·禮志》。"校點本即從趙説改。今從之。

[6] 張惠恕：張温字惠恕。 能：《玉篇·能部》："能，善也。"

[7] 韋氏：即韋昭。見本書卷六五《韋曜傳》。

[8] 尚書令：官名。孫吳時仍爲尚書臺長官。秩千石。掌奏、下尚書曹文書衆事，選用署置官吏；總典臺中綱紀法度，無所不統。

[9] 汝南：郡名。治所平輿縣，在今河南平輿縣北。

[10] 郎中令：官名。此係孫權爲吴王時置，爲王國三卿之一，

地位頗重,孫權稱帝後,改名光禄勳。

[11]帝出乎震:《易·説卦》第五章之辭。

[12]加聞:趙幼文《校箋》謂《太平御覽》卷四六三引"加"字作"化"。

[13]舊説紫蓋黄旗:趙一清《注補》云:"《宋書·符瑞志》:漢世術士言'黄旗紫蓋見於斗牛之間,江東有天子氣'。《寰宇記》卷九十,司馬德操與劉嗣恭書曰:'黄旗紫蓋恒見東南,終能成天下之功者,揚州之君子乎!'謂斗牛之間恒有此氣。"

[14]太伯在東:太伯,周太王之長子。太王有子三人,即太伯、仲雍、季歷。季歷賢,又有聰明之子昌。太王欲立季歷而及昌。太伯、仲雍乃東奔荆蠻,後世孫遂立吴國。(見《史記》卷三一《吴太伯世家》)

[15]犍爲:郡名。治所武陽縣,在今四川彭山縣東北江口。此爲蜀漢之地,陳化乃虚名遥領。

[16]敕:殿本、盧弼《集解》本作"勸",百衲本、校點本作"敕"。今從百衲本等。

[17]宗正:官名。漢代列卿之一,秩中二千石,由宗室擔任。掌皇族親屬事務,登記宗室王國譜牒,以別嫡庶。凡宗室親貴有罪,須先報宗正,方得處治。

[18]爰居:居於。爰,無義。《詩·小雅·斯干》:"爰居爰處,爰笑爰語。"楊樹達《詞詮》:"爰,語首助詞,無義。《集韻》云:'爰,引詞也'。"章安:縣名。治所在今浙江臨海市東南章安鎮。

[19]衛將軍:官名。東漢時位次大將軍、驃騎將軍、車騎將軍,位亞三公,開府置官屬。曹魏沿置,位在諸名號將軍上。第二品。孫吴亦置。 大將軍掾:各本皆作"大將軍"。盧弼《集解》云:"'大將軍'三字疑衍。"趙幼文《校箋》謂郝經《續後漢書》"軍"下有"掾"字,疑此誤脱,應據補。今從趙説補。

[20]副車:皇帝之隨從車。 羽蓋:以鳥羽爲飾的車蓋。

五年春，令曰："軍興日久，民離農畔，父子夫婦，不能相卹，[1]孤甚愍之。今北虜縮竄，方外無事，其下州郡，有以寬息。"是時陸遜以所在少穀，表令諸將增廣農畝。權報曰："甚善。今孤父子親自受田，車中八牛以爲四耦，[2]雖未及古人，亦欲與衆均等其勞也。"秋七月，權聞魏文帝崩，征江夏，[3]圍石陽，不克而還。蒼梧言鳳皇見。[4]分三郡惡地十縣置東安郡，〔一〕[5]以全琮爲太守，平討山越。冬十月，陸遜陳便宜，勸以施德緩刑，寬賦息調。又云："忠讜之言，不能極陳，[6]求容小臣，數以利聞。"權報曰："夫法令之設，欲以遏惡防邪，儆戒未然也，焉得不有刑罰以威小人乎？此爲先令後誅，不欲使有犯者耳。君以爲太重者，孤亦何利其然，但不得已而爲之耳。今承來意，當重諮謀，務從其可。且近臣有盡規之諫，[7]親戚有補察之箴，所以匡君正主明忠信也。《書》載'予違汝弼，汝無面從'，[8]孤豈不樂忠言以自裨補邪？而云'不敢極陳'，何得爲忠讜哉？若小臣之中，有可納用者，寧得以人廢言而不採擇乎？但諂媚取容，[9]雖闇亦所明識也。至於發調者，徒以天下未定，事以衆濟。若徒守江東，脩崇寬政，兵自足用，復用多爲？顧坐自守可陋耳。若不豫調，恐臨時未可便用也。又孤與君分義特異，榮戚實同，來表云不敢隨衆容身苟免，此實甘心所望於君也。"於是令有司盡寫科條，[10]使郎中褚逢齎以就遜及諸葛瑾，意所不安，令損益之。

是歲，分交州置廣州，[11]俄復舊。[二]

〔一〕《吳錄》曰：郡治富春也。

〔二〕《江表傳》曰：權於武昌新裝大船，名爲長安，試汎之釣臺圻。[12]時風大盛，谷利令柂工取樊口。[13]權曰："當張頭取羅州。"[14]利拔刀向柂工曰："不取樊口者斬。"工即轉柂入樊口，風遂猛不可行，乃還。權曰："阿利畏水何怯也？"利跪曰："大王萬乘之主，輕於不測之淵，戲於猛浪之中，船樓裝高，邂逅顛危，奈社稷何？是以利輒敢以死爭。"權於是貴重之，自此後不復名之，常呼曰谷。

[1] 不能：校點本作"不聽"，百衲本、殿本、盧弼《集解》本均作"不能"。郝經《續後漢書》亦作"不能"。今從百衲本等。

[2] 車：指犢車，牛車。《宋書·禮志五》："犢車，軿車之流也。漢諸侯貧者乃乘之，其後轉見貴。孫權云'車中八牛'，即犢車也。" 耦：二牛拉一犁爲耦。

[3] 江夏：郡名。曹魏初，治所石陽縣，在今湖北漢川縣西北。

[4] 蒼梧：郡名。治所廣信縣，在今廣西梧州市。

[5] 三郡：據本書卷六〇《全琮傳》，指丹楊、吳、會稽三郡。 東安郡：治所富春縣，在今浙江富陽市。

[6] 不能：錢大昭《辨疑》云："'不能'疑是'不敢'，尋下文可見。"

[7] 盡規之諫：《國語·周語上》邵公諫周厲王曰："近臣盡規，親戚補察。"

[8] 予違汝弼汝無面從：見《尚書·皋陶謨》。

[9] 但：殿本作"假但"，盧弼《集解》本作"假若"，百衲本、校點本作"但"。今從百衲本等。 諂媚：百衲本"諂"字作

"謟",殿本、盧弼《集解》本、校點本作"諂"。今從殿本等。

[10] 科條:法令條規。

[11] 廣州:刺史治所番禺縣,在今廣東廣州市。

[12] 釣臺圻:百衲本作"釣臺沂",殿本作"釣臺沂",趙一清《注補》云:"'沂'當作'圻'。"盧弼《集解》本、校點本作"釣臺圻",今從《集解》本等。釣臺圻在今湖北武漢市武昌區西北長江邊。

[13] 取(qū):趨向。《釋名·釋言語》:"取,趣也。"又《集韻·虞韻》:"趣,向也。" 樊口:地名。在今湖北鄂州市西。《水經·江水注》謂樊山下寒溪水注入大江之處。

[14] 羅州:江中小洲名。盧弼《集解》云:"《水經·江水注》:邾城南對蘆洲,舊吳時築客舍於洲上,方便唯所止焉,亦謂之羅洲矣。"按,邾城在今湖北黃岡市西北,蘆洲(羅州)在今黃岡市西南長江中。

六年春正月,諸將獲彭綺。閏月,韓當子綜以其衆降魏。[1]

七年春三月,封子慮爲建昌侯。[2]罷東安郡。夏五月,鄱陽太守周魴僞叛,誘魏將曹休。秋八月,權至皖口,使將軍陸遜督諸將大破休於石亭。[3]大司馬呂範卒。[4]是歲,改合浦爲珠官郡。[一][5]

〔一〕《江表傳》曰:是歲將軍翟丹叛如魏。[6]權恐諸將畏罪而亡,乃下令曰:"自今諸將有重罪三,然後議。"

[1] 綜:百衲本、殿本作"琮",盧弼《集解》本、校點本作"綜"。按,本書卷五五《韓當傳》亦作"綜",今從《集解》本等。

［2］建昌：縣名。治所在今江西奉新縣西。

［3］石亭：地名。在今安徽潛山縣東北。

［4］大司馬：官名。東漢初改大司馬爲太尉，爲三公之一。漢靈帝時，又與太尉並置，而位在三公上。三國因之，號上公，皆爲高級將帥，不預政務。吳一度分置左、右。

［5］合浦：郡名。治所合浦縣，在今廣西合浦縣東北。

［6］翟丹：百衲本"丹"字作"舟"，殿本、盧弼《集解》本、校點本作"丹"，本書卷九《曹休傳》亦作"丹"。今從殿本等。

　　黄龍元年春，[1]公卿百司皆勸權正尊號。夏四月，夏口、武昌並言黄龍、鳳凰見。丙申，南郊即皇帝位，〔一〕是日大赦，改年。追尊父破虜將軍堅爲武烈皇帝，母吳氏爲武烈皇后，兄討逆將軍策爲長沙桓王。吳王太子登爲皇太子。將吏皆進爵加賞。初，興平中，[2]吳中童謠曰："黄金車，班蘭耳，[3]闔閶門，[4]出天子。"〔二〕五月，使校尉張剛、管篤之遼東。[5]六月，蜀遣衛尉陳震慶權踐位。[6]權乃參分天下，豫、青、徐、幽屬吳，[7]兗、冀、并、凉屬蜀。[8]其司州之土，[9]以函谷關爲界，[10]造爲盟曰："天降喪亂，皇綱失敍，逆臣乘釁，劫奪國柄，始於董卓，終於曹操，窮凶極惡，以覆四海，至令九州幅裂，普天無統，民神痛怨，靡所戾止。[11]及操子丕，桀逆遺醜，蔫作姦回，[12]偷取天位。而叡么麼，[13]尋丕凶蹟，阻兵盜土，未伏厥誅。昔共工亂象而高辛行師，[14]三苗干度而虞舜征焉。[15]今日滅叡，禽其徒黨，非漢與吳，將復誰在?[16]夫討惡翦暴,必聲其罪,宜先分裂,奪其土地,使士民之心,各知所歸。是以《春秋》晉侯伐衛,[17]先分其田以畀宋人,斯其義也。且古建大事,必先盟誓,故《周禮》有司盟之官,[18]《尚書》有告誓之文,[19]漢之與吳,雖信由中,然分土裂境,宜有盟約。諸葛丞相德威遠著,翼戴本國,典戎在外,信感陰陽,誠動天地,重復結盟,廣誠約誓,使東西士民咸共聞知。故立壇殺牲,昭告神明,再歃加書,副之天府。天高聽下,靈威棐諶,[20]司慎司盟,[21]羣神羣祀,[22]莫不臨之。自今日漢、吳既盟之後,戮力一心,同討魏賊,救危恤患,分災共慶,好惡齊之,無或攜貳。若有害漢,則吳伐之;若有害吳,則漢伐之。各守分土,無相侵犯。傳之後葉,克終若始。凡百之約,皆如載書,信言不豔,實居于好。有渝此盟,創禍先亂,違貳不協,慆慢天命,明神上帝是討是督,山川百神是糾是殛,俾墜其師,無克祚國。于爾大神,其明鑒之!"秋九月,權遷都建業,因故府不改館,[23]徵上大將軍陸遜輔太子登,[24]掌武昌留事。

〔一〕《吳錄》載權告天文曰:"皇帝臣權敢用玄牡昭告于皇皇后帝:[25]漢享國二十有四世,[26]歷年四百三十有四,[27]行氣數終,祿祚運盡,普天弛絕,率土分崩。孽臣曹丕遂奪神器,丕子叡繼世作慝,淫名亂制。權生於東南,遭值期運,承乾秉戎,志在平世,奉辭行罰,舉足為民。羣臣將相,州郡百城,執事之人,咸以為天意已去於漢,漢氏已絕祀於天,皇帝位虛,郊祀無主。休徵嘉瑞,前後雜沓,[28]曆數在躬,不得不受。權畏天命,不敢不從，謹擇元日，登壇燎祭，即皇帝位。惟爾有神饗之，左右有吳，永終天禄。"

〔二〕昌門，吳西郭門，夫差所作。

[1] 黄龍：吳大帝孫權年號（229—231）。

[2] 興平：漢獻帝劉協年號（194—195）。

[3] 班蘭耳：色彩錯雜燦爛的車輧。班蘭，同"斑斕"。耳，即車輧，車廂兩旁用以遮蔽塵土的屏障。

[4] 闓：開啓。《漢書》卷九四上《匈奴傳上》："今欲與漢闓大關，取漢女爲妻。"顔師古注："闓讀與開同。"《宋書·符瑞志上》"闓"即作"開"。

[5] 遼東：郡名。治所襄平縣，在今遼寧遼陽市老城區。

[6] 衛尉：官名。東漢時秩中二千石，列卿之一，掌宫門及宫中警衛。三國沿置。

[7] 參分：潘眉《考證》云："參分者，參酌以分天下，與世所稱三分異。《蜀志》謂之交分天下也。"按，交分，謂交互分。

豫：州名。魏明帝時刺史治所項縣，在今河南沈丘縣。　青：州名。刺史治所臨菑縣，在今山東淄博市東北臨淄鎮北。　幽：州名。刺史治所薊縣，在今北京城西南。

[8] 兗：州名。曹魏時刺史治所廩邱縣，在今山東鄆城縣西北。　冀：州名。曹魏時刺史治所信都縣，在今河北冀縣。　并：州名。刺史治所晋陽縣，在今山西太原市西南古城營西古城。凉：州名。曹魏時刺史治所姑臧縣，在今甘肅武威市。

[9] 司州：即魏司隸校尉部，治所洛陽縣，在今河南洛陽市東北白馬寺東。

[10] 函谷關：戰國秦漢初，在今河南靈寶市東北王垛村，漢武帝元鼎三年（前114）徙置於今河南新安縣東北。

[11] 戾止：吳金華《〈三國志集解〉箋記》謂"戾止"應作

"止戾",並引《詩·小雅·雨無正》:"周宗既滅,靡所止戾。"毛傳:"戾,安也。"按,此説是,暫不改動。

[12] 荐:再;接連。 姦回:古文《尚書·泰誓下》:"崇信姦回,放黜師保。"孔傳:"回,邪也。姦邪之人反尊信之。"

[13] 么(mó)麽(mó):亦作"幺麽"。微不足道之人;小人。《鶡冠子·道瑞》:"無道之君,任用么麽。"陸佃注:"么,細人。"

[14] 共工亂象:共工,上古分布於今河南輝縣一帶的部族。《淮南子·原道訓》云:"昔共工之力,觸不周之山,使地東南傾。與高辛氏争爲帝,遂潛於淵,宗族殘滅,繼嗣絶祀。"

[15] 三苗干度:三苗,上古江淮一帶的南方部族。《史記》卷一《五帝本紀》云:"三苗在江、淮、荆州,數爲亂。"又《太平御覽》卷八一引《帝王世紀》:"舜年八十一即真,八十三薦禹,九十五而使禹攝政,攝政五年,有苗氏叛,南征,崩於鳴條,年百歲。"

[16] 在:百衲本作"在",殿本、盧弼《集解》本、校點本作"任"。趙幼文《校箋》謂《藝文類聚》卷二三(當作三三)、《册府元龜》卷二一五引作"在"。按,郝經《續後漢書》亦作"在"。今從百衲本。又按,"在"通"哉"。《淮南子·道應訓》:"吾猶未能之在。"于省吾新證:"'在''哉'古字通";"《康誥》'今民將在',《召誥》'智藏瘝在',二'在'均應讀作'哉'"。

[17] 晉侯:指晉文公。《左傳·僖公二十八年》謂楚國圍攻宋國,晉國爲救宋國而攻打曹國與衛國。楚軍圍宋急,"宋人使門尹般如晉師告急。(晉文)公曰:'宋人告急,捨之則絶,告楚不許。我欲戰矣,齊、秦未可,若之何?'先軫曰:'使宋捨我而賂齊、秦,藉之告楚。我執曹君,而分曹、衛之田以賜宋人。楚愛曹、衛,必不許也。喜賂、怒頑,能無戰乎?'公説,執曹伯,分曹、衛之田以畀宋人"。

[18] 司盟:官名。《周禮·秋官·司盟》:"司盟,掌盟載之

法。"鄭玄注:"載盟辭也。盟者,書其辭於策,殺牲取血坎其牲,加書於上而埋之,謂之載書。"

[19] 告誓之文:《尚書》有《大誥》《康誥》《甘誓》《湯誓》《牧誓》,等等。

[20] 棐(fěi)諶:即"棐忱"。輔助誠信。《尚書·大誥》"大棐忱辭",孔傳:"誠辭爲天所輔。"

[21] 司慎司盟:傳説主盟約之二神。《左傳·襄公十一年》:"司慎司盟,名山名川。"杜預注:"二司,天神。"

[22] 羣神:百衲本、盧弼《集解》本作"羣臣",殿本、校點本作"羣神"。今從殿本等。

[23] 故府:趙一清《注補》云:"此即長沙桓王故府,《太康地記》所稱太和宫也。"

[24] 上大將軍:官名。孫吳置,與大將軍並置,位皆在三公上。而上大將軍又在大將軍上。

[25] 皇皇后帝:《詩·魯頌·閟宫》:"皇皇后帝,皇祖后稷。"皇皇,光明;后帝,上帝。

[26] 二十有四世:自漢高祖劉邦起,至漢獻帝劉協止,是爲二十四代。

[27] 四百三十有四:按,西漢自漢高祖劉邦漢王元年(前206)起,至漢孺子嬰初始元年(8)止,凡214年;東漢自光武帝劉秀建武元年(25)起,至獻帝劉協延康元年(220)止,凡195年。總計兩漢實有409年。此言434年,舊本《宋書·禮志三》言430年,蓋以年號統計,若一年有兩個或三個年號,則計爲兩年或三年。

[28] 雜沓:衆多貌。

二年春正月,魏作合肥新城。[1]詔立都講祭酒,[2]以教學諸子。遣將軍衛温、諸葛直將甲士萬人浮海求夷洲及亶洲。[3]亶洲在海中，長老傳言秦始皇帝遣方士徐福將童男童女數千人入海，[4]求蓬萊神山及仙藥，[5]止此洲不還。世相承有數萬家，[6]其上人民，時有至會稽貨布，[7]會稽東〔冶〕縣人海行，[8]亦有遭風流移至亶洲者。所在絕遠，卒不可得至，但得夷洲數千人還。

　　三年春二月，遣太常潘濬率眾五萬討武陵蠻夷。衛溫、諸葛直皆以違詔無功，下獄誅。夏，有野蠶成繭，大如卵。[9]由拳野稻自生，[10]改爲禾興縣。中郎將孫布詐降以誘魏將王凌，凌以軍迎布。冬十月，權以大兵潛伏於阜陵俟之，[11]凌覺而走。會稽南始平言嘉禾生。[12]十二月丁卯，大赦，改明年元也。

　　[1]魏作合肥新城：徐紹楨《質疑》云："新城之作議自滿寵，據《寵傳》，魏青龍元年寵始上疏請作合肥新城，是時當在吳嘉禾二年。此書於黃龍二年，歲月爲不符矣。"合肥新城在今安徽合肥市西北。

　　[2]都講祭酒：官名。孫吳所置學官。

　　[3]遣將軍衛溫：趙幼文《校箋》謂《建康實錄》"遣"上有"二月"二字。　夷洲：海島名。即今臺灣省。《太平御覽》卷七八〇引《臨海水土志》對其狀貌有較詳之記載。　亶洲：海島名。確址未詳。《史記》卷六《秦始皇本紀》："齊人徐巿等上書，言海中有三神山，名曰蓬萊、方丈、瀛洲，仙人居之。請得齋戒，與童男女求之。於是遣徐巿發童男女數千人，入海求仙人。"張守節《正義》引《括地志》云："亶洲在東海中，秦始皇使徐福將童男女入海求仙人，止在此洲，共數萬家，至今洲上人有至會稽市易者。吳人《外國圖》云亶洲去琅邪萬里。"

　　[4]童男童女：百衲本無"童男"二字，殿本、盧弼《集解》

本、校點本有。今從殿本等。

［5］神山：盧弼《集解》云："毛本'山'作'仙'。"趙幼文《校箋》謂《太平御覽》卷六九引《吳志》作"仙"，作"仙"字是。

［6］世相承：趙幼文《校箋》謂《太平御覽》引作"世世相承"。

［7］貨布：趙幼文《校箋》謂《太平御覽》引"布"字作"市"。

［8］東冶縣：各本作"東縣"。錢大昭《辨疑》云："'東縣'當作'東冶'，見《魏志·王朗傳》。"趙幼文《校箋》謂《後漢書》卷八五《東夷傳》"東"下有"冶"字，錢説是。今從錢、趙説補"冶"字。

［9］大如卵：趙幼文《校箋》謂以上之句《建康實錄》作"夏五月，建業有野蠶成繭，大如鳥卵"。

［10］由拳：縣名。治所在今浙江嘉興市南。

［11］阜陵：縣名。治所在今安徽全椒縣東南。

［12］南始平：縣名。治所在今浙江天臺縣。梁章鉅《旁證》云："錢大昕曰：'《宋書·州郡志》臨海郡有始半縣，吳立曰始平。晉武帝太康元年更名，即此志所云南始平也。臨海本屬會稽東部。'《元和郡縣志》南始平，吳分章安立。"

嘉禾元年春正月，[1]建昌侯慮卒。三月，遣將軍周賀、校尉裴潛乘海之遼東。秋九月，魏將田豫要擊，斬賀于成山。[2]冬十月，魏遼東太守公孫淵遣校尉宿舒、郎中令孫綜稱藩於權，[3]并獻貂、馬。權大悦，加淵爵位。〔一〕

〔一〕《江表傳》曰：是冬，羣臣以權未郊祀，[4]奏議曰：

"頃者嘉瑞屢臻,遠國慕義,天意人事,前後備集,宜脩郊祀,以承天意。"權曰:"郊祀當於土中,[5]今非其所,於何施此?"重奏曰:"普天之下,莫非王土;王者以天下爲家。昔周文、武郊於酆、鎬,[6]非必土中。"權曰:"武王伐紂,即阼於鎬京,而郊其所也。文王未爲天子,立郊於酆,見何經典?"復奏曰:[7]"伏見《漢書·郊祀志》,匡衡奏徙甘泉河東,[8]郊於長安,言文王郊於酆。"[9]權曰:"文王德性謙讓,[10]處諸侯之位,明未郊也。經傳無明文,匡衡俗儒意說,[11]非典籍正義,不可用也。"

《志林》曰:吳王糾駁郊祀之奏,[12]追貶匡衡,謂之俗儒。凡在見者,莫不慨然以爲統盡物理,[13]達於事宜。至於稽之典籍,乃更不通。毛氏之説云:[14]"堯見天因邰而生后稷,[15]故國之於邰,命使事天。"[16]故《詩》曰:[17]"后稷肇祀,庶無罪悔,[18]以迄于今。"言自后稷以來皆得祭天,猶魯人郊祀也。是以《棫樸》之作,[19]有積燎之薪。文王郊酆,經有明文,匡衡豈俗,而枉之哉?文王雖未爲天子,然三分天下而有其二,伐崇戡黎,[20]祖伊奔告。天既棄殷,乃眷西顧,太伯三讓,以有天下。文王爲王,於義何疑?然則匡衡之奏,有所未盡。按世宗立甘泉、汾陰之祠,[21]皆出方士之言,非據經典者也。方士以甘泉、汾陰黃帝祭天地之處,故孝武因之,遂立二畤。[22]漢治長安,而甘泉在北,謂就乾位,而衡云"武帝居甘泉,祭于南宮",[23]此既誤矣。祭汾陰在水之脽,[24]呼爲澤中,而衡云"東之少陽",[25]失其本意。此自吳事,於傳無非,恨無辨正之辭,故矯之云。脽,音誰,見《漢書音義》。

[1] 嘉禾:吳大帝孫權年號(232—238)。

[2] 成山:山名。在今山東榮成市東北海上。

[3] 郎中令:百衲本、殿本、校點本作"閬中令",盧弼《集解》本作"郎中令"。潘眉《考證》云:"'閬'當爲'郎'。遼東無閬中也,《公孫淵傳》注作'郎中令'。"郝經《續後漢書》亦作

"郎中令"。今從《集解》本。胡三省云："《晋志》王國置郎中令，淵未封王，僭置之也。"（《通鑑》卷七二魏明帝青龍元年注）

[4]郊祀：帝王於郊外祭祀天地，南郊祭天，北郊祭地。郊謂大祀，祀爲群祀。

[5]土中：趙幼文《校箋》謂《太平御覽》卷五二七引作"中土"。

[6]酆：邑名。在今陝西長安縣西北灃河西岸。周文王都於此。鎬：邑名。在今陝西長安縣西北豐鎬村附近。周武王遷都於此。

[7]復奏：殿本、盧弼《集解》本、校點本作"復書"，百衲本作"復奏"。按，從上文群臣之"奏議""重奏"及孫權之問答看，群臣與孫權係當面議論。此作"復奏"爲是，故從百衲本。趙幼文《校箋》又謂《宋書·禮志》"書"字作"奏"，《太平御覽》卷五二七引同。

[8]匡衡：漢成帝時曾爲丞相。《漢書·郊祀志下》謂漢成帝即位，丞相匡衡、御史大夫張譚奏郊祀之事有云："昔者周文、武郊於酆、鎬，成王郊於雒邑。由此觀之，天隨王者所居而饗之，可見也。甘泉泰畤、河東后土之祠宜可徙置長安，合於古帝王。" 奏徙：百衲本、殿本作"奏從"，盧弼《集解》本、校點本作"奏徙"。今從《集解》本等。 甘泉：山名。在今陝西淳化縣西北。 河東：郡名。治所安邑縣，在今山西夏縣西北禹王城。

[9]郊於長安言文王郊於酆：百衲本、殿本無"郊於長安言文王"七字，盧弼《集解》本、校點本有。趙幼文《校箋》謂《太平御覽》卷五二七引亦有此七字。今從《集解》本等。長安，縣名。治所在今陝西西安市西北。

[10]德性：盧弼《集解》本作"德性"，百衲本、殿本、校點本作"性"。盧弼《集解》云："宋本無'德'字誤。"趙幼文《校箋》云："毛本'性'上有'德'字。《御覽》引同。"今從《集解》本。

[11]意說：趙幼文《校箋》謂《太平御覽》卷五二七引"意"字作"臆"。按二字可通，猜測之義。

［12］吳王：趙幼文《校箋》謂《太平御覽》引"王"字作"主"。

［13］統盡：趙幼文《校箋》謂《太平御覽》引"統"字作"妙"。

［14］毛氏：指毛公。漢初傳授《詩經》之學者。《漢書·藝文志》著録《毛詩》二十九卷，《毛詩故訓傳》三十卷。以下毛氏之説見《詩·大雅·生民》毛傳。

［15］邰（tái）：古國名。在今陝西武功縣西南。　后稷：周族之始祖。名棄，相傳爲有邰氏女姜嫄所生。善於種植農作物，堯舜時爲農官，教民耕種。（見《史記》卷四《周本紀》）

［16］命使：殿本、盧弼《集解》本作"命便"，今從百衲本、校點本作"命使"。

［17］詩：此句見《大雅·生民》。

［18］后稷肇祀庶無罪悔：鄭玄箋："庶，衆也。后稷肇祀上帝於郊，而天下民衆咸得其所，無有罪過也。子孫蒙其福，以至於今。"

［19］棫（yù）樸：《詩·大雅》之一篇。《棫樸》云："芃芃棫樸，薪之槱之。"棫樸，兩種叢生灌木。

［20］崇：殷商方國名。一説在今河南嵩縣北，至崇侯虎時，爲周文王所滅。事見《史記》卷四《周本紀》。　黎：商、周方國名。一作"耆"。在今山西長治市西南。春秋時遷於今山西黎城縣東北。《尚書·西伯戡黎》云："西伯既戡黎，祖伊恐，奔告于王。"《史記·周本紀》亦謂周西伯"敗耆國。殷之祖伊聞之，懼，以告帝紂"。祖伊，殷之賢臣。

［21］世宗：漢武帝之廟號。　甘泉汾陰之祠：《漢書·郊祀志上》云："齊人少翁以方見上。上有所幸李夫人，夫人卒，少翁以方蓋夜致夫人及竈鬼之貌云，天子自帷中望見焉。乃拜少翁爲文成將軍，賞賜甚多，以客禮禮之。文成言：'上即欲與神通，宮室被服非象神，神物不至。'乃作畫雲氣車，及各以勝日駕車辟惡鬼。又作甘泉宮，中爲臺室，畫天地泰一諸鬼神，而置祭具

以致天神。"又云："汾陰男子公孫滂洋等見汾旁有光如絳，上遂立后土祠於汾陰脽上。"汾陰，縣名。治所在今山西萬榮縣西南廟前村北古城。

[22] 時（zhì）：帝王祭祀天地五帝之場所。

[23] 南宮：趙幼文《校箋》謂《太平御覽》卷五二七引作"宮南"。

[24] 祭汾陰：趙幼文《校箋》謂《太平御覽》引"祭"下有"地"字。 脽（shuí）：地名，在今山西萬榮縣西南汾河口南。《漢書》卷六《武帝紀》："立后土祠於汾陰脽上。"顏師古注引如淳曰："脽者，河之東岸特堆掘，長四五里，廣二里餘，高十餘丈。汾陽縣治脽之上。后土祠在縣西。汾在脽之北，西流與河合。"

[25] 衡云：殿本"衡"上有"匡"字，百衲本、盧弼《集解》本、校點本無。今從百衲本等。

二年春正月，詔曰："朕以不德，肇受元命，[1]夙夜兢兢，不遑假寐。思平世難，救濟黎庶，上答神祇，下慰民望。是以眷眷，勤求俊傑，將與戮力，共定海內。苟在同心，與之偕老。今使持節、督幽州、領青州牧、遼東太守燕王，[2]久脅賊虜，[3]隔在一方，雖乃心於國，其路靡緣。今因天命，遠遣二使，款誠顯露，章表殷勤，朕之得此，何喜如之！雖湯遇伊尹，[4]周獲呂望，[5]世祖未定而得河右，[6]方之今日，豈復是過？普天一統，於是定矣。《書》不云乎，'一人有慶，[7]兆民賴之'。其大赦天下，與之更始，其明下州郡，咸使聞知。特下燕國，奉宣詔恩，令普天率土備聞斯慶。"三月，遣舒、綜還，使太常張彌、執金吾許晏、將軍賀達等將兵萬人，[8]金寶珍貨，九錫備物，乘海授淵。[一]舉朝大臣，自丞相雍已下皆諫，以爲淵未可信，而寵待太厚，但可遣吏兵數百護送舒、綜，權終不聽。[二]淵果斬彌等，送其首于魏，没其兵資。權大怒，欲自征淵，[三]尚書僕射薛綜等切諫乃止。[9]是歲，權向合肥新城，遣將軍全琮征六安，[10]皆不克還。[四]

〔一〕《江表傳》載權詔曰："故魏使持節、車騎將軍、遼東太守、平（樂）〔郭〕侯：[11]天地失序，皇極不建，元惡大憝，作害于民，海内分崩，羣生堙滅，雖周餘黎民，[12]靡有孑遺，方之今日，亂有甚焉。朕受曆數，君臨萬國，夙夜戰戰，念在弭難，若涉淵水，罔知攸濟。是以把旄仗鉞，翦除凶虐，自東徂西，靡遑寧處，苟力所及，民無災害。雖賊虜遺種，未伏辜誅，猶繫囚枯木，待時而斃。惟將軍天姿特達，兼包文武，觀時覿變，審於去就，踰越險阻，顯致赤心，肇建大計，爲天下先，元勳巨績，侔於古人。雖昔竇融背棄隴右，[13]卒占河西，[14]以定光武，休名美實，豈復是過？欽嘉雅尚，朕實欣之。自古聖帝明王，建化垂統，以爵褒德，以禄報功；功大者禄厚，德盛者禮崇。故周公有夾輔之勞，太師有鷹揚之功，[15]並啓土宇，兼受備物。今將軍規萬年之計，建不世之略，[16]絶僭逆之虜，順天人之肅，濟成洪業，功無與比，齊魯之事，[17]奚足言哉！《詩》不云乎，'無言不讎，[18]無德不報'。今以幽、青二州十七郡〔百〕七十縣，[19]封君爲燕王，使持節守太常張彌授君璽綬策書、金虎符第一至第五、竹使符第一至第十。錫君玄土，[20]苴以白茅，爰契爾龜，[21]用錫冢社。[22]方有戎事，典統兵馬，以大將軍曲蓋麾幢，[23]督幽州、青州牧遼東太守如故。今加君九錫，其敬聽後命。以君三世相承，[24]保綏一方，寧集四郡，[25]訓及異俗，民夷安業，無或攜貳，是用錫君大輅、戎輅、玄牡二駟。君務在勸農，嗇人成功，倉庫盈積，官民俱豐，是用錫君袞冕之服，赤舄副焉。君正化以德，敬下以禮，敦義崇謙，內外咸和，是用錫君軒縣之樂。君宣導休風，懷保邊遠，遠人迴面，莫不影附，是用錫君朱戶以居。君運其才略，官方任賢，顯直錯枉，[26]舉善必舉，是用錫君虎賁之士百人。[27]君戎馬整齊，威震遐方，糾虔天刑，[28]彰厥有罪，是用錫君鈇鉞各一。君文和於內，武信於外，禽討逆節，折衝掩難，是用錫君彤弓一、彤矢百、旅弓十、旅矢千。君忠勤有效，溫恭為德，明允篤誠，感于朕心，是用錫君秬鬯一卣，[29]珪瓚副焉。欽哉！敬茲訓典，寅亮天工，相我國家，永終爾休。"

〔二〕臣松之以為權愎諫違衆，信淵意了，非有攻伐之規，重複之慮。宣達錫命，乃用萬人，是何不愛其民，昏虐之甚乎？此役也，非惟闇塞，實為無道。

〔三〕《江表傳》載權怒曰："朕年六十，[30]世事難易，靡所不嘗，近為鼠子所前卻，[31]令人氣湧如山。[32]不自截鼠子頭以擲于海，無顏復臨萬國。就令顛沛，不以為恨。"

〔四〕《吳書》曰：初，張彌、許晏等俱到襄平，[33]官屬從者四百許人。淵欲圖彌、晏，先分其人衆，置遼東諸縣，以中使秦旦、張羣、杜德、黃彊等及吏兵六十人，[34]置玄菟郡。玄菟郡在遼東北，相去二百里，太守王贊領戶二百，兼重可三四百人。旦等皆舍於民家，仰其飲食。積四十許日，旦與彊等議曰："吾人遠辱國命，自棄於此，與死亡何異？今觀此郡，形勢甚弱。若一旦同心，焚燒城郭，殺其長吏，為國報恥，然後伏死，足以無恨。孰與偸生苟活長為囚虜乎？"彊等然之。於是陰相約結，當用八月十九日夜發。其日中時，為部中張松所告，贊便會士衆閉城門。旦、羣、德、彊等皆踰城得走。時羣病疽創著膝，不及輩旅，德常扶接與俱，崎嶇山谷。行六七百里，創益困，不復能前，臥草中，相守悲泣。[35]羣曰："吾不幸創甚，死亡無日，卿諸人宜速進道，冀有所達。空相守，俱死於窮谷之中，何益也？"德曰："萬里流離，死生共之，不忍相委。"於是推旦、彊使前，德獨留守輩，採菜果食之。[36]旦、疆別數日，得達句驪（王宮），[37]因宣詔於句驪王宮及其主簿，[38]詔言有賜爲遼東所攻奪。宮等大喜，即受詔命，使人隨旦還迎羣、德。其年，宮遣皂衣二十五人送旦等還，奉表稱臣，貢貂皮千枚，鶡雞皮十具。[39]旦等見權，悲喜不能自勝。權義之，皆拜校尉。間一年，遣使者謝宏、中書陳恂拜宮爲單于，[40]加賜衣物珍寶。恂等到安平口，[41]先遣校尉陳奉前見宮，而宮受魏幽州刺史諷旨，令以吳使自效。奉聞之，倒還。[42]宮遣主簿笮咨、帶固等出安平，與宏相見。宏即縛得三十餘人質之，宮於是謝罪，上馬數百匹。宏乃遣咨、固奉詔書賜物歸與宮。[43]是時宏船小，載馬八十匹而還。

[1] 元命：天命。

[2] 使持節：漢末三國，皇帝授予出征或出鎮的軍事長官的一種權力。至晉代，此種權力明確爲可誅殺二千石以下官員。若皇帝派遣大臣出巡或參與祭吊等事務時，加使持節，則表示權力和尊崇。

[3] 脅：殿本、盧弼《集解》本作"嚮"，百衲本、校點本作"脅"，郝經《續後漢書》亦作"脅"。今從百衲本等。

[4] 湯遇伊尹：《史記》卷三《殷本紀》謂伊尹欲佐湯而無由，乃爲有莘氏女陪嫁之臣，湯用之，任以國政。後佐湯攻滅夏桀。

[5] 周獲呂望：呂望即呂尚。《史記》卷三二《齊太公世家》謂呂尚欲佐周西伯（文王），乃釣於渭濱。西伯出獵遇之，與語大悅，曰："吾先君太公曰'當有聖人適周，周以興'。子真是邪？吾太公望子久矣。"故號之"太公望"，載與俱歸，立爲師。後佐周武王滅紂。

[6] 世祖未定而得河右：世祖，漢光武帝廟號。此指漢光武帝尚未統一天下，竇融即以河右（即河西）歸順。

［7］一人有慶：《尚書・呂刑》之語。

［8］執金吾：官名。漢代秩中二千石，掌宮外及京都警衛，皇帝出行，則充護衛及儀仗。三國沿置。

［9］尚書僕射（yè）：官名。東漢爲尚書臺次官，秩六百石，職權重，若公爲之，增秩至二千石。職掌拆閱封緘章奏文書，參議政事，諫諍駁議，監察百官。令不在，則代理其職。漢獻帝建安四年（199）分置左右。

［10］六安：縣名。治所在今安徽六安縣東北。

［11］平郭侯：各本皆作"平樂侯"。盧弼《集解》云："《魏志・明紀》太和二年以公孫淵領遼東太守，四年以淵爲車騎將軍；又《公孫度傳》文帝封公孫恭爲平郭侯，淵奪恭位，當亦襲恭侯爵。平郭屬遼東郡，公孫氏爲遼東人，此詔'平樂'當爲'平郭'之誤。前漢平樂屬山陽郡，後漢省并此縣，其誤無疑。"今從盧氏說改。

［12］周餘黎民：《詩・大雅・雲漢》云："周餘黎民，靡有孑遺。"

［13］背棄隴右：指竇融背棄隗囂。隗囂據有隴西後，一度歸順漢光武帝劉秀，稱建武年號，竇融遂接受隗囂之官銜印綬。至隗囂欲叛漢投公孫述，竇融即棄隗囂而歸漢。（見《後漢書》卷二三《竇融傳》）

［14］河西：百衲本、殿本作"西河"，盧弼《集解》本、校點本作"河西"。今從《集解》本等。

［15］太師：指呂尚。西周初呂尚爲太師。《詩・大雅・大明》："維師尚父，時維鷹揚。"

［16］不世：殿本作"百世"，百衲本、盧弼《集解》本、校點本作"不世"。今從百衲本等。

［17］齊魯之事：周武王滅殷後封呂尚於齊，封周公旦於魯。

［18］無言不讎：《詩・大雅・抑》之辭。毛傳："讎，用也。"

［19］百七十縣：各本皆作"七十縣"。潘眉《考證》謂《續漢書・郡國志》幽州郡國十一，青州郡國六，共計郡國十七。十七郡國

有縣一百五十五。此注云七十縣，多寡不符，疑"七十"上脱"百"字。建安末頗有分立縣，合之當爲百七十縣耳。校點本即從潘説增"百"字，今從之。

[20] 玄土：黑土，北方之土。

[21] 爰契爾龜：《詩·大雅·綿》"爰契我龜"，鄭玄箋："契，灼其龜而卜之。"朱熹《集傳》："契，所以然火而灼龜者也。"

[22] 冢社：大社。祭祀土神、穀神之處所。

[23] 曲蓋：儀仗用的曲柄傘。 麾幢：儀仗中的旗幟。

[24] 三世：指公孫度、公孫康、公孫淵祖孫三代。

[25] 四郡：指遼東、帶方、樂浪、玄菟四郡。帶方郡治所帶方縣，在今朝鮮黄海道鳳山郡土城内。樂浪郡治所朝鮮縣，在今朝鮮平壤市西南。玄菟郡治所高句驪縣，在今遼寧沈陽城東上柏官屯古城。

[26] 錯枉：百衲本、殿本"錯"字作"措"，盧弼《集解》本、校點本作"錯"。按二字通，今從《集解》本等。

[27] 錫君虎賁之士百人：潘眉《考證》謂此九錫文祇有八錫，當是古本相沿脱去一行。"君運其才略"四句下，當云"是用錫君納陛以登"，再加四句，然後接"是用錫君虎賁之士百人"。

[28] 糾虔天刑：《國語·魯語下》："少采夕月，與大史、司載糾虔天刑。"韋昭注："糾，恭也；虔，敬也；刑，法也。"此本謂恭敬地觀察上天顯示的徵兆。後世則謂察舉其罪而慎行天子之法。

[29] 一卣：盧弼《集解》本作"二卣"，百衲本、殿本、校點本作"一卣"。今從百衲本等。

[30] 年六十：盧弼《集解》云："權是時年五十二，不得云六十。"

[31] 前卻：進退。引申爲操縱，擺布。

[32] 湧：百衲本作"踴"，殿本、盧弼《集解》本、校點本作"湧"。今從殿本等。

[33] 襄平：縣名。治所在今遼寧遼陽市老城區。

[34] 中使：官名。孫吴置，以宦官充任，職如漢魏之小黄門，掌

侍皇帝左右，受尚書事，皇帝在内，關通中外及中宫以下衆事。（本洪飴孫《三國職官表》）　黃疆：百衲本"疆"字作"彊"，殿本、盧弼《集解》本、校點本作"疆"。今從殿本等，下同。

[35] 相守：盧弼《集解》本作"相與"，百衲本、殿本、校點本作"相守"。今從百衲本等。

[36] 採菜果：百衲本、殿本、盧弼《集解》本、校點本1959年12月第1版皆作"捕菜果"。錢劍夫《〈三國志〉標點本商榷》指出："菜果不能説'捕'，祇能説'採'，《通鑑》卷七十二正作'採'，此當亦形近訛字。"校點本1982年7月第2版已改爲"採菜果"。今從之。

[37] 句驪：各本皆作"句驪王宫"。校點本據《通鑑》卷七二删"王宫"二字。今從之。句驪，即高句驪，又作"高句麗"，族名。大約分布於今吉林與遼寧交界地區及朝鮮北部。

[38] 句驪王宫：《通鑑》卷七二作"句麗王位宫"。本書卷三〇《東夷高句麗傳》亦謂位宫爲漢殤帝、安帝之間的句麗王宫之曾孫。以下同。　主簿：官名。本書卷三〇《東夷高句麗傳》謂高句麗王下之官有相加、對盧、沛者、古雛加、主簿，等等。

[39] 鶡雞：雉屬。較雉大，黃黑色，頭有毛角如冠，性猛好鬥，至死不卻。

[40] 中書：趙幼文《校箋》謂《建康實録》作"中書郎"。按吴中書郎仍隸中書令，職在草擬詔書，並常被派出執行重要使命。

[41] 安平口：地名。安平，即西安平縣，在今遼寧丹東市東北靉河尖古城。安平口，即境内之鴨緑江入黃海處。（本王先謙《後漢書·郡國志集解》）

[42] 倒還：殿本、盧弼《集解》本作"到還"，百衲本、校點本作"倒還"。今從百衲本等。

[43] 奉詔書賜物歸與宫：校點本無"歸"字，百衲本、殿本、盧弼《集解》本皆有"歸"字。按，笮咨、帶固乃位宫之主簿，位宫遣與謝宏相見，謝宏因縛之以爲人質。位宫謝罪上馬匹後，謝宏乃釋放笮咨、帶固令其歸還，並令其奉詔書賜物與位宫。有"歸"字爲是，今

從百衲本等。

三年春正月，詔曰："兵久不輟，民困於役，歲或不登。其寬諸逋，勿復督課。"夏五月，權遣陸遜、諸葛瑾等屯江夏、沔口，[1]孫韶、張承等向廣陵、淮（陽）〔陰〕，[2]權率大衆圍合肥新城。是時蜀相諸葛亮出武功，[3]權謂魏明帝不能遠出，而帝遣兵助司馬宣王拒亮，[4]自率水軍東征。未至壽春，[5]權退還，孫韶亦罷。秋八月，以諸葛恪爲丹楊太守，[6]討山越。九月朔，隕霜傷穀。[7]冬十一月，太常潘濬平武陵蠻夷，事畢，還武昌。詔復曲阿爲雲陽，丹徒爲武進。[8]廬陵賊李桓、羅厲等爲亂。[9]

四年夏，遣吕岱討桓等。秋七月，雨雹。[10]魏使以馬求易珠璣、翡翠、瑇瑁，權曰："此皆孤所不用，而可得馬，何苦而不聽其交易？"[11]

五年春，鑄大錢，[12]一當五百。詔使吏民輸銅，計銅畀直。設盜鑄之科。二月，武昌言甘露降於禮賓殿。輔吳將軍張昭卒。[13]中郎將吾粲獲李桓，將軍唐咨獲羅厲等。自十月不雨，至於夏。冬十月，彗星見于東方。[14]鄱陽賊彭旦等爲亂。

六年春正月，詔曰："夫三年之喪，[15]天下之達制，人情之極痛也；賢者割哀以從禮，不肖者勉而致之。[16]世治道泰，上下無事，君子不奪人情，故三年不逮孝子之門。至於有事，[17]則殺禮以從宜，要經而處事。[18]故聖人制法，有禮無時則不行。遭喪不奔非古也，蓋隨時之宜，以義斷恩也。前故設科，長吏在官,[19]當須交代,而故犯之,雖隨糾坐,[20]猶已廢曠。[21]方事之殷,國家多難,凡在官司,宜各盡節,先公後私,而不恭承,甚非謂也。中外羣僚,其更平議,務令得中,詳爲節度。"顧譚議,以爲"奔喪立科,輕則不足以禁孝子之情,重則本非應死之罪,雖嚴刑益設,違奪必少。若偶有犯者,加其刑則恩所不忍,有減則法廢不行。愚以爲長吏在遠,苟不告語,[22]勢不得知。比選代之間,若有傳者,必加大辟,[23]則長吏無廢職之負,孝子無犯重之刑"。將軍胡綜議,以爲"喪紀之禮,[24]雖有典制,苟無其時,所不得行。方今戎事,軍國異容,而長吏遭喪,知有科禁,公敢干突,[25]苟念聞憂不奔之恥,不計爲臣犯禁之罪,此由科防本輕所致。忠節在國,孝道立家,出身爲臣,焉得兼之?故爲忠臣不得爲孝子。宜定科文,示以大辟,若故違犯,有罪無赦。以殺止殺,行之一人,其後必絕"。丞相雍奏從大辟。其後吳令孟宗喪母奔赴,已而自拘於武昌以聽刑。[26]陸遜陳其素行,因爲之請,權乃減宗一等,後不得以爲比,因此遂絕。[27]二月,陸遜討彭旦等,其年,皆破之。冬十月,遣衞將軍全琮襲六安,[28]不克。諸葛恪平山越事畢,北屯廬江。

[1] 沔口:即夏口。在今湖北武漢市原漢水入長江處。

[2] 淮陰:各本皆作"淮陽"。《通鑑》卷七二魏明帝青龍二年作"淮陰"。(參盧弼《集解》)趙一清《注補》云:"淮陽後漢爲陳國,今開封府陳州(即今河南淮陽縣),去廣陵甚遠,'淮陽'

是'淮陰'之誤無疑。"趙氏又謂淮陰西漢屬臨淮郡，東漢屬下邳國，魏則屬廣陵郡。今從趙説改"淮陽"爲"淮陰"。淮陰縣治所在今江蘇淮陰市西南甘羅城。

[3] 武功：縣名。治所在今陝西扶風縣東南。

[4] 司馬宣王：即司馬懿。司馬懿死後，其子司馬昭於魏末被封爲晉王，遂追尊他爲宣王。

[5] 壽春：縣名。治所在今安徽壽縣。

[6] 丹楊：郡名。吳增僅《三國郡縣表附考證》謂東漢丹楊郡治宛陵縣；孫權遷都武昌，以呂範爲丹楊太守，治建業；嘉禾初又還治宛陵；及嘉禾三年，諸葛恪爲太守討平山越，時太守營府當已徙近山越。

[7] 傷穀：盧弼《集解》本作"殺穀"，百衲本、殿本、校點本作"傷穀"。今從百衲本等。

[8] 丹徒：縣名。治所在今江蘇鎮江市東南丹徒鎮。

[9] 羅厲：本書卷六〇《呂岱傳》謂羅厲是"南海賊"。

[10] 雨雹：盧弼《集解》本作"雨雹"，百衲本、殿本、校點本作"有雹"。盧弼《集解》云："趙一清曰：《宋書·五行志》作'雨雹'。"侯康《補注續》引《晉書·五行志下》亦作"雨雹"。今從《集解》本。

[11] 何苦：趙幼文《校箋》謂《太平御覽》卷八〇二引作"何苦"，卷八〇七引作"若何"，疑作"若何"者爲得。

[12] 鑄大錢：《通典·食貨·錢幣上》謂魏明帝"更立五銖錢，至晉用之，不聞有改創"。注云："吳孫權嘉平（當作'禾'）五年，鑄大錢，一當五百，文曰'大泉五百'徑一寸三分，重十二銖。"

[13] 輔吳將軍：官名。孫吳置，位次三公。趙幼文《校箋》謂《建康實録》"輔"字上有"秋七月"三字。

[14] 彗星：又稱勃星，長星。即俗説之掃帚星。

[15] 三年之喪：指父母死，子爲父母服喪三年。《禮記·三

年問》云："三年之喪何也？曰稱情而立文，因以飾群，別親疏貴賤之節，而弗可損益也。故曰無易之道也。"又云："孔子曰：子生三年，然後免於父母之懷。夫三年之喪，天下之達喪也。"

[16] 致之：趙幼文《校箋》謂《太平御覽》卷五四六引"之"下有"也"字。

[17] 有事：謂國家之緊急公務事。

[18] 要絰（dié）：喪服所用的麻帶稱絰。扎在頭上的稱首絰，纏在腰間的稱腰絰。

[19] 長吏在官：謂官員在職而遭喪事。

[20] 糾坐：趙幼文《校箋》謂《册府元龜》卷六一〇引"糾"字作科"。按宋本《册府元龜》亦作"糾"。

[21] 廢曠：謂官員離職守而廢公務。

[22] 告語：謂告語官員之喪事。

[23] 大辟：死刑。

[24] 喪紀：喪事。

[25] 干突：衝犯；觸犯。

[26] 聽刑：趙幼文《校箋》謂《太平御覽》卷五四六引"刑"下有"戮"字。

[27] 因此：趙幼文《校箋》謂《太平御覽》引"因"字作"自"。

[28] 六安：縣名。治所在今安徽六安縣東北。

赤烏元年春，[1]鑄當千大錢。[2]夏，吕岱討廬陵賊，畢，還陸口。秋八月，武昌言麒麟見。[3]有司奏言麒麟者太平之應，宜改年號。詔曰："閒者赤烏集於殿前，朕所親見，若神靈以爲嘉祥者，改年宜以赤烏爲元。"羣臣奏曰："昔武王伐紂，有赤烏之祥，[4]君臣觀之，遂有天下，聖人書策載述最詳者，以爲近事既嘉，親見又明也。"[5]於是改年。步夫人卒,追贈皇后。初,權信任校事呂壹,[6]壹性苛慘,用法深刻。太子登數諫,權不納,大臣由是莫敢言。後壹姦罪發露伏誅,權引咎責躬,乃使中書郎袁禮告謝諸大將,[7]因問時事所當損益。禮還,復有詔責數諸葛瑾、步騭、朱然、呂岱等曰:"袁禮還,云與子瑜、子山、義封、定公相見,[8]並以時事當有所先後,[9]各自以不掌民事,不肯便有所陳,悉推之伯言、承明。[10]伯言、承明見禮,泣涕懇惻,辭旨辛苦,至乃懷執危怖,有不自安之心。聞此悵然,深自刻怪。[11]何者?夫惟聖人能無過行,明者能自見耳。人之舉厝,[12]何能悉中,獨當己有以傷拒衆意,[13]忽不自覺,故諸君有嫌難耳;不爾,何緣乃至於此乎?自孤興軍五十年,[14]所役賦凡百皆出於民。天下未定,孽類猶存,士民勤苦,誠所貫知。然勞百姓,事不得已耳,與諸君從事,自少至長,髮有二色,以謂表裏足以明露,公私分計,足用相保。盡言直諫,所望諸君,拾遺補闕,孤亦望之。昔衛武公年過志壯,[15]勤求輔弼,每獨歎責。[一]且布衣韋帶,[16]相與交結,分成好合,尚污垢不異。今日諸君與孤從事,雖君臣義存,猶謂骨肉不復是過。榮福喜戚,相與共之。忠不匿情,智無遺計,事統是非,[17]諸君豈得從容而已哉!同船濟水,將誰與易?齊桓諸侯之霸者耳,[18]有善管子未嘗不歎,[19]有過未嘗不諫,諫而不得,終諫不止。今孤自省無桓公之德,而諸君諫諍未出於口,仍執嫌難。以此言之,孤於齊桓良優,未知諸君於管子何如耳？久不相見，因事當笑。共定大業，整齊天下，當復有誰？凡百事要所當損益，樂聞異計，匡所不逮。"

〔一〕《江表傳》曰：權又云："天下無粹白之狐，而有粹白之裘，衆之所積也。夫能以駁致純，不惟積乎？故能用衆力，則無敵於天下矣；能用衆智，則無畏於聖人矣。"

［1］赤烏：吳大帝孫權年號（238—251）。

［2］鑄當千大錢：《通典·食貨·錢幣上》注："赤烏元年，鑄一當千大錢，徑一寸四分，重十六銖。"

［3］麒麟：百衲本作"騏驎"，殿本、盧弼《集解》本、校點本作"麒麟"。按，二者同，今從殿本等。麒麟，古代傳說中的一種動物。形狀像鹿，頭上有角，全身有麟甲，尾如牛尾。古人以爲仁獸、瑞獸。

［4］赤烏：《尚書大傳》卷二："武王伐紂，觀兵於孟津，有火流於王屋，化爲赤烏，三足。"

［5］又明：趙幼文《校箋》謂《册府元龜》卷一八八引"又"字作"文"。按宋本《册府元龜》亦作"又"。

［6］校事：官名。漢獻帝建安中曹操置，以地位較低之親信充任，負責監察百官及吏民，威權甚大。魏沿置。孫權黃武中則置典校，屬中書省，由中書郎充任，故亦稱中書典校、典校郎，負責審理諸官府及州郡文書，並監察群臣過失，後還發展到控制大臣案件的刑訊及處理。當時又稱此官爲校曹、校官。又因其與曹魏校事性質相似，後人所撰史書中，便有稱之爲校事者。

［7］中書郎：官名。漢代置，屬中書令。孫吳沿置，仍隸中書令。負責草擬詔書，並常被派出執行重要使命。　諸大將：趙幼文《校箋》謂《群書治要》引無"大"字，《建康實錄》作"諸大臣"。

［8］子瑜：諸葛瑾字子瑜。 子山：步騭字子山。 義封：朱然字義封。 定公：呂岱字定公。

［9］並以時事：盧弼《集解》謂《通鑑》卷七四魏明帝景初二年"並"下有"咨"字。

［10］伯言：陸遜字伯言。 承明：潘濬字承明。

［11］刻怪：責怪，責備。《後漢書》卷二九《申屠剛傳》："懷邪之臣，懼然自刻者也。"李賢注："刻，猶責也。"

［12］厝：百衲本、殿本、盧弼《集解》本作"厝"，校點本作"措"。按二字通，朱駿聲《說文通訓定聲·豫部》："厝，假借爲措。"今從百衲本等。

［13］己：殿本、盧弼《集解》本作"已"，百衲本、校點本作"己"。今從百衲本等。

［14］五十年：盧弼《集解》謂是時孫權年五十七，不得云軍興五十年。

［15］衛武公：西周末東周初之衛國國君。《國語·楚語下》楚左史倚相曰："昔衛武公年數九十有五矣，猶箴儆於國，曰：'自卿以下至於師長士，苟在朝者，無謂我老耄而舍我，必恭恪於朝，朝夕以交戒我；聞一二之言，必誦志而納之，以訓導我。'"

［16］布衣韋帶：指未仕者或平民。

［17］事統是非：胡三省云："言行事是，則君臣同其是；非，則同其非也。"（《通鑑》卷七四魏明帝景初二年注）

［18］齊桓：即齊桓公。春秋五霸中首次爲霸者。

［19］管子：即管仲。《史記》卷六二《管晏列傳》謂管仲爲齊桓公所用，"任政於齊，齊桓公以霸，九合諸侯，一匡天下，管仲之謀也"。

二年春［一］三月，遣使者羊衜、鄭胄、將軍孫怡之遼東，擊魏守將張持、高慮等，虜得男女。［二］零陵言甘露降。夏五月，城沙羡。冬十月，將軍蔣秘南討夷賊。秘所領都督廖式殺臨賀太守嚴綱等，[1]自稱平南將軍，與弟潛共攻零陵、桂陽，及搖動交州、蒼梧、鬱林諸郡，[2]衆數萬人。遣將軍呂岱、唐咨討之，歲餘皆破。

〔一〕《江表傳》載權正月詔曰：[3]"郎吏者，[4]宿衞之臣，古之命士也。[5]間者所用頗非其人。自今選三署皆依四科，[6]不得以虛辭相飾。"

〔二〕《文士傳》曰：胄字敬先，沛國人，[7]父（札）〔禮〕，[8]才學博達，權爲驃騎將軍，以（札）〔禮〕爲從事中郎，[9]與張昭、孫邵共定朝儀。胄其少子，有文武姿局，[10]少知名，舉賢良，[11]稍遷建安太守。[12]呂壹賓客於郡犯法，胄收付獄，考竟。[13]壹懷恨，後密譖胄。權大怒，召胄還，潘濬、陳表並爲請，得釋。後拜宣信校尉，[14]往救公孫淵，已爲魏所破，還遷執金吾。子豐，字曼季，有文學操行，與陸雲善，[15]與雲詩相往反。[16]司空張華辟，[17]未就，卒。

臣松之聞孫怡者，東州人，[18]非權之宗也。

[1]臨賀：郡名。孫權黃武五年（226）分蒼梧郡置，治所臨賀縣，在今廣西賀縣西南賀街。

[2]鬱林：郡名。治所布山縣，在今廣西桂平縣西南古城。

[3]載：盧弼《集解》本作"曰"，百衲本、殿本、校點本作"載"。今從百衲本等。

[4]郎：郎官的泛稱。西漢光祿勳的屬官郎中、中郎、侍郎、議郎等皆可稱爲郎，無定員，多至千餘人；東漢于光祿勳下又設有五官、左、右中郎將署，合稱三署，主管諸中郎、侍郎、郎中等，亦無定員，多達二千餘人；又尚書、黃門等機構亦設專職郎官。光

禄勳下之郎官，掌守衛皇宮殿廊門户，出充車騎扈從，備顧問應對，守衛陵園寢廟等，任滿一定期限，即可遷補内外官職，故郎官機構，實爲儲備官吏的機構。東漢時，舉孝廉者多爲郎官。

[5] 命士：古代受官爵之士稱命士。《禮記·内則》："由命士以上，父子皆異宫。"

[6] 三署：指東漢光禄勳下屬之五官、左、右三官署。三署均置中郎將分領郎官，皆掌宿衛。　四科：漢代選拔、考核官吏的四項標準。《漢書》卷九《元帝紀》：永光元年（前43）二月，"詔丞相、御史舉質樸、敦厚、遜讓、有行者，光禄歲以此科第郎、從官"。顔師古注："始令丞相、御史舉此四科人以擢用之。而見在郎及從官，又令光禄每歲依此科考校，定其第高下，用知其人賢否也。"至東漢，科目標準又有所不同。《後漢書》卷六一《黄瓊附琬傳》："舊制，光禄舉三署郎，以高功久次才德尤異者爲茂才四行。"李賢注："久次，謂久居官次也。"

[7] 沛國：王國名。治所相縣，在今安徽濉溪縣西北。

[8] 禮：各本皆作"札"。殿本《考證》陳浩曰："按《張昭傳》注引《吴録》曰：'昭與孫紹、滕胤、鄭禮等，採周、漢，撰定朝儀。''孫紹'此作'孫邵'，'鄭禮'此作'鄭札'，疑有一誤。"陳景雲《辨誤》則謂"礼"與"禮"爲古今字，"礼"又易誤作"札"。此"札"字應作"禮"。今從陳說改。下同。而"紹"與"邵"，字雖不同而音同，難定其是非，故兩存不改。

[9] 從事中郎：官名。東漢三公府及將軍府皆置，職參謀議，位在長史、司馬下。

[10] 姿局：殿本、盧弼《集解》本作"資局"，百衲本、校點本作"姿局"。今從百衲本等。姿局，才幹與器量。

[11] 賢良：漢代選舉科目之一。常與方正、文學等連稱，稱賢良方正、賢良文學。雖非歲舉，而常詔令諸王、公卿守相察舉。三國沿置，亦非常制。

[12] 建安：郡名。吴置於永安三年（260），治所建安縣，在

今福建建甌市南松溪南岸。趙一清《注補》云："孫休永安三年始立建安郡，是時尚爲會稽南部都尉地，不應先有建安之名。"

[13] 考竟：《釋名·釋喪制》云："獄死曰考竟。考得其情，竟其命於獄也。"

[14] 宣信校尉：官名。蜀漢、孫吳置。主要擔任出使任務。

[15] 陸雲：西晉吳郡人，曾爲清河內史。善文學，與兄陸機齊名。世稱"二陸"。（見《晉書》卷五四《陸雲傳》）

[16] 詩相往反：殿本、盧弼《集解》本作"詩詞往反"，百衲本、校點本作"詩相往反"。今從百衲本等。

[17] 司空：官名。西晉時第一品，與太尉、司徒並爲三公，爲名譽宰相，無實際職掌，多爲大臣加官。

[18] 東州：泛指東方某州。

　　三年春正月，詔曰："蓋君非民不立，民非穀不生。頃者以來，民多征役，歲又水旱，年穀有損，而吏或不良，[1]侵奪民時，以致饑困。自今以來，督軍郡守，其謹察非法，當農桑時，以役事擾民者，舉正以聞。"夏四月，大赦，詔諸郡縣治城郭，起譙樓，[2]穿塹發渠，以備盜賊。冬十一月，民饑，詔開倉廩以賑貧窮。[3]

　　四年春正月，大雪，平地深三尺，鳥獸死者大半。夏四月，遣衞將軍全琮略淮南，[4]決芍陂，[5]燒安城邸閣，[6]收其人民。威北將軍諸葛恪攻六安。[7]琮與魏將王淩戰于芍陂，中郎將秦晃等十餘人戰死。車騎將軍朱然圍樊，[8]大將軍諸葛瑾取柤中。[一][9]五月，太子登卒。是月，魏太傅司馬宣王救樊。[10]六月，軍還。閏月，大將軍瑾卒。秋八月，陸遜城邾。[11]

〔一〕《漢晉春秋》曰：零陵太守殷禮言於權曰：[12]"今天棄曹氏，喪誅累見，[13]虎爭之際而幼童蒞事。陛下身自御戎，取亂侮亡，[14]宜滌荆、揚之地，舉彊羸之數，使彊者執戟，羸者轉運，西命益州軍于隴右，[15]授諸葛瑾、朱然大衆，直指襄陽，[16]陸遜、朱桓别征壽春，大駕入淮陽，[17]歷青、徐，[18]襄陽、壽春因於受敵，長安以西務對蜀軍，許、洛之衆勢必分離；[19]掎角瓦解，[20]民必内應，將帥對向，或失便宜；一軍敗績，則三軍離心，便當秣馬脂車，陵蹈城邑，乘勝逐北，以定華夏。若不悉軍動衆，循前輕舉，則不足大用，易於屢退。民疲威消，時往力竭，非出兵之策也。"權弗能用之。

[1] 吏或不良：殿本、盧弼《集解》本無"或"字，百衲本、校點本有。今從百衲本等。

[2] 譙樓：百衲本"譙"字作"樵"，殿本、盧弼《集解》本、校點本作"譙"。按，二字通。《漢書》卷六九《趙充國傳》："爲塹壘木樵。"顏師古注："樵，與譙同。"今從殿本等。譙樓，城門上之瞭望樓。

[3] 賑：百衲本作"振"，殿本、盧弼《集解》本、校點本作"賑"。按，二字義同，《說文·手部》："振，舉救也。"今從殿本等。

[4] 淮南：郡名。治所壽春縣，在今安徽壽縣。

[5] 芍陂：在今安徽壽縣南，因淠水經白芍亭東與附近諸水積而成湖，故名。今安豐塘即其遺址。

[6] 安城：地名。在今安徽壽縣附近。　邸閣：官府儲存糧食、物資的倉庫。

[7] 威北將軍：官名。吳置。領兵。諸葛恪以招撫山越之功爲此官。

[8] 樊：城名。在襄陽縣北，與襄陽隔漢水相對。在今湖北襄陽市。

[9] 柤中：地區名。在今湖北南漳縣、宜城市蠻河流域一帶，土地肥沃，宜於耕種。錢劍夫《〈三國志〉標點本商榷》謂本書卷五六《朱然傳》裴注引《襄陽記》所說的"柤中"應移至此。

[10] 太傅：官名。曹魏時爲上公，位在三公上，第一品。掌善導，無常職，不常設。

[11] 邾：縣名。治所在今湖北黃州市西北。

[12] 殷禮：殿本作"殷札"，百衲本作"殷礼"，盧弼《集解》本、校點本作"殷禮"，今從《集解》本等。

[13] 喪誅：胡三省云："喪誅，謂魏累有大喪，蓋天誅也。"（《通鑑》卷七四魏邵陵厲公正始二年注）

[14] 取亂侮亡：謂奪取政治混亂的國家，侵侮將亡的國家。古文《尚書·仲虺之誥》："兼弱攻昧，取亂侮亡。"

[15] 益州軍：即蜀漢駐軍。　隴右：地區名。指隴山以西之地。約當今甘肅隴山、六盤山以西和黃河以東一帶。

[16] 直指：盧弼《集解》本作"直指"，百衲本、殿本、校點本作"指事"。殿本《考證》云："《通鑑》作'直指襄陽'。"今從《集解》本。

[17] 淮陽：殿本作"淮揚"，百衲本、盧弼《集解》本、校點本作"淮陽"。今從百衲本等。《通鑑》亦作"淮陽"。胡三省云："前漢之淮陽，後漢章帝改曰陳郡，此直謂淮水之陽耳。"則此淮陽，泛指淮水以北地區。

[18] 徐：州名。魏徐州刺史治所彭城縣，在今江蘇徐州市。

[19] 許：縣名。即許昌縣，治所在今河南許昌縣東。　洛：即洛陽縣，治所在今河南洛陽市東北白馬寺東。

[20] 瓦解：《通鑑》卷七四魏邵陵厲公正始二年作"並進"，於義較長。

五年春正月，立子和爲太子，大赦，改禾興爲嘉興。[1]百官奏立皇后及四王，[2]詔曰：“今天下未定，民物勞瘁，且有功者或未録，饑寒者尚未恤，猥割土壤以豐子弟，崇爵位以寵妃妾，孤甚不取。其釋此議。”三月，海鹽縣言黃龍見。[3]夏四月，禁進獻御，減太官膳。[4]秋七月，遣將軍聶友、校尉陸凱以兵三萬討珠崖、儋耳。[5]是歲大疫，有司又奏立后及諸王。八月，立子霸爲魯王。[6]

　　六年春正月，新都言白虎見。諸葛恪征六安。破魏將謝順營，收其民人。冬十一月，丞相顧雍卒。十二月，扶南王范旃遣使獻樂人及方物。[7]是歲，司馬宣王率軍入舒，[8]諸葛恪自皖遷于柴桑。

　　七年春正月，以上大將軍陸遜爲丞相。秋，宛陵言嘉禾生。[9]是歲，步騭、朱然等各上疏云：“自蜀還者，咸言〔蜀〕欲背盟與魏交通，[10]多作舟船，繕治城郭。又蔣琬守漢中，[11]聞司馬懿南向，不出兵乘虛以掎角之，反委漢中，還近成都。事已彰灼，無所復疑，宜爲之備。”權揆其不然，曰：“吾待蜀不薄，聘享盟誓，無所負之，何以致此？又司馬懿前來入舒，旬日便退，蜀在萬里，何知緩急而便出兵乎？昔魏欲入漢川，[12]此間始嚴，亦未舉動，會聞魏還而止，蜀寧可復以此有疑邪？又人家治國，[13]舟船城郭，何得不護？[14]今此間治軍，寧復欲以禦蜀邪？人言苦不可信，[15]朕爲諸君破（家）〔券〕保之。”[16]蜀竟自無謀，[17]如權所籌。〔一〕

〔一〕《江表傳》載權詔曰："督將亡叛而殺其妻子，是使妻去夫，子棄父，甚傷義教，自今勿殺也。"

[1] 嘉興：縣名。治所在今浙江嘉興市南。

[2] 百官奏：侯康《補注續》、梁章鉅《旁證》均引《藝文類聚》卷五一封爵部載吳胡綜《請立諸王表》作注。因文長，不轉錄。

[3] 海鹽縣：治所在今浙江平湖市東南乍浦鎮。

[4] 太官：官署名。掌宮廷膳食，由令、丞主之。

[5] 珠崖：郡名。漢武帝元鼎六年（前111）置，治所瞫都縣，在今海南瓊山市東南。漢元帝初元三年（前46）廢。吳增僅《三國郡縣表附考證》云："（朱崖郡）前漢舊郡，《晋志》吳赤烏五年復立。疑治徐聞。"徐聞縣治所在今廣東徐聞縣南。　儋耳：郡名。漢武帝元鼎六年置，治所儋耳縣，在今海南儋州市西北南灘。漢昭帝始元五年（前82）廢。錢大昭《辨疑》云："珠崖郡即於是年復置。其儋耳郡自漢昭帝既罷之後，不知復置於何時。吳郡陸凱赤烏中為儋耳太守。"

[6] 魯：郡名。治所魯縣，在今山東曲阜市東古城。按，魯郡為魏地，此乃空名虛封。

[7] 扶南：國名。轄境相當於今柬埔寨。

[8] 舒：東漢縣名。治所在今安徽廬江縣西南。吳增僅《三國郡縣表附考證》謂三國時舒地為魏吳兩境界上，"正始四年（吳赤烏六年）司馬懿率軍入舒，始為魏屯守處，未嘗置縣也"。

[9] 宛陵：縣名。治所在今安徽宣州市。

[10] 咸言蜀欲背盟：各本皆無"蜀"字。趙幼文《校箋》謂《太平御覽》卷一一八引有"蜀"字，《建康實錄》同。今從趙說補"蜀"字。又百衲本無"欲"字，殿本、盧弼《集解》本、校點本皆有。今從殿本等。

[11] 又蔣琬：趙幼文《校箋》謂《建康實錄》"又"下有

"前"字。

　　[12]漢川：此指漢中。本書卷九《曹真傳》謂魏太和四年（230）曹真欲伐蜀入漢中，當與司馬懿會於南鄭。後因大霖雨三十餘日，棧道斷絕而還軍。

　　[13]人家：別人，他人。

　　[14]護：百衲本作"獲"，殿本、盧弼《集解》本、校點本作"護"。今從殿本等。

　　[15]苦：殿本作"若"，百衲本、盧弼《集解》本、校點本作"苦"。今從百衲本等。

　　[16]券：各本作"家"。盧弼《集解》引沈家本曰："《御覽》作'券'。案'破家'非權所肯言，當從《御覽》作'破券'爲長。"趙幼文《校箋》謂《太平御覽》卷一一八引作"券"。《説文》曰："券別之書，以刀判契其旁。"段玉裁注："判，分也，契，刻也。兩家各一之書牘，分刻其旁，使可兩合以爲信。"即此破券之義。今從沈、趙説改。

　　[17]竟自：趙幼文《校箋》謂《建康實錄》無"自"字。《太平御覽》引同。

　　八年春二月，丞相陸遜卒。夏，雷霆犯宮門柱，又擊南津大橋楹。[1]茶陵縣鴻水溢出，[2]流漂居民二百餘家。秋七月，將軍馬茂等圖逆，夷三族。[一][3]八月，大赦。遣校尉陳勳將屯田及作士三萬人鑿句容中道，[4]自小其至雲陽西城，[5]通會市。作邸閣。

　　[一]《吳歷》曰：茂本淮南鍾離長，[6]而爲王淩所失，叛歸吳，吳以爲征西將軍、九江太守、外部督，[7]封侯，領千兵。權數出苑中，與公卿諸將射。茂與兼符節令朱貞、無難督虞欽、牙門將朱志等合計，[8]伺權在苑中，[9]公卿諸將在門未入，令貞持節

稱詔，悉收縛之；茂引兵入苑擊權，分據宮中及石頭塢，[10]遣人報魏。事覺，皆族之。

［1］南津：趙一清《注補》引《讀史方輿紀要》及胡氏説，謂南津在南京南秦淮水上，南津橋跨秦淮水南北岸以渡人，亦謂之南航。

［2］茶陵縣：治所在今湖南茶陵縣東。

［3］三族：指父族、母族、妻族。

［4］屯田：孫權仿照曹操推行之屯田制，亦在其境内推行。其屯田亦分軍屯和民屯兩種。此屯田，指屯田兵。《建康實録》卷二云："使校尉陳勳作屯田，發屯兵三萬鑿句容中道，至雲陽西城，以通吴、會船艦，號破崗瀆。" 句容：縣名。治所在今江蘇句容市。

［5］小其：地名。在今江蘇句容市東南。 雲陽：縣名。吴嘉禾三年以曲阿縣改名。治所在今江蘇丹陽市。此條水道，即《建康實録》所説的破崗瀆。它西起今句容市東南，西通赤山湖及秦淮河，東達洛陽河、通濟河，溝通了都城建業與太湖地區之水路運輸。

［6］鍾離：縣名。治所在今安徽鳳陽縣東北臨淮關。

［7］征西將軍：官名。東漢和帝時置，地位不高，與雜號將軍同。獻帝建安中曹操執政，列爲四征將軍之一，地位提高，秩二千石。孫吴亦置。 外部督：官名。孫吴置，領駐屯建業城外之營兵。

［8］符節令：官名。東漢秩六百石，位次御史中丞，掌銅虎符、竹使符，遣使授節等，職任頗重。 無難督：官名。孫吴置。統無難士，負責侍衛皇帝；亦外出征戰。又分置左、右部，稱無難左部督、無難右部督。地位頗重。 牙門將：官名。魏文帝黄初中置，爲統兵武職，位在裨將軍下。蜀漢、孫吴、兩晋亦置。魏、晋皆五品。

［9］苑中：殿本作"苑守"，百衲本、盧弼《集解》本、校點

本作"苑中"。今從百衲本等。

[10] 石頭塢:即石頭城。在今江蘇南京市西清涼山,建安十六年(211)孫權所建。

九年春二月,車騎將軍朱然征魏柤中,斬獲千餘。夏四月,武昌言甘露降。秋九月,以驃騎〔將軍〕步騭爲丞相,[1]車騎〔將軍〕朱然爲左大司馬,衛將軍全琮爲右大司馬,鎮南〔將軍〕呂岱爲上大將軍,[2]威北將軍諸葛恪爲大將軍。〔一〕

〔一〕《江表傳》曰:是歲,權詔曰:"謝宏往日陳鑄大錢,云以廣貨,故聽之。今聞民意不以爲便,其省息之,鑄爲器物,官勿復出也。私家有者,敕以輸藏,計畀其直,[3]勿有所枉也。"

[1] 驃騎將軍:及以下"車騎將軍""鎮南將軍",各本皆無"將軍"二字。錢大昭《辨疑》云:"此篇雖爲列傳,當從本紀之例,不可不謹嚴齊整也,'驃騎''車騎''鎮南'下皆當有'將軍'二字。"校點本即從錢説增,今從之。趙幼文《校箋》謂《建康實錄》"驃騎""車騎"下俱有"大將軍"三字,"鎮南"下有"將軍"二字。按本書《步騭傳》《朱然傳》騭爲驃騎將軍,然爲車騎將軍,皆無"大"字。

[2] 鎮南將軍:官名。漢獻帝初平中置。曹魏時位次四征將軍,領兵如征南將軍,第二品,多爲持節都督,出鎮方面。孫吳亦置。

[3] 畀(bì):百衲本作"卑",殿本、盧弼《集解》本、校點本作"畀"。今從殿本等。《爾雅·釋詁》:"畀,賜也。"郭璞注:"賜與也。"

十年春正月，右大司馬全琮卒。〔一〕二月，權適南宮。[1]三月，改作太初宮，諸將及州郡皆義作。〔二〕夏五月，丞相步騭卒。冬十月，赦死罪。

〔一〕《江表傳》曰：是歲權遣諸葛壹僞叛以誘諸葛誕，誕以步騎二萬迎壹於高山。[2]權出涂中，[3]遂至高山，潛軍以待之。誕覺而退。

〔二〕《江表傳》載權詔曰："建業宮乃朕從京來所作將軍府寺耳，[4]材柱率細，皆以腐朽，常恐損壞。今未復西，可徙武昌宮材瓦，更繕治之。"有司奏言曰："武昌宮已二十八歲，[5]恐不堪用，宜下所在通更伐致。"權曰："大禹以卑宮爲美，[6]今軍事未已，所在多賦，若更通伐，妨損農桑。徙武昌材瓦，自可用也。"

[1] 南宮：趙一清《注補》云："《方輿紀要》卷二十，南宮在秦淮上，吳太子宮也。吳大帝遷都建業，徙武昌宮室材瓦，繕太初宮。"

[2] 二萬：殿本、盧弼《集解》本、校點本作"一萬"，百衲本作"二萬"，郝經《續後漢書》亦作"二萬"。今從百衲本。高山：趙一清《注補》云："滁州高山，惟州西北二十里清流山最爲險峻，南唐於此置清流關，今行旅猶稱曰關山，疑是史所謂涂中高山也。"按，滁州，即今安徽滁州市。清流山，在今滁州市西北。

[3] 涂中：地區名。指今安徽、江蘇境內之滁水流域。

[4] 京：城名。即京口城，又稱京邑。建安中孫權徙居京口，命曰京城。在今江蘇鎮江市。

[5] 二十八歲：孫權於延康元年八月建武昌城，至赤烏十年爲二十八虛年。

[6] "大禹"句：《論語·泰伯》子曰："禹，吾無間然矣"，

"卑宮室而盡力乎溝洫。禹,吾無間然矣"。

十一年春正月,朱然城江陵。二月,地仍震。〔一〕三月,宮成。[1]夏四月,雨雹,雲陽言黃龍見。五月,鄱陽言白虎仁。〔二〕詔曰:"古者聖王積行累善,脩身行道,以有天下,故符瑞應之,所以表德也。朕以不明,何以臻茲?《書》云'雖休勿休',[2]公卿百司,其勉脩所職,以匡不逮。"

〔一〕《江表傳》載權詔曰:"朕以寡德,過奉先祀,蒞事不聰,獲譴靈祇,夙夜祇戒,若不終日。羣僚其各厲精,思朕過失,勿有所諱。"

〔二〕《瑞應圖》曰:[3]白虎仁者,王者不暴虐,則仁虎不害也。

[1] 宮:指太初宮。
[2] 雖休勿休:《尚書·呂刑》之辭。孔傳曰:"雖見美,勿自謂有美德。"
[3] 瑞應圖:《隋書·經籍志》子部五行類著錄有《瑞應圖》三卷。未知作者、時代。

十二年春三月,左大司馬朱然卒。四月,有兩烏銜鵲墮東館[1]。丙寅,驃騎將軍朱據領丞相。燎鵲以祭。〔一〕

〔一〕《吳錄》曰:六月戊戌,寶鼎出臨平湖。[2]八月癸丑,白鳩見於章安。

［1］東館：趙幼文《校箋》謂《太平御覽》卷九二一、《事類賦》卷一九引"館"字作"觀"。按《宋書·五行志三》《晉書·五行志中》俱作"館"。

［2］臨平湖：在今浙江杭州市餘杭區臨平鎮南。原周圍十里，今多淤廢，僅存小河，爲上塘河所經。

十三年夏五月，日至，[1]熒惑入南斗，[2]秋七月，犯魁第二星而東。[3]八月，丹楊、句容及故鄣、寧國諸山崩，[4]鴻水溢。詔原逋責，給貸種食。廢太子和，處故鄣。魯王霸賜死。冬十月，魏將文欽僞叛以誘朱異，權遣呂據就異以迎欽。異等持重，欽不敢進。十一月，立子亮爲太子。遣軍十萬，作堂邑涂塘以淹北道。[5]十二月，魏大將（軍）王昶圍南郡，[6]荊州刺史王基攻西陵。[7]遣將軍戴烈、陸凱往拒之，皆引還。〔一〕[8]是歲，神人授書，告以改年、立后。

〔一〕庾闡《揚都賦》注曰：[9]烽火以炬置孤山頭，皆緣江相望，或百里，或五十、三十里，寇至則舉以相告，一夕可行萬里。孫權時合暮舉火於西陵，[10]鼓三，[11]竟達吳郡南沙。[12]

［1］日至：指夏至或冬至。此指夏至。古人認爲，天行赤道，日行赤道南北，於夏至運行到極北之處，於冬至運行到極南之處，故稱日至。夏至日照最長，故又稱長至；冬至日照最短，又稱短至。

［2］熒惑：星名。即火星。　南斗：星名。即斗宿，有星六顆。在北斗星以南，形似斗，故稱。

［3］魁：星名。爲北斗七星之第一星至第四星。《太平御覽》

卷五引《春秋運斗樞》曰："北斗七星，第一天樞，第二璇，第三璣，第四權，第五玉衡，第六開陽，第七搖光。第一至第四爲魁，第五至第七爲杓。"

［4］丹楊：縣名。治所在今安徽當塗縣東北小丹陽鎮。　故鄣：縣名。治所在今浙江安吉縣北安城鎮西北。　寧國：縣名。治所在今安徽寧國縣西南。

［5］堂邑：縣名。治所在今江蘇六合縣北。三國時，先屬魏廣陵郡，後爲魏、吳境上地。吳築涂塘後又屬吳。　涂塘：在今六合縣西北滁河上。

［6］大將：各本皆作"大將軍"。盧弼《集解》云："是時王昶爲征南將軍，非大將軍也。《魏志・齊王紀》及《昶傳》可證。"今從盧説刪"軍"字。

［7］荆州：魏正始中及其後，刺史治所新野縣，在今河南新野縣。

［8］引還：實被王昶所破而還。見本書卷四《齊王芳紀》及卷二七《王昶傳》。

［9］庾闡：《晉書》卷九二《庾闡傳》謂東晉初曾爲散騎侍郎，領大著作。"作《揚都賦》，爲世所重。年五十四卒，謚曰貞，所著詩賦銘頌十卷行於世"。

［10］合暮：殿本作"令暮"，百衲本、盧弼《集解》本、校點本作"合暮"。今從百衲本等。

［11］鼓三：即三鼓。漢代以來，古人將一夜分爲五個時段。《顔氏家訓・書證》云："漢、魏以來，謂爲甲夜、乙夜、丙夜、丁夜、戊夜，又云（鼓）一鼓、二鼓、三鼓、四鼓、五鼓，亦云一更、二更、三更、四更、五更，皆以五爲節。"

［12］南沙：地名。《宋書・州郡志一》謂南沙本吳縣司鹽都尉署，晉成帝咸康七年（341）罷鹽署，立以爲南沙縣。其地在今江蘇常熟市西北。

太元元年夏五月,[1]立皇后潘氏,大赦,改年。初臨海羅陽縣有神,[2]自稱王表。〔一〕周旋民間,語言飲食,與人無異,然不見其形。又有一婢,名紡績。是月,遣中書郎李崇齎輔國將軍羅陽王印綬迎表。[3]表隨崇俱出,與崇及所在郡守令長談論,崇等無以易。所歷山川,輒遣婢與其神相聞。秋七月,崇與表至,權於蒼龍門外爲立第舍,[4]數使近臣齎酒食往。表説水旱小事,往往有驗。〔二〕秋八月朔,大風,江海涌溢,平地〔水〕深八尺,[5]吳高陵松柏斯拔,[6]郡城南門〔瓦〕飛落。[7]冬十一月,大赦。權祭南郊還,寢疾。〔三〕十二月,驛徵大將軍恪,拜爲太子太傅。[8]詔省徭役,減征賦,除民所患苦。

〔一〕《吳録》曰:羅陽今安固縣。
〔二〕孫盛曰:盛聞國將興,[9]聽於民;國將亡,聽於神。權年老志衰,讒臣在側,廢嫡立庶,[10]以妾爲妻,可謂多涼德矣。[11]而僞設符命,求福妖邪,將亡之兆,不亦顯乎!
〔三〕《吳録》曰:權得風疾。

[1]太元:吳大帝孫權年號(251-252)。
[2]臨海:郡名。吳太平二年(257)置,治所臨海縣,在今浙江臨海市;後移治章安縣,在今臨海市東南章安鎮。錢大昭《辨疑》云:"考《三嗣主傳》,太平二年分會稽東部爲臨海郡,吳大帝時尚未有此郡,蓋追書之耳。" 羅陽縣:吳置,治所在今浙江瑞安市。
[3]輔國將軍:官名。名號將軍,漢獻帝建安元年(196)置。三國沿置。
[4]蒼龍門:吳建業太初宫之東門。

[5] 深八尺：趙幼文《校箋》謂《晉書·五行志》"深"上有"水"字。按，《宋書·五行志五》亦有"水"字。今據補。
　　[6] 高陵：孫堅之陵墓。
　　[7] 南門瓦飛落：各本無"瓦"字。趙幼文《校箋》謂《晉書·五行志》"南"字作"兩"，"門"下有"瓦"字，《建康實錄》同。按，百衲本、殿本、校點本之《晉書·五行志》皆無"瓦"字。校點本《校勘記》云："《御覽》八七六引本志'飛落'上有'瓦'字。"今據《建康實錄》卷二、《太平御覽》卷八七六補"瓦"字。
　　[8] 太子太傅：官名。東漢時秩中二千石，掌輔導太子，不領東宮官屬及庶務，諸屬官由太子少傅主之。太子對太傅執弟子禮，太傅不稱臣。孫吳亦置。
　　[9] 國將興：《左傳·莊公三十二年》：史囂曰："吾聞之：國將興，聽於民；將亡，聽於神。"
　　[10] 嫡：百衲本、盧弼《集解》本作"適"，殿本、校點本作"嫡"。按二字通，今從殿本等。
　　[11] 涼德：薄德。《說文·水部》："涼，薄也。"段玉裁注："引申爲凡薄之稱。"

　　二年春正月，立故太子和爲南陽王，[1]居長沙；子奮爲齊王，[2]居武昌；子休爲琅邪王，[3]居虎林。[4]二月，大赦，改元爲神鳳。[5]皇后潘氏薨。諸將吏數詣王表請福，表亡去。夏四月，權薨，時年七十一，諡曰大皇帝。秋七月，葬蔣陵。〔一〕[6]

　　〔一〕《傅子》曰：孫策爲人明果獨斷，勇蓋天下，以父堅戰死，少而合其兵將以報讎，轉鬪千里，盡有江南之地，誅其名豪，威行鄰國。及權繼其業，有張子布以爲腹心，[7]有陸議、諸葛瑾、步騭以爲股肱，[8]有呂範、朱然以爲爪牙，分任授職，乘間伺隙，兵不妄動，故戰少敗而江南安。

［1］南陽：郡名。治所宛縣，在今河南南陽市。按南陽及以下之齊、琅邪，皆魏國地，此乃虛名之封。

［2］齊：郡名。治所臨菑縣，在今山東淄博市東北臨淄鎮北。

［3］琅邪：郡名。治所開陽縣，在今山東臨沂市北。

［4］虎林：城名。吳於此置督戍守。在今安徽貴池市西北長江南岸。

［5］神鳳：吳大帝年號（252）。沈家本《瑣言》云：“是年改元爲神鳳，則此文二年當改書神鳳元年，乃仍承太元稱二年，似於史例不合。”

［6］蔣陵：潘眉《考證》云：“《藝文類聚》引山謙之《丹陽記》，孫權葬蔣山南，因山爲名，號曰蔣陵。蔣山即鍾山。”鍾山，在今南京市東面中山門外。

［7］張子布：張昭字子布。

［8］陸議：盧弼《集解》本作“陸遜”，百衲本、殿本、校點本作“陸議”。今從百衲本等。陸遜本名議。

評曰：孫權屈身忍辱，任才尚計，有句踐之奇，[1]英人之傑矣。故能自擅江表，成鼎峙之業。然性多嫌忌，[2]果於殺戮，暨臻末年，彌以滋甚。至于讒說殄行，胤嗣廢斃，〔一〕豈所謂貽厥孫謀以燕翼子者哉？[3]其後葉陵遲，遂致覆國，未必不由此也。〔二〕

〔一〕馬融注《尚書》曰：[4]殄，絶也，絶君子之行。

〔二〕臣松之以爲孫權橫廢無罪之子，雖爲兆亂，然國之傾覆，自由暴晧。若權不廢和，晧爲世適，[5]終至滅亡，有何異哉？

此則喪國由於昏虐，不在於廢黜也。設使亮保國祚，休不早死，則晧不得立。晧不得立，則吳不亡矣。

[1]句踐：春秋末越國國君。曾被吳王夫差大敗，屈服求和後，臥薪嘗膽，刻苦圖强，任用范蠡、文種等人整頓國政，終於轉弱爲强，滅亡吳國。(見《史記》卷四一《越王句踐世家》)

[2]然：百衲本無"然"字，殿本、盧弼《集解》本、校點本有。今從殿本等。

[3]貽厥孫謀以燕翼子：《詩·大雅·文王有聲》："詒厥孫謀，以燕翼子。"詒，通"貽"，留下。孫，音義同"遜"，順。燕，安定。翼，庇護。

[4]尚書：此《尚書》指《尚書·堯典》。

[5]適：通"嫡"。

三國志 卷四八

吳書三

三嗣主傳第三

孫亮字子明，權少子也。權春秋高，而亮最少，故尤留意。姊全公主嘗譖太子和子母，[1]心不自安，[2]因倚權意，欲豫自結，數稱述全尚女，勸爲亮納。赤烏十三年，[3]和廢，權遂立亮爲太子，以全氏爲妃。

太元元年夏，[4]亮母潘氏立爲皇后。冬，權寢疾，徵大將軍諸葛恪爲太子太傅，[5]會稽太守滕胤爲太常，[6]並受詔輔太子。明年四月，權薨，太子即尊號，大赦，改元。[7]是歲，於魏嘉平四年也。[8]

〔建興元年〕閏月，[9]以恪爲帝太傅，[10]胤爲衞將軍、領尚書事，[11]上大將軍呂岱爲大司馬，[12]諸文武在位皆進爵班賞，冗官加等。[13]冬十月，太傅恪率軍遏巢湖，巢音祖了反。城東興，[14]使將軍全端守西城，都尉留略守東城。十二月朔丙申，大風雷電，魏使將軍諸葛誕、胡遵等步騎七萬圍東興，將軍王昶攻南郡，[15]毌丘儉向武昌。[16]甲寅，恪以大兵赴敵。戊午，兵及東興，交戰，大破魏軍，殺將軍韓綜、桓嘉等。是月，雷雨，天災武昌端門；改作端門，又災内殿。〔一〕

〔一〕臣松之案：孫權赤烏十年，詔徙武昌宮材瓦，以繕治建康宮，而此猶有端門内殿。

《吳錄》云：諸葛恪有遷都意，更起武昌宮。今所災者恪所新作。

[1] 全公主：孫權步夫人之長女，名魯班，字大虎。先配周瑜子循，後配全琮。故稱全公主。

[2] 心不自安：殿本、盧弼《集解》本作"心自不安"，百衲本、校點本作"心不自安"。今從百衲本等。

[3] 赤烏：吳大帝孫權年號（238—251）。

[4] 太元：吳大帝孫權年號（251—252）。

[5] 大將軍：官名。東漢時常兼錄尚書事，與太傅、太尉等共同主持政務。漢末位在三公上。三國時權任稍減。吳又別置上大將軍居其上。　太子太傅：官名。東漢時秩中二千石，掌輔導太子，不領東宮官屬及庶務，諸屬官由太子少傅主之。太子對太傅執弟子禮，太傅不稱臣。

[6] 會稽：郡名。治所山陰縣，在今浙江紹興市。　太常：官名。東漢時仍爲列卿之首，秩中二千石。掌禮儀祭祀，選試博士等。三國沿置。

[7] 改元：徐紹楨《質疑》謂蕭常《續後漢書》、郝經《續後漢書》"改元"之下並有"建興"二字。疑所見《三國志》本如此，後乃傳錄脱去耳。趙幼文《校箋》謂《太平御覽》卷一一八引"改元"下有"建興元年"四字。按本卷後之《孫休傳》《孫晧

傳》"改元"下亦未書年號。又郝經《續後漢書·孫晧傳》"改元"下亦未書年號。

　　[8] 嘉平：魏少帝齊王曹芳年號（249—254）。

　　[9] 建興元年：各本皆無此四字。錢大昕云："是年二月，權改元神鳳，及亮即位，改元建興。此傳'閏月'之上，當有'建興元年'四字，以《孫休傳》書'永安元年冬十月'、《孫晧傳》書'元興元年八月'例之，可見。"（《廿二史考異》卷一七）盧弼《集解》引何焯說亦同。校點本即從何、錢說增"建興元年"四字。今從之。建興，吳會稽王孫亮年號（252—253）。　閏月：即閏四月。

　　[10] 太傅：官名。東漢時爲上公，如兼錄尚書事，則行宰相職權。三國沿置，仍爲上公。

　　[11] 衛將軍：官名。東漢時位次大將軍、驃騎將軍、車騎將軍，位亞三公，開府置官屬。曹魏沿置，位在諸名號將軍上。第二品。孫吳亦置。　領尚書事：職銜名。即以他官兼領尚書政事，參與政務。東漢稱錄尚書事。孫吳亦有此職。

　　[12] 上大將軍：官名。孫吳置，與大將軍並置，位皆在三公上。而上大將軍又在大將軍上。　大司馬：官名。東漢初改大司馬爲太尉，爲三公之一。漢靈帝時，又與太尉並置，而位在三公上。三國因之，號上公，皆爲高級將帥，不預政務。吳一度分置左、右。

　　[13] 冗官：有班位而無固定職事之散官。

　　[14] 東興：地名。在今安徽巢湖市東南裕溪河東岸。此地即古濡須口，亦稱栅江口。胡三省云："今栅江口有兩山，濡須山在和州界，謂之東關，七寶山在無爲軍界，謂之西關，兩山對峙，中爲石梁，鑿石通水。"（《通鑑》卷七五魏邵陵厲公嘉平四年注）下文所説的"西城"與"東城"即在東關與西關。

　　[15] 南郡：孫吳南郡治所公安縣，在今湖北公安縣西北。

　　[16] 武昌：郡名。治所武昌縣，在今湖北鄂州市。

　　　　二年春正月丙寅，立皇后全氏，大赦。庚午，王昶等皆退。二月，軍還自東興，大行封賞。三月，恪率軍伐魏。夏四月，圍新城，[1]大疫，兵卒死者大半。[2]秋八月，恪引軍還。冬十月，大饗。武衛將軍孫峻伏兵殺恪於殿堂。[3]大赦。以峻爲丞相，封富春侯。[4]十一月，有大鳥五見于春申，[5]（明年改）〔改明年〕元。[6]

[1] 新城：指合肥新城，在今安徽合肥市西北。
[2] 大半：百衲本作"太半"，殿本、盧弼《集解》本、校點本作"大半"。今從殿本等。
[3] 武衛將軍：官名。漢獻帝建安中曹操置武衛中郎將，曹丕代漢後改爲武衛將軍。掌禁軍，第四品，權任甚重。孫吳亦置，權任亦重。
[4] 富春：吳侯國名。治所在今浙江富陽市。
[5] 春申：地名。趙一清《注補》云："春申，本以蘄春、申息得名。至（黃歇）徙江東，城故吳虛，則今蘇州也。"蘇州，即今江蘇蘇州市。
[6] 改明年元：各本皆作"明年改元"。陳景云《辨誤》云："亮之改元，若果以明年，不必先記於是歲，當作'改明年元'。如孫權黃龍三年會稽言嘉禾生，'改明年元'；又孫晧建衡三年'西苑言鳳凰集，改明年元'是也。"校點本即從《辨誤》說改爲"改明年元"。今從之。

　　五鳳元年夏，[1]大水。秋，吳侯英謀殺峻，[2]覺，英自殺。冬十一月，星孛于斗、牛。〔一〕[3]

〔一〕《江表傳》曰：是歲交阯稻草化爲稻。[4]

［1］五鳳：吳會稽王孫亮年號（254—256）。

［2］吳：侯國名。治所在今江蘇蘇州市。

［3］孛（bèi）：即孛星，彗星。《史記·天官書》："星孛於河戍。"司馬貞《索隱》："音佩，即孛星也。" 斗：星名。二十八宿之一，北方玄武七宿之第二宿，有星六顆，又稱牽牛。《宋書·天文志一》云："吳主孫亮五鳳元年，斗、牛，吳、越分。案占，'有兵喪，除舊布新之象也'。"

［4］交阯：郡名。治所龍編縣，在今越南河內東天德江北岸。

二年春正月，魏鎮東將軍毌丘儉、前將軍文欽以淮南之衆西入，[1]戰于樂嘉。[2]閏月壬辰，峻及驃騎將軍吕據、左將軍留贊率兵襲壽春，[3]軍及東興，聞欽等敗。壬寅，兵進于橐皋，[4]欽詣峻降，淮南餘衆數萬口來奔。魏諸葛誕入壽春，峻引軍還。二月，及魏將軍曹珍遇于高亭，[5]交戰，珍敗績。留贊爲誕別將蔣班所敗于菰陂，[6]贊及將軍孫楞、蔣脩等皆遇害。三月，使鎮南將軍朱異襲安豐，[7]不克。秋七月，將軍孫儀、張怡、林恂等謀殺峻，發覺，儀自殺，恂等伏辜。陽羨離里山大石自立。[8]使衞尉馮朝城廣陵，[9]拜將軍吳穰爲廣陵太守，留略爲東海太守。[10]是歲大旱。十二月，[11]作太廟。[12]以馮朝爲監軍使者，[13]督徐州諸軍事，[14]民饑，軍士怨畔。

［1］鎮東將軍：校點本作"鎮東大將軍"，百衲本、殿本、盧弼《集解》均作"鎮東將軍"；又本書卷二八《毌丘儉傳》亦謂毌丘儉止爲鎮東將軍。今從百衲本等。魏鎮東將軍第二品，位次四征將軍，領兵如征東將軍，多爲持節都督，出鎮方面。 前將軍：官

名。在漢代，與後、左、右將軍皆位如上卿，掌京師兵衛與邊防屯警。魏晉亦置，第三品。權位漸低，略高於一般雜號將軍，不典禁兵，不與朝政。　淮南：郡名。治所壽春縣，在今安徽壽縣。

[2] 樂嘉：西漢時爲汝南郡之博陽侯國，王莽時改名樂嘉（今本《漢書》作"樂家"）。東漢時雖未設縣，樂嘉之名卻一直保存。其地在今河南商水縣東南。

[3] 驃騎將軍：官名。東漢時位比三公，地位尊崇。魏、晉沿置，居諸名號將軍之首，僅作爲軍府名號，加授大臣、重要州郡長官，無具體職掌，第二品。開府者位從公，第一品。孫吳亦置。　左將軍：官名。東漢時位如上卿，與前、後、右將軍掌京師兵衛和邊防屯警。魏、晉亦置，第三品。權位漸低，略高於一般雜號將軍，不典禁兵，不與朝政，僅領兵征戰。孫吳亦置。

[4] 橐皋：西漢縣名。治所在今安徽巢湖市西北柘皋鎮。東漢廢。

[5] 高亭：地名。謝鍾英《補三國疆域志補注》云："當與橐皋相近。"

[6] 菰陂：地名。當在橐皋附近。

[7] 鎮南將軍：官名。漢獻帝初平中置。曹魏時位次四征將軍，領兵如征南將軍，第二品，多爲持節都督，出鎮方面。孫吳亦置。　安豐：郡名。魏置，治所安風縣，在今安徽霍邱縣西南。

[8] 陽羨：縣名。治所在今江蘇宜興市南荊溪南岸。　離里山：在今宜興市西南。吳改名爲國山。潘眉《考證》則謂"離里山"當作"離墨山"，並引沈敕《荊溪外紀》與慎蒙《名山紀勝》爲證。

[9] 衛尉：官名。東漢時秩中二千石，列卿之一，掌宮門及宮中警衛。三國沿置。　廣陵：郡名。東漢時治所廣陵縣，在今江蘇揚州市西北蜀岡上。魏初移治所於淮陰縣，在今江蘇淮陰市甘羅城；後又復移治所於廣陵縣。（本吳增僅《三國郡縣表附考證》）吳五鳳二年廣陵縣屬吳，吳又因縣而置郡，以吳穰爲太守。

[10] 東海：郡名。治所郯縣，在今山東郯城縣北。按，東海郡爲魏地，此乃虛名遙領。

[11] 十二月：按史例，"十二月"前當有"冬"字。

[12] 作太廟：《通鑑》卷七六魏高貴鄉公正元二年云："初，吳大帝不立太廟，以武烈嘗爲長沙太守，立廟於臨湘，使太守奉祠而已。"

[13] 監軍使者：臨時差遣督軍務之使職。東漢或置。孫吳亦置。

[14] 徐州：魏刺史治所彭城縣，在今江蘇徐州市。

太平元年春〔一〕二月朔，[1]建業火。[2]峻用征北大將軍文欽計，[3]將征魏。八月，[4]先遣欽及驃騎〔將軍〕呂據、車騎〔將軍〕劉纂、鎮南〔將軍〕朱異、前將軍唐咨軍自江都入淮、泗。[5]九月丁亥，峻卒，以從弟偏將軍綝爲侍中、武衛將軍，[6]領中外諸軍事，[7]召還據等。〔據〕聞綝代峻，[8]大怒。己丑，大司馬呂岱卒。壬辰，太白犯南斗。[9]據、欽、咨等表薦衛將軍滕胤爲丞相，綝不聽。癸卯，更以胤爲大司馬，代呂岱駐武昌。據引兵還，欲討綝。綝遣使以詔書告喻欽、咨等，使取據。冬十月丁未，遣孫憲及丁奉、施寬等以舟兵逆據於江都，遣將軍劉丞督步騎攻胤。胤兵敗夷滅。己酉，大赦，改年。辛亥，獲呂據於新州。[10]十一月，以綝爲大將軍、假節，[11]封（永康侯）〔永寧侯〕。[12]孫憲與將軍王惇謀殺綝，事覺，綝殺惇，迫憲令自殺。十二月，使五官中郎將刁玄告亂于蜀。[13]

〔一〕《吳歷》曰：正月，爲權立廟，稱太祖廟。

［1］太平：吴會稽王孫亮年號（256—258）。

［2］建業：縣名。吴都，治所在今江蘇南京市。

［3］征北大將軍：官名。吴置，以文欽爲之，率軍伐魏。

［4］八月：按史例，"八月"前當有"秋"字。

［5］"驃騎將軍"至"鎮南將軍"：各本皆無"將軍"二字。錢大昭《辨疑》云："《三嗣主傳》太平元年'驃騎吕據''車騎劉纂''鎮南朱異'，永安七年'鎮軍陸抗''撫軍步協'，亦不應省'將軍'二字。"校點本即從錢説增加"將軍"二字。今從之。江都：漢縣名。治所在今江蘇揚州市西南。三國廢。　淮泗：淮水與泗水。泗水源於今山東泗水縣東蒙山南麓，西流經泗水、曲阜、兗州等縣市，折南經濟寧市南魯鎮及魚臺縣東，轉東南流經江蘇沛縣及徐州市，此下略循廢黃河至淮陰市西南入淮河。

［6］偏將軍：官名。雜號將軍中地位較低者。　侍中：官名。曹魏時爲門下侍中寺長官。職掌門下衆事，侍從左右，顧問應對，拾遺補闕，與散騎常侍、黃門侍郎等共平尚書奏事。孫吴亦置。

［7］中外諸軍事：官名。即"都督中外諸軍事"之簡稱。職掌禁衛軍、地方軍在内的内外諸軍，爲全國最高軍事統帥，權力極大，不常設。

［8］據聞綝代峻：各本皆無"據"字。趙一清《注補》云："'聞'字上落一'據'字。蓋不伏者爲一吕據，故綝遣告欽、咨二人取之，而據獨受其敗也。"校點本即從趙説增"據"字。今從之。

［9］太白：星名。即金星。又名啓明、長庚。《漢書·天文志》云："太白，兵象也。"　南斗：星名。即斗宿，二十八宿之一，北方玄武七宿的第一宿，有星六顆，形似斗，因在北斗星以南，故稱南斗。

［10］新州：長江中之島名。在今江蘇鎮江市西長江中。趙一清《注補》云："《方輿紀要》卷二十，新州今之珠金沙也，在江

寧府北四十里。一云在京口西大江中。一清案：吕據及孫綝《傳》皆有逆據江都之文，則謂在京口西者近是也。"今從趙説。

[11] 假節：漢末三國時期皇帝賜予臣下的一種權力。至晉代，此種權力明確爲因軍事可殺犯軍令者。

[12] 永寧侯：各皆作"永康侯"。本書卷六四《孫綝傳》謂綝封爲永寧侯。校點本即據《孫綝傳》改爲"永寧侯"。今從之。永陵，吴侯國名。治所在今浙江温州市。

[13] 五官中郎將：官名。漢代主管五官郎，職掌宿衛殿門，出充車騎，屬光禄勳，不置僚屬，秩比二千石。漢末曹丕爲此官，置僚屬。孫吴亦置，仍領郎署。

二年春二月甲寅，大雨，震電。乙卯，雪，大寒。以長沙東部爲湘東郡，[1] 西部爲衡陽郡，[2] 會稽東部爲臨海郡，[3] 豫章東部爲臨川郡。[4] 夏四月，亮臨正殿，大赦，始親政事。綝所表奏，多見難問，又科兵子弟年十八已下十五已上，[5] 得三千餘人，選大將子弟年少有勇力者爲之將帥。亮曰："吾立此軍，欲與之俱長。"日於苑中習焉。[6]〔一〕

〔一〕《吴歷》曰：亮數出中書視孫權舊事，[7] 問左右侍臣："先帝數有特制，[8] 今大將軍問事，但令我書可邪！"[9] 亮後出西苑，方食生梅，使黄門至中藏取蜜漬梅，[10] 蜜中有鼠矢，召問藏吏，藏吏叩頭。亮問吏曰："黄門從汝求蜜邪？"吏曰："向求，實不敢與。"黄門不服，侍中刁玄、張邠啓："黄門、藏吏辭語不同，請付獄推盡。"[11] 亮曰："此易知耳。"令破鼠矢，矢裏燥。亮大笑謂玄、邠曰："若矢先在蜜中，中外當俱濕，今外濕裏燥，必是黄門所爲。"黄門首服，左右莫不驚悚。

《江表傳》曰：亮使黄門以銀椀并蓋就中藏吏取交州所獻甘

蔗錫。黃門先恨藏吏，以鼠矢投錫中，啓言藏吏不謹。亮呼吏持錫器入，問曰："此器既蓋之，且有掩覆，無緣有此，黃門將有恨於汝邪？"吏叩頭曰："嘗從某求宮中莞席，[12]宮席有數，不敢與。"亮曰："必是此也。"覆問黃門，具首伏。即於目前加髡鞭，斥付外署。

臣松之以爲鼠矢新者，亦表裏皆濕。黃門取新矢則無以得其姦也，緣遇燥矢，故成亮之慧。[13]然猶謂《吳歷》此言，不如《江表傳》爲實也。

[1] 長沙：郡名。治所臨湘縣，在今湖南長沙市。　湘東郡：治所酃縣，在今湖南衡陽市東。

[2] 衡陽郡：治所湘南縣，在今湖南湘潭縣南。

[3] 臨海郡：治所臨海縣，在今浙江臨海市；後又移治章安縣，在今臨海市東南章安鎮。

[4] 豫章：郡名。治所南昌縣，在今江西南昌市。　臨川郡：治所臨汝縣，在今江西臨川市西。

[5] 科：考較選擇。　兵：孫吳亦施行世兵制，即兵家子孫世代爲兵，没有特令不能脱離兵籍。

[6] 苑：百衲本作"菀"，殿本、盧弼《集解》本、校點本作"苑"。按，二字通，今從殿本等。《漢書》卷八六《王嘉傳》"詔書罷苑"，顔師古注："菀，古苑字。"

[7] 中書：官署名。即中書省。掌管機要，出納政令章奏，草擬詔令。監、令爲其長官。

[8] 特制：胡三省云："謂特出上意，以手詔宣行也。"（《通鑑》卷七七魏高貴鄉公甘露二年注）

[9] 書可：胡三省云："書可，畫可也。"（《通鑑》卷七七魏高貴鄉公甘露二年注）　邪：百衲本作"雅"，殿本、盧弼《集解》本、校點本作"邪"。今從殿本等。

[10]黃門:指小黃門等宦官。 中藏:官署名。即中藏府。東漢名義上屬少府,掌宮中幣帛金銀諸貨。有令、丞主之。

[11]推盡:趙幼文《校箋》謂《太平御覽》卷一一八引無"盡"字,《事類賦》卷二六引"盡"字作"問"。按郝經《續後漢書》"盡"字作"竟",二字義同,《廣雅·釋詁四》:"竟,窮也。"

[12]莞(guān)席:莞草(蒲草)織的席。

[13]慧:百衲本作"惠",殿本、盧弼《集解》本、校點本作"慧"。今從殿本等。

五月,魏征東大將軍諸葛誕以淮南之眾保壽春城,[1]遣將軍朱成稱臣上疏,又遣子靚、長史吳綱諸牙門子弟為質。[2]六月,使文欽、唐咨、全端等步騎三萬救誕。[3]朱異自虎林率眾襲夏口,[4]夏口督孫壹奔魏。[5]秋七月,綝率眾救壽春,次於鑊里,[6]朱異至自夏口,綝使異為前部督,[7]與丁奉等將介士五萬解圍。八月,會稽南部反,[8]殺都尉。[9]鄱陽、新都民為亂,[10]廷尉丁密、步兵校尉鄭胄、將軍鍾離牧率軍討之。[11]朱異以軍士乏食引還,綝大怒,九月朔己巳,殺異於鑊里。辛未,綝自鑊里還建業。甲申,大赦。十一月,[12]全緒子禕、儀以其母奔魏。十二月,全端、懌等自壽春城詣司馬文王。

三年春正月,諸葛誕殺文欽。三月,司馬文王克壽春,[13]誕及左右戰死,將吏已下皆降。秋七月,封故齊王奮為章安侯。[14]詔州郡伐宮材。[15]自八月沈陰不雨四十餘日。亮以綝專恣,與太常全尚、將軍劉丞謀誅綝。[16]九月戊午，綝以兵取尚，遣弟恩攻殺丞於蒼龍門外，[17]召大臣會宮門，黜亮爲會稽王，時年十六。

［1］征東大將軍：官名。魏爲二品，職掌與征東將軍同，而位在其上，多統兵出鎮方面，都督數州諸軍事。不常置。

［2］長史：官名。此爲征東大將軍府長史，爲幕僚之長，總理幕府事。　牙門：官名。即牙門將。魏文帝黄初中置，爲統兵武職，位在裨將軍下。蜀漢、孫吳、兩晉亦置。魏、晉皆五品。

［3］三萬：殿本作"二萬"，百衲本、盧弼《集解》本、校點本作"三萬"。今從百衲本等。

［4］虎林：城名。吳置督於此。在今安徽貴池市西北長江南岸。　夏口：地名。在今湖北武漢市原漢水入長江處。

［5］夏口督：官名。夏口地方之駐軍長官。

［6］鑊里：地名。在今安徽巢湖市西北巢湖濱。

［7］前部督：官名。漢獻帝建安中孫權置，吳沿之。爲軍隊之前部將領。

［8］會稽南部：即會稽南部都尉，吳置，孫休永安三年（260）改置爲建安郡，治所建安縣，在今福建建甌市南松溪南岸。

［9］都尉：官名。此爲會稽南部都尉之長官，相當於郡太守。

［10］鄱陽：郡名。治所鄱陽縣，在今江西波陽縣東北。　新都：郡名。治所始新縣，在今浙江淳安縣西北。

［11］廷尉：官名。東漢時爲列卿之一，秩中二千石，掌司法刑獄。三國沿置。　步兵校尉：官名。東漢時秩比二千石，掌京師宿衛兵之一。三國沿置。

［12］十一月：按史例，"十一月"前當有"冬"字。

［13］司馬文王：即司馬昭。

［14］章安：侯國名。治所在今浙江臨海市東南章安鎮。

[15] 宮材：盧弼《集解》云："馮本、毛本'宮'作'官'。"趙幼文《校箋》謂蕭常《續後漢書》作"官"，疑當作"官"。
　　[16] 劉丞：梁章鉅《旁證》云："《孫綝傳》作'劉承'。'承''丞'古字通用。"
　　[17] 蒼龍門：建業太初宮東門。

　　孫休字子烈，權第六子。年十三，從中書郎射慈、郎中盛沖受學。[1]太元二年正月，封琅邪王，[2]居虎林。四月，權薨，休弟亮承統，諸葛恪秉政，不欲諸王在濱江兵馬之地，徙休於丹楊郡。[3]太守李衡數以事侵休，休上書乞徙他郡，詔徙會稽。居數歲，夢乘龍上天，顧不見尾，覺而異之。孫亮廢，己未，孫綝使宗正孫楷與中書郎董朝迎休。[4]休初聞問，意疑，楷、朝具述綝等所以奉迎本意，留一日二夜，遂發。十月戊寅，行至曲阿，[5]有老公干休叩頭曰："事久變生，天下喁喁，[6]願陛下速行。"休善之，是日進及布塞亭。[7]武衛將軍恩行丞相事，率百僚以乘輿法駕迎於永昌亭，[8]築宮，以武帳爲便殿，設御座。己卯，休至，望便殿止住，使孫楷先見恩。楷還，休乘輦進，羣臣再拜稱臣。休升便殿，謙不即御坐，止東廂。戶曹尚書前即階下讚奏，[9]丞相奉璽符。休三讓，羣臣三請。休曰："將相諸侯咸推寡人，寡人敢不承受璽符。"羣臣以次奉引，休就乘輿，百官陪位，綝以兵千人迎於半野，拜于道側，休下車答拜。即日，御正殿，大赦，改元。是歲，於魏甘露三年也。⑩

[1] 中書郎：官名。漢代置，屬中書令。孫吳沿置，仍隸中書令。負責草擬詔書，並常被派出執行重要使命。　射慈：錢大昭《辨疑》謂《孫奮傳》"傅相謝慈"，疑即此射慈。"射""謝"古字通用。趙幼文《校箋》謂《太平御覽》卷一一八引作"謝慈"。
　　郎中：官名。東漢時分隸五官、左、右中郎將三署，名義上備宿衛，實爲後備官吏人材。三國沿置。
　　[2] 琅邪：郡名。治所開陽縣，在今山東臨沂市北。
　　[3] 丹楊郡：治所宛陵縣，在今安徽宣州市。
　　[4] 宗正：官名。漢代列卿之一，秩中二千石，由宗室擔任。掌皇族親屬事務，登記宗室王國譜牒，以別嫡庶。凡宗室親貴有罪，須先報宗正，方得處治。三國沿置。
　　[5] 曲阿：縣名。治所在今江蘇丹陽市。
　　[6] 喁（yóng）喁：仰望期待的樣子。《吳越春秋·越王無餘外傳》："天下喁喁，若兒思母、子歸父而留越。"
　　[7] 布塞亭：地名。盧弼《集解》引吳熙載說，謂宜在今江蘇句容縣。
　　[8] 永昌亭：地名。在今江蘇江寧縣東。
　　[9] 户曹尚書：官名。孫吳所置四曹尚書之一。掌財政、賦役、田宅等，屬尚書臺。
　　[10] 甘露：魏少帝高貴鄉公曹髦年號（256—260）。

　　永安元年冬十月壬午，[1]詔曰："夫褒德賞功，古今通義。其以大將軍綝爲丞相、荆州牧，[2]增食五縣。武衛將軍恩爲御史大夫、衛將軍、中軍督，[3]封縣侯。[4]威遠將軍（授）〔據〕爲右將軍、縣侯。[5]偏將軍幹雜號將軍、亭侯。[6]長水校尉張布輔導勤勞，[7]以布爲輔義將軍，[8]封永康侯。[9]董朝親迎，封爲鄉侯。"又詔曰："丹楊太守李衡，以往事之嫌，自拘有司。夫射鉤斬袪，[10]在君爲君，遣衡還郡，[11]勿令自疑。"〔一〕己丑，封孫晧爲烏程侯，[12]晧弟德錢唐侯，[13]謙永安侯。〔二〕[14]

〔一〕《襄陽記》曰：衡字叔平，本襄陽卒家子也，[15]漢末入吳爲武昌庶民。[16]聞羊衜有人物之鑒，往干之，衜曰："多事之世，尚書劇曹郎才也。"[17]是時校事呂壹操弄權柄，[18]大臣畏偪，莫有敢言，衜曰："非李衡無能困之者。"遂共薦爲郎。權引見，衡口陳壹姦短數千言，權有愧色。數月，壹被誅，而衡大見顯擢。後常爲諸葛恪司馬，[19]幹恪府事。恪被誅，求爲丹楊太守。時孫休在郡治，衡數以法繩之。妻習氏每諫衡，衡不從。會休立，衡憂懼，謂妻曰："不用卿言，以至于此。"遂欲奔魏。妻曰："不可。君本庶民耳，先帝相拔過重，[20]既數作無禮，而復逆自猜嫌，逃叛求活，以此北歸，何面見中國人乎？"衡曰："計何所出？"[21]妻曰："琅邪王素好善慕名，方欲自顯於天下，終不以私嫌殺君明矣。可自囚詣獄，表列前失，顯求受罪。如此，乃當逆見優饒，非但直活而已。"衡從之，果得無患，又加威遠將軍，授以斧戟。[22]衡每欲治家，[23]妻輒不聽，後密遣客十人於武陵龍陽汜洲上作宅，[24]種甘橘千株。臨死，敕兒曰："汝母惡吾治家，[25]故窮如是。然吾州里有千頭木奴，[26]不責汝衣食，歲上一匹絹，亦可足用耳。"衡亡後二十餘日，[27]兒以白母，母曰："此當是種甘橘也，汝家失十戶客來七八年，[28]必汝父遣爲宅。汝父恆稱太史公言，[29]'江陵千樹橘，[30]當封君家'。吾答曰：'且人患無德義，不患不富，若貴而能貧，方好耳，用此何爲！'"吳末，衡甘橘成，歲得絹數千匹，家道殷足。晉咸康中，[31]其宅址枯樹猶在。[32]

〔二〕《江表傳》曰：羣臣奏立皇后、太子，詔曰："朕以寡德，奉承洪業，蒞事日淺，恩澤未敷，加后妃之號，嗣子之位，非所急也。"有司又固請，休謙虛不許。

[1] 永安：吳景帝孫休年號（258—264）。

[2] 荆州：吳州牧刺史治所樂鄉城，在今湖北松滋市東北長江南岸涴市。（本吳增僅《三國郡縣表附考證》）

[3] 御史大夫：官名。西漢初爲丞相副貳，丞相位缺，往往以御史大夫遞補。主要職掌爲監察、執法。東漢不置。漢末曹操置丞相，又復置御史大夫。魏文帝曹丕建立魏朝後又罷之。孫吳卻置，又分置左、右。　中軍督：官名。孫吳置。典宫省之事，掌宿衛禁兵。

[4] 縣侯：即食縣邑之列侯。漢代二十級爵之最高者爲列侯。列侯有封邑，食租税。功大者食縣邑，小者食鄉、亭。

[5] 威遠將軍：官名。孫吳置，權任頗重。　據：各本皆作"授"，本書卷六四《孫綝傳》作"據"，校點本即據《孫綝傳》改作"據"。今從之。　右將軍：官名。東漢時，位如上卿，與前、後、左將軍掌京師兵衛和邊防屯警。魏晋亦置，第三品。權位漸低，略高於一般雜號將軍，不典禁兵，不與朝政，僅領兵征戰。孫吳亦置。

[6] 雜號將軍：地位較低、置廢無常，無固定職掌之諸名號將軍皆爲雜號將軍。　亭侯：爵名。漢制列侯大者食縣邑，小者食鄉、亭。東漢後期遂以食鄉、亭者稱爲鄉侯、亭侯。

[7] 長水校尉：官名。東漢時秩比二千石，掌京師宿衛兵。三國沿置，職位略輕。

[8] 輔義將軍：官名。孫吳置，張布爲之，權勢很大。

[9] 永康：侯國名。治所在今浙江永康市。

[10] 射鉤：春秋初期，齊襄公昏亂，群弟恐禍及，公子糾奔魯，管仲、召忽輔佐之；公子小白奔莒，鮑叔牙輔佐之。及齊襄公被弒，新君公孫無知被殺，公子糾與公子小白遂争回國爲君。公子糾使管仲於莒道阻截小白，與戰，管仲射中小白帶鉤。小白佯死而先入齊，立爲君，是爲齊桓公。後因鮑叔牙之極薦，管仲被桓公重

用，齊國因而富强，桓公得爲春秋第一霸主。（見《史記》卷三二《齊太公世家》）　斬袪：春秋時，晉獻公晚年寵幸驪姬，欲立其子奚齊，因使太子申生出居曲沃，公子重耳居蒲城。後驪姬陷害申生，申生自殺於曲沃。驪姬又陷害重耳等，獻公乃遣兵伐蒲城，重耳逾墙而逃，被宦者勃鞮（《左傳》作"寺人披"）斬其衣袪。重耳流亡十九年後回國爲君，是爲晉文公。晉懷公之故臣吕省等謀焚公宫以殺文公，宦者勃鞮知其謀往見文公，文公不見。勃鞮曰："臣刀鋸之餘，不敢以二心事君倍主，故得罪於君。君已反國，其毋蒲、翟乎？且管仲射鈎，桓公以霸。今刑餘之人以事告而君不見，禍又且及矣。"文公乃見之，勃鞮告以吕省等謀。公宫果被焚，文公因先出避而免于難。（見《史記》卷三九《晉世家》）

　　[11] 遣衡：趙幼文《校箋》謂蕭常《續後漢書》"遣"上有"其"字。

　　[12] 烏程：侯國名。治所在今浙江湖州市南下菰城。

　　[13] 錢唐：侯國名。治所在今浙江杭州市。

　　[14] 永安：侯國名。治所在今浙江德清縣西千秋鎮。

　　[15] 襄陽：郡名。治所襄陽縣，在今湖北襄陽市。　卒家：即兵家。

　　[16] 庶民：越幼文《校箋》謂《太平御覽》卷四四四引作"渡民"，《建康實録》作"渡長"。

　　[17] 劇曹：漢代官府依事務之繁簡有劇、平之分，劇曹，即事務繁雜的辦事機構。　郎：官名。此即尚書郎。東漢之制，取孝廉之有才能者入尚書臺，初入臺稱守尚書郎中，滿一年稱尚書郎，三年稱侍郎，統稱尚書郎，秩四百石，凡置三十六員，分隸六曹尚書分曹治事，主要掌文書起草。三國沿置，郎官數略有差異。

　　[18] 校事：官名。漢獻帝建安中曹操置，以地位較低之親信充任，負責監察百官及吏民，威權甚大。魏沿置。孫權黃武中則置典校，屬中書省，由中書郎充任，故亦稱中書典校、典校郎，負責審理諸官府及州郡文書，並監察群臣過失，後還發展到控制大臣案

件的刑訊及處理。當時又稱此官爲校曹、校官。又因其與曹魏校事性質相似，後人所撰史書中，便有稱之爲校事者。又"校事"下殿本有"郎"字，百衲本、盧弼《集解》本、校點本均無。今從百衲本等。

[19] 司馬：官名。將軍軍府之屬官，掌參贊軍務，管理府内武職，位僅次於長史。此指諸葛恪爲大將軍等之軍府司馬。

[20] 相拔過重：趙幼文《校箋》謂《建康實錄》"相"字作"賞"，"重"字作"量"。

[21] 何所：盧弼《集解》本作"何以"，百衲本、殿本、校點本作"何所"。今從百衲本等。

[22] 棨戟：有繒衣或油漆的木戟。漢魏三公以下官吏所用之儀仗，出行時以爲前導，後世亦列於門庭。

[23] 治家：謂興建家産。

[24] 客：依附於豪强的勞動者。孫吳還將屯田客或一般人民賞賜給功臣作客，成爲功臣豪强之私奴。　武陵：郡名。治所臨沅縣，在今湖南常德市。　龍陽：縣名。治所在今湖南漢壽縣。　氾(fàn)洲：百衲本、殿本、盧弼《集解》本作"汎洲，校點本作"氾洲"。趙一清《注補》謂作"氾"是，《水經注》作"氾"是也。按"氾"同"汎"。今改作"氾"。《方輿紀要》卷八〇謂氾洲在常德府龍陽縣西五十里，長二十里，吳李衡種橘其上，因名橘洲，亦謂之柑洲。

[25] 吾：校點本作"我"，百衲本、殿本、盧弼《集解》本作"吾"。今從百衲本等。

[26] 州里：盧弼《集解》云："武陵、襄陽同屬荆州，故曰州里。"

[27] 二十餘日：百衲本無"餘"字，殿本、盧弼《集解》本、校點本有。今從殿本等。

[28] 汝家失十户客來七八年：趙幼文《校箋》謂《藝文類聚》卷六四引作"七八年汝家失十户客"，《建康實錄》作"七八

年來失十戶客"，疑此句誤倒，當據兩書乙正，語氣乃順。按《藝文類聚》實作"汝家失十戶客七八年"，僅無"來"字。有"來"字亦通，猶云"汝家失十戶客以來已七八年"。

［29］太史公：即司馬遷。

［30］江陵千樹橘：《史記》卷一二九《貨殖列傳》云："蜀、漢、江陵千樹橘"，"此其人皆與千戶侯等"。

［31］咸康：晉成帝司馬衍年號（335—342）。

［32］宅址：百衲本作"宅止"，殿本作"宅上"，盧弼《集解》本、校點本作"宅址"。今從《集解》本等。

十一月甲午，風四轉五復，[1]蒙霧連日。綝一門五侯皆典禁兵，[2]權傾人主，有所陳述，敬而不違，[3]於是益恣。休恐其有變，數加賞賜。丙申，詔曰："大將軍忠款內發，首建大計以安社稷，卿士內外，[4]咸贊其議，並有勳勞。昔霍光定計，[5]百僚同心，無復是過。亟案前日與議定策告廟人名，依故事應加爵位者，促施行之。"戊戌，詔曰："大將軍掌中外諸軍事，事統煩多，其加衛將軍、御史大夫恩侍中，與大將軍分省諸事。"壬子，詔曰："諸吏家有五人三人兼重爲役，[6]父兄在都，子弟給郡縣吏，既出限米，[7]軍出又從，至於家事無經護者，朕甚愍之。其有五人三人爲役，聽其父兄所欲留，爲留一人，除其米限，軍出不從。"又曰："諸將吏奉迎陪位在永昌亭者，皆加位一級。"頃之，休聞綝逆謀，陰與張布圖計。十二月戊辰臘，[8]百僚朝賀，公卿升殿，詔武士縛綝，即日伏誅。已巳，詔以左將軍張布討姦臣，加布爲中軍督，封布弟惇爲都亭侯,[9]給兵三百人,惇弟恂爲校尉。[10]

詔曰:"古者建國,教學爲先,所以道世治性,爲時養器也。自建興以來,時事多故,吏民頗以目前趨務,去本就末。不循古道。夫所尚不惇,則傷化敗俗。其案古置學官,[11]立五經博士,[12]核取應選,加其寵禄,科見吏之中及將吏子弟有志好者,各令就業。一歲課試,差其品第,加以位賞。使見之者樂其榮,聞之者羨其譽。以敦王化,以隆風俗。"[13]

二年春正月,震電。三月,備九卿官,詔曰:"朕以不德,託于王公之上,夙夜戰戰,忘寢與食。今欲偃武修文,以崇大化。推此之道,當由士民之贍,[14]必須農桑。《管子》有言:'倉廩實,知禮節;衣食足,知榮辱。'[15]夫一夫不耕,有受其饑,一婦不織,有受其寒;[16]饑寒並至而民不爲非者,未之有也。自頃年已來,[17]州郡吏民及諸營兵,多違此業,皆浮船長江,賈作上下,良田漸廢,見穀日少,欲求大定,豈可得哉?亦由租入過重,農人利薄,使之然乎!今欲廣開田業,輕其賦稅,差科强羸,[18]課其田畝,務令優均,官私得所,使家給户贍,足相供養,則愛身重命,不犯科法,然後刑罰不用,風俗可整。以羣僚之忠賢,若盡心於時,雖太古盛化,未可卒致,漢文升平,[19]庶幾可及。及之則臣主俱榮,不及則損削侵辱,何可從容俯仰而已?諸卿尚書,可共咨度,務取便佳。田桑已至,不可後時。事定施行,稱朕意焉。"

三年春三月,西陵言赤烏見。[20]秋,用都尉嚴密議,[21]作浦里塘。[22]會稽郡謠言王亮當還爲天子,而亮宮人告亮使巫禱祠,有惡言。有司以聞,黜爲候官侯,[23]遣之國。道自殺,衞送者伏罪。〔一〕以會稽南部爲建安郡,[24]分宜都置建平郡。〔二〕[25]

〔一〕《吳錄》曰:或云休鴆殺之。至晉太康中,[26]吳故少府丹楊戴顯迎亮喪,[27]葬之賴鄉。[28]

〔二〕《吳歷》曰:是歲得大鼎於建德縣。[29]

[1] 風四轉五復:謂旋風多次反復。

[2] 綝一門五侯:孫綝一家,除孫綝爲永寧侯外,其弟孫恩、孫據皆爲縣侯,孫幹、孫闓又皆爲亭侯,是爲一門五侯。

[3] 敬而不違:趙幼文《校箋》謂《建康實錄》"敬"上有"帝"字,疑此奪"休"字。

[4] 卿士:周王朝及各諸侯國之執政大臣稱卿士,爲六卿之長。後又泛稱卿大夫。 內外:指內朝與外朝。侍中、中書等爲內朝官,丞相列卿等爲外朝官。

[5] 霍光定計:霍光輔佐漢昭帝一世,昭帝卒,無子,霍光立武帝孫昌邑王劉賀。而昌邑王即位後,淫亂無禮,霍光又與田延年、張安世等定計,廢昌邑王而立宣帝。(見《漢書》卷六八《霍光傳》)

[6] 吏家:是魏晉時期爲州郡縣官府及其官員服各種雜役的民戶。吏家是世襲的,世世代代皆爲吏家。吏家除吏本人服役外,家屬還要向政府納稅。 五人三人:指一家五男丁中有三人在服役者。

[7] 限米:按規定應出的稅米。

[8] 臘:祭名。歲終祭衆神之名。漢代臘祭在農曆十二月,故稱十二月爲臘月。

［9］都亭侯：爵名。位在鄉侯下，食祿於都亭。都亭，城郭附近之亭。

［10］校尉：官名。漢代軍職之稱。東漢末位次於中郎將。魏、晋沿置，而名號繁多，品秩亦高低不等。

［11］學官：官辦學校。

［12］五經博士：官名。掌《詩》《書》《易》《禮》《春秋》五經之教學。

［13］以隆風俗：趙幼文《校箋》謂《通典・禮十三》"隆"字作"正"。

［14］當由士民之贍：趙幼文《校箋》謂《册府元龜》卷一八九引作"當由士民士民之贍"。按，宋本《册府元龜》亦作"當由士民之贍"。

［15］"倉廩實"四句：《管子・牧民》云："倉廩實則知禮節，衣食足則知榮辱。"

［16］"夫一夫不耕"四句：《管子・輕重甲》云："一農不耕，民或爲之饑；一女不織，民或爲之寒。"

［17］已來：百衲本、校點本作"已來"，殿本、盧弼《集解》本作"以來"。"以""已"通，今從百衲本等。

［18］差（cī）科：區別判斷。《廣韻・戈韻》："科，又科斷也。"

［19］漢文：即漢文帝。漢文帝統治時期，實行"與民休息"的政策，減輕田租、賦役和刑獄，使農業生產有所恢復和發展。《漢書》卷四《文帝紀贊》謂文帝即位二十三年，"專務以德化民，是以海内殷富，興於禮義，斷獄數百，幾致刑措"。升平：太平。又《漢書》卷六七《梅福傳》："使孝武皇帝聽用其計，升平可致。"顏師古注引張晏曰："民有三年之儲曰升平。"

［20］西陵：縣名。治所在今湖北宜昌市東南。

［21］都尉：官名。西漢時郡置都尉，輔佐郡守並掌本郡軍事。東漢廢除，但如有緊急軍事，亦臨時設置。東漢又在邊郡或關塞之

地置都尉及屬國都尉，並漸漸分縣治民，職如太守。曹魏則每郡置都尉，大郡或置二人，或爲東西部，或爲南北部。蜀漢、孫吳亦多置。此當爲丹楊都尉。

[22] 浦里塘：塘堰名。嚴密於丹陽湖興築，在今安徽當塗縣南大官圩南部一帶。

[23] 候官：盧弼《集解》本作"侯官"，百衲本、殿本、校點本作"候官"。今從百衲本等。按，候官縣即侯官縣，二字常互見。治所在今福建福州市。

[24] 南部：百衲本、殿本作"南郡"，盧弼《集解》本、校點本作"南部"。殿本《考證》云："南郡宜作南部。"今從《集解》本等。

[25] 宜都：郡名。治所夷道縣，在今湖北枝城市。　建平郡：治所巫縣，在今重慶巫山縣東北。

[26] 太康：晉武帝司馬炎年號（280—289）。

[27] 少府：官名。漢列卿之一，秩中二千石。東漢時掌宫中御衣、寶貨、珍膳等。三國沿置。

[28] 賴鄉：在今江蘇南京市城區西北。

[29] 建德縣：吳置，治所在今浙江建德縣東北梅城鎮。

　　四年夏五月，大雨，水泉涌溢。秋八月，遣光禄大夫周奕、石偉巡行風俗，[1]察將吏清濁，民所疾苦，爲黜陟之詔。〔一〕九月，布山言白龍見。[2]是歲，安吳民陳焦死，[3]埋之，六日更生，穿土中出。[4]

　　〔一〕《楚國先賢傳》曰：石偉字公操，南郡人。少好學，脩節不怠，介然獨立，有不可奪之志。舉茂才、賢良方正，[5]皆不就。孫休即位，特徵偉，累遷至光禄勳。[6]及晧即位，朝政昏亂，偉乃辭老耄痼疾乞身，[7]就拜光禄大夫。吳平，建威將軍王戎親詣偉。[8]太康二年，詔曰："吳故光禄大夫石偉，秉志清白，皓首不渝，雖處危亂，廉節可紀。年已過邁，不堪遠涉，其以偉爲議郎，[9]加二千石秩，以終厥世。"[10]偉遂陽狂及盲，不受晉爵。年八十三，太熙元年卒。[11]

[1] 光禄大夫：官名。東漢時秩比二千石，掌顧問應對，無常事，屬光禄勳。三國沿置。

[2] 布山：縣名。治所在今廣西桂平縣西南古城。

[3] 安吳：縣名。治所在今安徽涇縣西南。

[4] 穿土中出：趙幼文《校箋》謂《晉書·五行志》作"穿冢出"。

[5] 茂才：即秀才。東漢時避光武帝劉秀諱改，爲漢代薦舉人材科目之一。東漢之制，州牧刺史歲舉一人。三國沿之，或稱秀才。　賢良方正：漢代選舉科目之一。全稱爲賢良方正能直言極諫科。由公卿大臣、諸侯王、郡守舉薦，皇帝親自策問，中選者授官。後世沿襲。

[6] 光禄勳：官名。漢代列卿之一，秩中二千石。東漢時掌宿衛宮殿門户。三國沿置。

[7] 乃：盧弼《集解》本作"方"，百衲本、殿本、校點本作"乃"。今從百衲本等。

[8] 建威將軍：官名。西漢末新莽時置，爲領兵將領。東漢、魏、晉沿置。魏、晉爲四品。

[9] 議郎：官名。魏、晉時不再參議諫諍，爲後備官員。秩六百石，第七品。品秩雖低，名義清高，即三品將軍、九卿亦有拜之者。

[10] 厥世：吳金華《〈三國志集解〉箋記》謂"厥世"應作"厥身"。

[11] 太熙：晉武帝司馬炎年號（290）。

五年春二月，白虎門北樓災。[1]秋七月，始新言黄龍見。[2]八月壬午，大雨震電，水泉涌溢。乙酉，立皇后朱氏。戊子，立子𩅦爲太子，大赦。[一][3]冬十月，以衛將軍濮陽興爲丞相，廷尉丁密、光禄勳孟宗爲左右御史大夫。休以丞相興及左將軍張布有舊恩，委之以事，布典宫省，興關軍國。休鋭意於典籍，欲畢覽百家之言，又好射雉，[4]春夏之間常晨出夜還，唯此時舍書。休欲與博士祭酒韋曜、博士盛沖講論道藝，[5]曜、沖素皆切直，布恐入侍發其陰失，令己不得專，[6]因妄飾說以拒遏之。休答曰："孤之涉學，羣書略徧，所見不少也；其明君闇主，姦臣賊子，古今賢愚成敗之事，無不覽也。今曜等入，但欲與論講書耳，不爲從曜等始更受學也。縱復如此，亦何所損？君特當以曜等恐道臣下姦變之事，以此不欲令入耳。如此之事，孤已自備之，不須曜等然後乃解也。此都無所損，君意特有所忌故耳。"布得詔陳謝，重自序述，又言曜妨政事。休答曰："書籍之事，患人不好，好之無傷也。此無所爲非，而君以爲不宜，是以孤有所及耳，王務學業，[7]其流各異，不相妨也。不圖君今日在事，更行此於孤也，良所不取。"布拜表叩頭，[9]休答曰："聊相開悟耳，何至叩頭乎！如君之忠誠，遠近所知。往者所以相感，今日之巍巍也。《詩》云：'靡不有初，鮮克有終。'[10]終之實難，君其終之。"初休爲王時，布爲左右將督，[11]素見信愛，及至踐阼，厚加寵待，專擅國勢，多行無禮，自嫌瑕短，懼曜、沖言之，故尤患忌。休雖解此旨，心不能悅，更恐其疑懼，竟如布意，廢其講業，不復使沖等入。[12]是歲使察戰到交阯調孔爵、大豬。〔二〕[13]

〔一〕《吳錄》載休詔曰："人之有名，以相紀別，長爲作字，憚其名耳。禮，名子欲令難犯易避，五十稱伯仲，[14]古或一字。今人競作好名好字，又令相配，所行不副，此瞽字伯明者也，孤嘗哂之。或師友父兄所作，或自己爲；師友尚可，父兄猶非，自爲最不謙。孤今爲四男作名字：太子名𩅦，𩅦音如湖水灣澳之灣，字莔，莔音如迄今之迄；次子名𩃙，𩃙音如兕觥之觥，[15]字𩦱，𩦱音如玄礥首之礥；[16]次子名壾，壾音如草莽之莽，字昷，昷音如舉物之舉；次子名㒷，㒷音如褒衣下寬大之褒，字㷍，㷍音如有所擁持之擁。此都不與世所用者同，故鈔舊文會合作之。夫書八體損益，[17]因事而生，今造此名字，既不相配，又字但一，庶易棄避，其普告天下，使咸聞知。"

臣松之以爲《傳》稱"名以制義，[18]義以出禮，禮以體政，政以正民，[19]是以政成而民聽，[20]易則生亂"。斯言之作，豈虛也哉！休欲令難犯，[21]何患無名，而乃造無况之字，制不典之音，違明誥於前脩，垂嗤騃於後代，[22]不亦異乎！是以墳土未乾而妻子夷滅，[23]師服之言，[24]於是乎徵矣。

〔二〕臣松之按：察戰吳官名號，今揚都有察戰巷。[25]

[1] 白虎門：建業城西門。《晉書·五行志上》云："孫休永安五年二月，城西門北樓災。"

[2] 始新：縣名。治所在今浙江淳安縣西北。

[3] 大赦：盧弼《集解》本無此二字，百衲本、殿本、校點本有。今從百衲本等。

[4] 又：百衲本作"又"，殿本、盧弼《集解》本、校點本作

"尤"，又蕭常《續後漢書》作"又"，郝經《續後漢書》作"尤"。今從百衲本。

[5] 博士祭酒：官名。東漢時秩六百石，領諸五經博士，掌教授經學，備顧問應對。三國沿置。

[6] 己：百衲本、殿本、盧弼《集解》本作"巳"，校點本作"己"。今從校點本。

[7] 王務：百衲本、殿本作"王務"，盧弼《集解》本、校點本作"政務"。蕭常及郝經之《續後漢書》俱作"王務"，今從百衲本等。

[8] 所：百衲本作"其"，殿本、盧弼《集解》本、校點本作"所"。今從殿本等。

[9] 布拜表叩頭：《通鑑》卷七八魏元帝景初三年注胡三省意謂自"休答曰書籍之事"以下皆孫休面答張布語，張布聽後即拜叩頭，未嘗再上表也。此"表"字衍。

[10] 靡不有初，鮮克有終：見《詩·大雅·蕩》。

[11] 左右將督：《通鑑》作"左右督將"。

[12] 沖等：盧弼《集解》謂"沖"應作"曜"，見《韋曜傳》。按，《韋曜傳》雖明言張布懼曜，固爭不可使入侍講，"曜竟止不入"，而此文上既連言韋曜、盛沖，此言"沖等"，自然亦包括韋曜，不煩改字。

[13] 察戰：官名。孫吳置，爲皇帝身邊親信，多被派出執行使命。

[14] 五十稱伯仲：《禮記·檀弓上》："幼名，冠字，五十以伯仲。"又《白虎通·姓名》云："所以五十乃稱伯仲者，五十知天命，思慮定也，能順四時長幼之序，故以伯仲號之。"

[15] 兕（sì）觥（gōng）：酒器。腹橢圓或方形，圈足或四足，有蓋，成帶角獸頭形。

[16] 礥（xín）：剛；堅硬。

[17] 八體：許慎《說文解字叙》謂秦朝統一文字後，定書體

爲八種，稱爲八體，即大篆、小篆、刻符、蟲書、摹印、署書、殳書、隸書。

［18］名以制義：此句以下六句見《左傳·桓公二年》。

［19］正民：殿本、盧弼《集解》本作"治民"，百衲本、校點本及《左傳》皆作"正民"。今從百衲本等。

［20］民聽：殿本、盧弼《集解》本作"民則"，百衲本、校點本及《左傳》皆作"民聽"。今從百衲本等。

［21］休：殿本、盧弼《集解》本作"然"，百衲本、校點本作"休"。今從百衲本等。

［22］嗤騃：痴呆，愚笨。

［23］夷滅：殿本作"絶滅"，百衲本、盧弼《集解》本、校點本作"夷滅"。今從百衲本等。

［24］師服：春秋時晉國大夫。《左傳·桓公二年》："晉穆侯之夫人姜氏以條之役生大子，命之曰仇。其弟以千畝之戰生，命之曰成師。師服曰：'異哉，君之名子也！夫名以制義，義以出禮，禮以體政，政以正民，是以政成而民聽。易則生亂。嘉耦曰妃，怨耦曰仇，古之命也。今君命大子曰仇，弟曰成師，始兆亂矣。'"

［25］揚都：南北朝時稱建康爲揚都，即今江蘇南京市。

六年夏四月，泉陵言黃龍見。[1]五月，交阯郡吏呂興等反，殺太守孫諝。諝先是科郡上手工千餘人送建業，[2]而察戰至，恐復見取，故興等因此扇動兵民，招誘諸夷也。冬十月，[3]蜀以魏見伐來告。癸未，建業石頭小城火，燒西南百八十丈。甲申，使大將軍丁奉督諸軍向魏壽春，將軍留平別詣施績於南郡，議兵所向，將軍丁封、孫異如沔中，[4]皆救蜀。蜀主劉禪降魏問至，然後罷。呂興既殺孫諝，使使如魏，請太守及兵。

丞相興建取屯田萬人以爲兵。分武陵爲天門郡。[一][5]

〔一〕《吳歷》曰：是歲青龍見於長沙，白燕見於慈湖，[6]赤雀見於豫章。

[1] 泉陵：縣名。治所在今湖南永州市。
[2] 手工：魏晉時期有百工戶。百工本人多在官府手工工場做工或在其他營建工程服役。百工戶的戶籍是單獨的，並且世代爲工服役，沒有國家放免，不能脱籍爲民。
[3] 十月：《建康實錄》卷三作"九月"，而《通鑑》卷七八魏元帝景元四年亦作"十月"。
[4] 沔中：地區名。泛指以今湖北襄陽市爲中心的漢水（古又稱沔水）中游一帶。胡三省云："沔中時爲魏境，吳兵未能至也，擬其所向耳。吳之巫、秭歸等縣皆在江北，與魏之新城接境，自此行兵，亦可以達沔中。"（《通鑑》卷七、八魏元帝景元四年注）
[5] 天門郡：治所零陽縣，在今湖南慈利縣東北。
[6] 慈湖：殿本、校點本作"慈胡"，百衲本、盧弼《集解》本作"慈湖"。《建康實錄》卷三亦作"慈湖"。今從百衲本等。慈湖，小湖泊。在今安徽馬鞍山市東北長江南岸。

七年春正月，大赦。二月，鎮軍〔將軍〕陸抗、撫軍〔將軍〕步協、征西將軍留平、建平太守盛曼，[1]率衆圍蜀巴東守將羅憲。[2]夏四月，魏將新附督王稚浮海入句章，[3]略長吏（賞林）〔貲財〕及男女二百餘口。[4]將軍孫越徼得一船，獲三十人。秋七月，海賊破海鹽，[5]殺司鹽校尉駱秀。[6]使中書郎劉川發兵廬陵。[7]豫章民張節等爲亂，衆萬餘人。魏使將軍胡烈步騎二萬侵西陵，[8]以救羅憲，陸抗等引軍退。復分交州置廣州。[9]壬午，大赦。癸未，休薨，〔一〕時年三十，謚曰景皇帝。〔二〕

〔一〕《江表傳》曰：休寢疾，口不能言，[10]乃手書呼丞相濮陽興入，令子𩅦出拜之。休把興臂，而指𩅦以託之。

〔二〕葛洪《抱朴子》曰：[11]吳景帝時，戍將於廣陵掘諸冢，取版以治城，所壞甚多。後發一大冢，[12]內有重閣，户扇皆樞轉可開閉，四周爲徼道通車，[13]其高可以乘馬。又鑄銅爲人數十枚，長五尺，皆大冠朱衣，執劍列侍靈座，[14]皆刻銅人背後石壁，言殿中將軍，[15]或言侍郎、常侍，[16]似公王之冢。[17]破其棺，棺中有人，髮已班白，衣冠鮮明，面體如生人。棺中雲母厚尺許，[18]以白玉璧三十枚藉尸。兵人輩共舉出死人，以倚冢壁。有一玉長一尺許，形似冬瓜，從死人懷中透出墮地。兩耳及鼻孔中，皆有黃金如棗許大，此則骸骨有假物而不朽之效也。

[1]鎮軍將軍：及"撫軍將軍"，各本皆無"將軍"二字，校點本從錢大昭《辨疑》説補，今從之。鎮軍將軍，漢獻帝建安中劉備置，魏、吳亦置。撫軍將軍，蜀漢後主建興八年（230）置，孫吳亦置。　征西將軍：官名。東漢和帝時置，地位不高，與雜號將軍同。獻帝建安中曹操執政，列爲四征將軍之一，地位提高，秩二千石。孫吳亦置。

[2]巴東：郡名。治所永安縣，在今重慶市奉節縣東白帝城。

[3]新附督：胡三省云："新附督，蓋以吳人新附者別爲一部，置督以領之。"（《通鑑》卷七八魏元帝咸熙元年注）　句章：縣名。治所在今浙江餘姚市東南。

[4]貲財：各本皆作"賞林"，郝經《續後漢書》卷五一《孫休傳》作"貲財"。校點本即據郝書改。今從之。

〔5〕海鹽：縣名。治所在今浙江平湖市東南乍甫鎮。

〔6〕司鹽校尉：官名。蜀漢、孫吳均置，主管鹽政。吳治所海鹽縣。

〔7〕廬陵：郡名。治所廬陵縣，在今江西吉安市西南。

〔8〕西陵：縣名。吳置，治所在今湖北浠水縣西南。

〔9〕交州：在此前刺史治所番禺縣，在今廣東廣州市；此時分置廣州，廣州刺史即治番禺縣；交州刺史仍移治龍編縣，在今越南河內東天德江北。

〔10〕囗：百衲本作"日"，殿本、盧弼《集解》本、校點本作"囗"。今從殿本等。

〔11〕葛洪：東晉丹楊句容（今江蘇句容市）人。晉成帝初，曾爲司徒掾、咨議參軍。後至廣州羅浮山，修道煉丹，成爲東晉的道教理論家、煉丹家，自號抱朴子。著有《抱朴子》一書，分爲《內篇》與《外篇》。《內篇》講道家的神仙方藥、養生延年、禳邪卻禍等，《外篇》講人間之得失、世事之臧否等。

〔12〕後發：殿本、盧弼《集解》本、校點本"後"字作"復"，百衲本作"後"，郝經《續後漢書》苟宗道注引亦作"後"。今從百衲本。

〔13〕徼（jiào）道：巡行警戒的道路。

〔14〕靈座：亦稱靈位。供奉死者神主的几筵。

〔15〕殿中將軍：官名。曹魏置，一員，第六品。典禁兵督守殿廷。西晉沿置，十員，分隸左、右衛將軍，朝會宴饗及乘輿出入，直侍左右，夜開宮城諸門，則執白虎幡監之，多選清望之士充任。

〔16〕侍郎：官名。漢代爲皇帝的侍從官，爲郎官之一，隸光祿勳，宿衛宮禁，侍奉皇帝。東漢時，五官、左、右中郎將署皆置，名義上備宿衛，實爲後備官員。魏、晉省。又魏、晉時，黃門侍郎、中書侍郎、散騎侍郎、尚書郎，皆可省稱侍郎。　常侍：官名。東漢、魏、晉時期，中常侍、散騎常侍、員外散騎常侍皆可省

稱常侍。

［17］公王：盧弼《集解》本作"王公"，校點本作"公主"，百衲本、殿本作"公王"，郝經《續後漢書》苟宗道注引亦作"公王"。今從百衲本等。

［18］雲母：礦石名。俗稱千層紙。片狀，如鱗片有彈性，半透明。性能隔熱，耐高溫，耐潮而防腐。

孫晧字元宗，權孫，和子也，一名彭祖，字晧宗。孫休立，封晧爲烏程侯，遣就國。西湖民景養相晧當大貴，[1]晧陰喜而不敢泄。休薨，是時蜀初亡，而交阯攜叛，國内震懼，貪得長君。左典軍萬彧昔爲烏程令，[2]與晧相善，稱晧才識明斷，是長沙桓王之疇也，[3]又加之好學，奉遵法度，屢言之於丞相濮陽興、左將軍張布。興、布說休妃太后朱，欲以晧爲嗣。朱曰："我寡婦人，安知社稷之慮，苟吳國無隕，宗廟有賴，可矣。"於是遂迎立晧，時年二十三。改元，大赦。是歲，於魏咸熙元年也。[4]

元興元年八月，[5]以上大將軍施績、大將軍丁奉爲左右大司馬，張布爲驃騎將軍，加侍中，諸增位班賞，一皆如舊。九月，貶太后爲景皇后，追諡父和曰文皇帝，尊母何爲太后。十月，[6]封休太子𩅦爲豫章王，次子汝南王，[7]次子梁王，[8]次子陳王，[9]立皇后滕氏。〔一〕晧既得志，麤暴驕盈，多忌諱，好酒色，大小失望。興、布竊悔之。或以譖晧，[10]十一月，誅興、布。十二月，孫休葬定陵。[11]封后父滕牧爲高密侯，〔二〕[12]舅何洪等三人皆列侯。是歲，魏置交阯太守之郡。[13]晋

文帝爲魏相國,[14]遣昔吳壽春城降將徐紹、孫彧銜命齎書,[15]陳事勢利害,以申喻晧。〔三〕

〔一〕《江表傳》曰:晧初立,發優詔,恤士民,開倉廩,振貧乏,科出宮女以配無妻,[16]禽獸擾於苑者皆放之。當時翕然稱爲明主。

〔二〕《吳曆》曰:牧本名密,避丁密,改名牧,丁密避牧,[17]改名爲固。

〔三〕《漢晉春秋》載晉文王與晧書曰:[18]"聖人稱有君臣然後有上下禮義,是故大必字小,[19]小必事大,然後上下安服,群生獲所。逮至末塗,純德既毀,剿民之命,以爭疆於天下,違禮順之至理,則仁者弗由也。方今主上聖明,覆幬無外,[20]僕備位宰輔,屬當國重。唯華夏乖殊,方隅圮裂,六十餘載,金革薦動,無年不戰,暴骸喪元,困悴阢定,每用悼心,坐以待旦。將欲止戈興仁,爲百姓請命,故分命偏師,平定蜀漢,役未經年,全軍獨克。于時猛將謀夫,朝臣庶士,咸以奉天時之宜,就既征之軍,藉吞敵之勢,宜遂回旗東指,以臨吳境。舟師泛江,順流而下,陸軍南轅,取徑四郡,[21]兼成都之械,漕巴漢之粟,然後以中軍整旅,三方雲會,[22]未及浹辰,[23]可使江表底平,[24]南夏順軌。然國朝深惟伐蜀之舉,雖有靜難之功,亦悼蜀民獨罹其害,戰於綿竹者,[25]自元帥以下並受斬戮,伏尸蔽地,血流丹野。一之於前,猶追恨不忍,況重之於後乎?是故旋師按甲,思與南邦共全百姓之命。夫料力忖勢,度資量險,遠考古昔廢興之理,近鑒西蜀安危之效,隆德保祚,去危即順,屈己以寧四海者,仁哲之高致也;履危偷安,隕德覆祚,而不稱於後世者,非智者之所居也。今朝廷遣徐紹、孫彧獻書喻懷,若書御於前,必少留意,回慮革算,結歡弭兵,共爲一家,惠矜吳會,施及中土,豈不泰哉!此昭心之大願也,敢不承受。若不獲命,則普天率土,期於大同,雖重干戈，固不獲已也。"

　　[1] 西湖：趙一清《注補》云："《寰宇記》卷九十四，西湖在湖州長興縣西五里，一名吳城湖，周回七十里。"長興縣，即今浙江長興縣。

　　[2] 左典軍：官名。孫吳置中、左、右典軍，典宿衛禁軍。

　　[3] 長沙桓王：孫權稱帝後追諡孫策爲長沙桓王。

　　[4] 咸熙：魏元帝曹奐年號（264—265）。

　　[5] 元興：吳末帝孫晧年號（264—265）。又按史例，"八月"前當有"秋"字。

　　[6] 十月：按史例，"十月"前當有"冬"字。

　　[7] 汝南：郡名。治所平輿縣，在今河南平輿縣北。按此郡及以下之梁郡、陳郡皆魏國地，此僅爲虛封。

　　[8] 梁：郡名。治所睢陽縣，在今河南商丘縣南。

　　[9] 陳：郡名。治所陳縣，在今河南淮陽縣。

　　[10] 或：吳金華《〈三國志〉待質錄》謂"或"當作"彧"，即萬彧，見本書卷六四《濮陽興傳》。"謌"下當脫"於"字。謌：趙幼文《校箋》謂《太平御覽》卷一一八引作"語"。

　　[11] 定陵：梁章鉅《旁證》引朱彝尊曰："《吳志》不言定陵所在。順治中，海寧邵灣山居民穴地，得隧道，行數百步，道窮有碑，乃孫休陵也。冶銅爲門，門有獸鐶，兩狻猊夾門左右，堅不可入。未發而爲怨家首，亟以土掩之。此地志所不載也。"海寧，即今浙江海寧市。

　　[12] 高密：縣名。治所在今山東高密市西南。此縣亦魏國地，實乃虛封。

　　[13] 交阯太守之郡：《華陽國志·南中志》謂魏咸熙元年，南中監軍霍弋表遣建寧爨谷爲交阯太守。

　　[14] 晉文帝：即司馬昭。晉武帝即位後，追諡他爲文皇帝。
　　相國：官名。魏、晉不常置，位尊於丞相，職權品秩略同。

［15］徐紹孫彧：潘眉《考證》云："徐紹，《晋書·文帝紀》作'徐劭'，《孫楚傳》又作'符劭、孫郁'。"梁章鉅《旁證》又謂"郁"即"彧"字。

［16］科：《建康實録》卷四作"料"，趙幼文《校箋》謂《群書治要》亦作"料"。而《通鑑》卷七八又作"科"。蓋二字之義相近。科，有考較、查核之義；料，有選取、清理之義。如《國語·周語上》："乃料民於太原。"韋昭注："料，數也。"而《淮南子·時則訓》："三月官鄉其樹李。"高誘則注云："三月科民户口，故官鄉也。" 無妻：《建康實録》作"無妻者"。

［17］丁密避牧：梁章鉅《旁證》云："二人何以如此互避？或滕牧之名因封高密而改，丁固乃避滕而改耳。"

［18］晉文王與皓書：據《晉書》卷三九《荀勖傳》所言，此書乃荀勖作。

［19］字：愛。《左傳·成公四年》："楚雖大，非吾族類，其肯字我乎？"杜預注："字，愛也。"

［20］覆幬（dào）：百衲本"幬"字作"燾"，殿本、盧弼《集解》本、校點本作"幬"。按二字義同，皆覆被、覆蓋之義。《左傳·襄公二十九年》"如天之無不幬也"杜預注："幬，覆也。"《小爾雅·廣詁》："燾，覆也。"今從殿本等。

［21］取徑：趙幼文《校箋》謂《册府元龜》卷二一五引作"徑取"。

［22］三方：殿本、盧弼《集解》本作"二方"，百衲本、校點本作"三方"。今從百衲本等。

［23］浹辰：《左傳·成公九年》："浹辰之間，而楚克其三都。"杜預注："浹辰，十二日也。"

［24］厎（zhǐ）：《玉篇·厂部》："厎，平也，均也。"

［25］綿竹：縣名。治所在今四川德陽市黃許鎮。

甘露元年三月，[1]皓遣使隨紹、彧報書曰："知以高世之才，處宰輔之任，漸導之功，勤亦至矣。孤以不德，階承統緒，思與賢良共濟世道，而以壅隔未有所緣，嘉意允著，深用依依。今遣光禄大夫紀陟、五官中郎將弘璆宣明至懷。"〔一〕紹行到濡須，[2]召還殺之，徙其家屬建安，[3]始有白紹稱美中國者故也。夏四月，蔣陵言甘露降，[4]於是改年大赦。秋七月，皓逼殺景后朱氏，亡不在正殿，於苑中小屋治喪，衆知其非疾病，莫不痛切。又送休四子於吳小城，[5]尋復追殺大者二人。九月，從西陵督步闡表，[6]徙都武昌，御史大夫丁固、右將軍諸葛靚鎮建業。陟、璆至洛，[7]遇晉文帝崩，十一月，[8]乃遣還。皓至武昌，又大赦。以零陵南部爲始安郡，[9]桂陽南部爲始興郡。[10]十二月，晉受禪。

〔一〕《江表傳》曰：皓書兩頭言白，稱名言而不著姓。

《吳録》曰：陟字子上，[11]丹楊人。初爲中書郎，孫峻使詰南陽王和，[12]令其引分。[13]陟密使令正辭自理，峻怒。陟懼，閉門不出。（孫休）〔景帝〕時，[14]父亮爲尚書令，[15]而陟爲中書令，[16]每朝會，詔以屏風隔其座。出爲豫章太守。

干寶《晉紀》曰：陟、璆奉使如魏，入境而問諱，入國而問俗。壽春將王布示之馬射，既而問之曰："吳之君子亦能斯乎？"陟曰："此軍人騎士肆業所及，士大夫君子未有爲之者矣。"布大慚。既至，魏帝見之，使儐問曰：[17]"來時吳王何如？"[18]陟對曰："來時皇帝臨軒，百寮陪位，御膳無恙。"晉文王饗之，百寮畢會，使儐者告曰："某者安樂公也，[19]某者匈奴單于也。"陟曰："西主失土，[20]爲君王所禮，位同三代，莫不感義，匈奴邊塞難羈之國，君王懷之，親在坐席，此誠感恩遠著。"又問："吳之戍備幾何？"對曰："自西陵以至江都，五千七百里。"[21]又問曰："道里甚遠，難爲堅固？"對曰："疆界雖遠，而其險要必爭之地，不過數四，猶人雖有八尺之軀靡不受患，其〔防〕護風寒亦數處耳。"[22]文王善之，厚爲之禮。

　　臣松之以爲人有八尺之體靡不受患，防護風寒豈唯數處？取譬若此，未足稱能。若曰譬如金城萬雉，[23]所急防者四門而已。方陟此對，不猶愈乎！

　　《吳錄》曰：晧以諸父與和相連及者，家屬皆徙東冶，[24]唯陟以有密旨，特封孚都亭侯。孚弟瞻，字思遠，入仕晉驃騎將軍。弘璆，曲阿人，弘咨之孫，權外甥也。璆後至中書令、太子少傅。[25]

　　[1] 甘露：吳末帝孫晧年號（265—266）。按史例，"三月"前當有"春"字。

　　[2] 濡須：在今安徽無爲縣東北古濡須水畔。

　　[3] 建安：郡名。治所建安縣，在今福建建甌市南松溪南岸。

　　[4] 蔣陵：潘眉《考證》云："《藝文類聚》引山謙之《丹陽記》，孫權葬蔣山南，因山爲名，號曰蔣陵。蔣山即鍾山。"鍾山，在今南京市東面中山門外。

　　[5] 吳：縣名。治所在今江蘇蘇州市。　小城：在古吳縣城內。

　　[6] 西陵督：官名。西陵地方的駐軍長官。

　　[7] 洛：即洛陽縣，治所在今河南洛陽市東北白馬寺東。

　　[8] 十一月：按史例，"十一月"前當有"冬"字。

　　[9] 零陵：郡名。治所泉陵縣，在今湖南永州市。　始安郡：治所始安縣，在今廣西桂林市。

　　[10] 桂陽：郡名。治所郴縣，在今湖南郴州市。　始興郡：

治所曲江縣，在今廣東韶關市東南蓮花嶺下。

［11］陟：趙幼文《校箋》謂《初學記》卷一一、《太平御覽》卷七〇一引作"騭"。按，二字可通。朱駿聲《説文通訓定聲·謙部》："陟，假借爲騭。"

［12］南陽王和：孫權廢太子孫和爲南陽王。

［13］引分：自殺。

［14］景帝時：各本皆作"孫休時"。殿本《考證》云："《太平御覽》作'景帝時'。"趙幼文《校箋》謂《初學記》卷一一、《太平御覽》卷二二〇引作"景皇時"，《藝文類聚》卷六九、《太平御覽》卷七一〇（當作七〇一）引作"景帝時"。今作"孫休時"，蓋後所追改，非《吴録》舊文如是也。今從趙説據所引改。

［15］亮：梁章鉅《旁證》云："是時陟之父安得猶名亮？此可疑者也。" 尚書令：官名。孫吴時仍爲尚書臺長官。秩千石。掌奏、下尚書曹文書衆事，選用署置官吏；總典臺中綱紀法度，無所不統。

［16］中書令：官名。孫吴仿西漢之制，置爲中書長官，主草擬詔令。

［17］儐：導引賓客之官員。

［18］來時：趙幼文《校箋》謂郝經《續後漢書》"來"上有"卿"字。

［19］安樂公：蜀漢後主劉禪降魏後，被封爲安樂縣公。

［20］西主：殿本作"西王"，百衲本、盧弼《集解》本、校點本作"西主"。今從百衲本等。西主，指劉禪。

［21］五千七百里：盧弼《集解》據齊召南《水道提綱》之推算，謂西陵至江都不過三千里，此云五千七百里，似言大而誇。

［22］防護風寒：各本皆作"護風寒"。趙幼文《校箋》謂《建康實録》作"防護風寒"，是也。下文"防護風寒"正承此句而言。今從趙説補"防"字。

［23］雉：計算城墻面積的單位。《左傳·隱公元年》："都城

過百雉，國之害也。"杜預注："方丈曰堵，三堵曰雉。一雉之墻長三丈，高一丈。"

[24] 東冶：縣名。吳又改名爲侯官。治所在今福建福州市。

[25] 太子少傅：官名。與太子太傅並稱太子二傅。東漢時秩中二千石，掌輔導太子及東宮衆務。曹魏以二傅並攝東宮事務，與尚書東曹並掌太子、諸侯官屬之選舉。孫吳亦置。

寶鼎元年正月，[1]遣大鴻臚張儼、五官中郎將丁忠弔祭晉文帝。[2]及還，儼道病死。[一]忠說晧曰："北方守戰之具不設，弋陽可襲而取。"[3]晧訪群臣，鎮西大將軍陸凱曰：[4]"夫兵不得已而用之耳，且三國鼎立已來，更相侵伐，無歲寧居。今彊敵新并巴蜀，有兼土之實，而遣使求親，欲息兵役，不可謂其求援於我。今敵形勢方彊，而欲徼幸求勝，未見其利也。"車騎將軍劉纂曰：[5]"天生五才，[6]誰能去兵？[7]譎詐相雄，有自來矣。若其有闕，庸可棄乎？宜遣閒諜，以觀其勢。"晧陰納纂言，且以蜀新平，故不行，然遂自絕。八月，[8]所在言得大鼎，於是改年，大赦。以陸凱爲左丞相，[9]常侍萬彧爲右丞相。冬十月，永安山賊施但等聚衆數千人，[二]劫晧庶弟永安侯謙出烏程，取孫和陵上鼓吹曲蓋。[10]比至建業，衆萬餘人。丁固、諸葛靚逆之於牛屯，[11]大戰，但等敗走。獲謙，謙自殺。[三][12]分會稽爲東陽郡，[13]分吳、丹楊爲吳興郡。[四][14]以零陵北部爲邵陵郡。[15]十二月，晧還都建業，衛將軍滕牧留鎮武昌。

〔一〕《吴録》曰：儼字子節，吴人也。弱冠知名，歷顯位，[16]以博聞多識，拜大鴻臚。使於晋，晧謂儼曰："今南北通好，以君爲有出境之才，故相屈行。"對曰："皇皇者華，[17]〔臣〕蒙其榮，（耀）〔懼〕無古人延譽之美，[18]磨厲鋒鍔，思不辱命。"[19]既至，車騎將軍賈充、尚書令裴秀、侍中荀勖等欲傲以所不知而不能屈。[20]尚書僕射羊祜、尚書何楨並結縞帶之好。[21]

〔二〕《吴録》曰：永安今武康縣也。

〔三〕《漢晋春秋》曰：初望氣者云荊州有王氣破揚州而建業宮不利，故晧徙武昌，遣使者發民掘荊州界大臣名家冢與山岡連者以厭之。既聞但反，自以爲徙上得計也。[22]使數百人鼓譟入建業，殺但妻子，云天子使荊州兵來破揚州賊，以厭前氣。

〔四〕晧詔曰："古者分土建國，所以襃賞賢能，廣樹藩屏。秦毀五等爲三十六郡，[23]漢室初興，閒立乃至百王，[24]因事制宜，蓋無常數也。今吴郡陽羨、永安、餘杭、臨水及丹楊故鄣、安吉、原鄉、於潛諸縣，[25]地勢水流之便，悉注烏程，既宜立郡以鎮山越，且以藩衛明陵，[26]奉承大祭，不亦可乎！其亟分此九縣爲吴興郡，治烏程。"

[1] 寶鼎：吴末帝孫晧年號（266—269）。按史例，"正月"前當有"春"字。

[2] 大鴻臚：官名。漢列卿之一，秩中二千石。掌少數民族君長、諸侯王、列侯之迎送、接待，安排朝會、封授、襲爵及奪爵削土之典禮；諸侯王死，則奉詔護理喪事，宣讀誅策謚號；百官朝會，掌贊襄引導；兼管京都之郡國邸舍及郡國上計吏之接待；又兼管少數民族之朝貢使節及侍子。三國沿之，魏爲三品。

[3] 弋陽：郡名。治所弋陽縣，在今河南潢川縣西。

[4] 鎮西大將軍：官名。職掌與鎮西將軍同，唯資深者爲大將軍。孫吴亦置。

[5]車騎將軍：官名。東漢時位比三公，常以貴戚充任。出掌征伐，入參朝政。漢靈帝時常作贈官。魏晉時位次驃騎將軍，在諸名號將軍上，多作爲軍府名號，加授大臣、重要州郡長官，無具體職掌，第二品。開府者位從公，一品。三國吳亦置。

[6]五才：亦作"五材"。指金、木、水、火、土。

[7]誰能：百衲本無"誰"字，殿本、盧弼《集解》本、校點本有。今從殿本等。

[8]八月：按史例，"八月"前當有"秋"字。

[9]左丞相：官名。漢末建安十三年曹操復置丞相，魏罷置。吳亦置丞相，又一度分置左、右。

[10]鼓吹：演奏樂曲的樂隊。此指樂器。 曲蓋：儀仗用的曲柄傘。

[11]牛屯：地名。在今江蘇南京市城南。

[12]謙自殺：潘眉《考證》云："按《吳歷》言丁固獲謙，皓鴆之，子母皆死。與此異。"按潘氏所言《吳歷》，見本書卷五九《孫和傳》裴注。

[13]東陽郡：治所長山縣，在今浙江金華市。

[14]吳興郡：治所烏程縣，在今浙江湖州市南下菰城。

[15]邵陵郡：吳增僅《三國郡縣表附考證》謂吳於漢昭陵縣地置郡，無緣改"昭"爲"邵"，當直名"昭陵郡"。入西晉避"昭"諱，始改"昭"爲"邵"，乃名曰"邵陵郡""邵陵縣"。陳壽由後言之，故稱"邵陵"。邵陵郡治所邵陵縣，在今湖南邵陽市。

[16]歷顯位：盧弼《集解》云："何焯曰：《御覽》'歷'上有'早'字。"趙幼文《校箋》謂見《太平御覽》卷二三二。

[17]皇皇者華：《詩·小雅·皇皇者華》之辭，其序云："皇皇者華，君遣使臣也。送之以禮樂，言遠而有光華也。"毛傳："言臣出使，能揚君之美，延其譽於四方，則為不辱命也。"

[18]臣蒙：各本皆無"臣"字。盧弼《集解》引何焯曰："《御覽》'蒙'上有'臣'字。'耀'作'懼'。"按，此兩句《建

康實録》卷四亦作"臣蒙其榮，懼無古人延譽之美"。今據《太平御覽》《建康實録》改。

[19] 辱命：百衲本、殿本、盧弼《集解》本、校點本1959年12月第1版均作"辱命"，校點本1982年7月第2版誤改爲"尋命"。今仍從百衲本等。

[20] 尚書令：官名。晉代仍爲尚書臺長官，第三品。已綜理朝政，爲政務長官，參議大政，職如宰相。　侍中：官名。曹魏時第三品，爲門下侍中寺長官。職掌門下衆事，侍從左右，顧問應對，拾遺補闕，與散騎常侍、黃門侍郎等共平尚書奏事。晉沿置，爲門下省長官。

[21] 尚書僕射（yè）：官名。魏、晉時爲尚書省次官，秩六百石，第三品。或單置，或並置左、右。左、右並置時，左僕射居右僕射上。輔助尚書令執行政務，參議大政，諫諍得失，監察糾彈百官，可封還詔旨，常受命主管官吏選舉。　尚書：官名。西晉初，置吏部、三公、客曹、駕部、屯田、度支六曹尚書，秩皆六百石，第三品。其中吏部職要任重，徑稱吏部尚書，其餘諸曹均稱尚書。　何楨：百衲本、殿本作"何禎"，盧弼《集解》本、校點本作"何楨"。盧弼《集解》云："趙一清曰：《魏志·胡昭傳》注引《文士傳》云'何楨字元幹'，當從木作'楨'。弼按何楨見《齊王紀》嘉平六年注，又見《晉書·文帝紀》甘露二年。"今從《集解》本等。　縞帶：《左傳·襄公二十九年》：吳公子季札"聘于鄭，見子產，如舊相識。與之縞帶，子產獻紵衣焉"。後世因以"縞帶"或"紵衣"喻深厚的友誼，或指朋友間的相互饋贈。

[22] 徙上：百衲本作"徙上"，殿本、盧弼《集解》本、校點本皆作"徙土"。郝經《續後漢書》亦作"徙土"。趙幼文《校箋》云："武昌居建業上流，故曰徙上，'土'字疑誤。"按《建康實録》卷四亦云"故後主上武昌"。今從百衲本。

[23] 五等：指五等爵。《禮記·王制》云："王者之制禄爵，公、侯、伯、子、男，凡五等。"

[24] 闔立：開啓設立。《説文·門部》："闔，開也。"段玉裁注："本爲開門，引申爲凡導啓之稱。" 百王：百衲本、殿本、盧弼《集解》本作"百五"，校點本作"百王"。盧弼《集解》云："馮本'五'作'王'。"今從校點本。百王，謂封王之多，並非實有百王。《漢書·諸侯王表》云："漢興之初，海内新定，同姓寡少，懲戒亡秦孤立之敗，於是剖裂疆土，立二等之爵。功臣侯者百有餘邑，尊子弟，大啓九國。"顏師古注"立二等之爵"引韋昭云："漢封功臣，大者王，小者侯也。"

[25] 餘杭：縣名。治所在今浙江杭州市餘杭區西南餘杭鎮。 臨水：縣名。治所在今浙江臨安縣西北。 故鄣：縣名。治所在今浙江安吉縣北安城鎮西北。 安吉：縣名。治所在今浙江安吉縣西南豐城鎮。 原鄉：縣名。治所在今浙江安吉縣安城鎮東。 於潛：縣名。治所在今浙江臨安市西於潛鎮。

[26] 明陵：孫和之陵墓。孫晧即帝位後，追謚孫和爲文皇帝，改葬明陵。明陵在烏程縣西陵山，在今浙江湖州市北。

二年春，[1]大赦。右丞相萬彧上鎮巴丘。[2]夏六月，起顯明宫，〔一〕冬十二月，晧移居之。是歲，分豫章、廬陵、長沙爲安成郡。[3]

〔一〕《太康三年地記》曰：吳有太初宫，方三百丈，權所起也。昭明宫方五百丈，晧所作也。避晉諱，故曰顯明。

《吳歷》云：顯明在太初之東。

《江表傳》曰：晧營新宫，[4]二千石以下皆自入山督攝伐木。又破壞諸營，大開（園）〔苑〕囿，[5]起土山樓觀，窮極伎巧，功役之費以億萬計。[6]陸凱固諫，不從。

[1] 二年春："春"字下當有月份。

［2］巴丘：山名。在今湖南岳陽市西南部。孫吳在此設有邸閣。

［3］安成郡：治所平都縣，在今江西安福縣東南。

［4］營：盧弼《集解》作"塋"，百衲本、殿本、校點本作"營"。今從百衲本等。

［5］苑囿：各本皆作"園囿。"盧弼《集解》云："《通鑑》'園'作'苑'。"按，《建康實錄》卷四亦作"苑"。趙幼文《校箋》謂《太平御覽》卷七三（當作一七三）引《吳志》亦作"苑"。今從諸書改。

［6］功：盧弼《集解》本作"工"，百衲本、殿本、校點本作"功"。今從百衲本等。

三年春二月，以左右御史大夫丁固、孟仁爲司徒、司空。〔一〕[1]秋九月，晧出東關，[2]丁奉至合肥。[3]是歲，遣交州刺史劉俊、前部督脩則等入擊交阯。[4]爲晉將毛炅等所破，皆死，兵散還合浦。[5]

〔一〕《吳錄》曰：[6]初，固爲尚書，夢松樹生其腹上，謂人曰："松字十八公也，後十八歲，吾其爲公乎！"卒如夢焉。

［1］司徒司空：皆官名。東漢時與太尉並爲三公，共同行使宰相職能，位次太尉。司徒本職掌民政，司空本職掌土木營建與水利工程。而孫吳之宰相乃丞相，則太尉、司徒、司空雖爲三公，實無具體職掌，僅名高位崇而已。

［2］東關：地名。在今安徽巢湖市東南裕溪河東岸。

［3］合肥：縣名。治所在今安徽合肥市西北。

［4］前部督脩則：盧弼《集解》云："《通鑑》作大都督脩則。"趙幼文《校箋》云："《晉書·陶璜傳》作大都督脩則。"

[5] 合浦：郡名。治所合浦縣，在今廣西合浦縣東北。

[6] 吳録：殿本、盧弼《集解》本、校點本作"吳書"，百衲本作"吳録"。趙幼文《校箋》謂《初學記》卷一一、《太平御覽》卷二〇七、卷三七一、卷三九八、《事類賦》卷二四引俱作"吳録"，《文選》陸士衡《辨亡論》李善注引同。今從百衲本與趙説作"吳録"。

建衡元年春正月，[1]立子瑾爲太子，及淮陽、東平王。[2]冬十月，改年，大赦。十一月，左丞相陸凱卒。遣監軍虞汜、威南將軍薛珝、蒼梧太守陶璜由荆州，[3]監軍李勖、督軍徐存從建安海道，[4]皆就合浦擊交阯。

二年春，萬彧還建業。李勖以建安道不通利，殺導將馮斐，引軍還。三月，天火燒萬餘家，[5]死者七百人。夏四月，左大司馬施績卒。殿中列將何定白"少府李勖枉殺馮斐，[6]擅徹軍退還"。勖及徐存家屬皆伏誅。秋九月，何定將兵五千人上夏口獵。都督孫秀奔晋。[7]是歲大赦。

三年春正月晦，皓舉大衆出華里，[8]皓母及妃妾皆行，東觀令華覈等固爭，[9]乃還。〔一〕是歲，汜、璜破交阯，禽殺晋所置守將，九真、日南皆還屬。〔二〕[10]大赦，分交阯爲新昌郡。[11]諸將破扶嚴，置武平郡。[12]以武昌督范慎爲太尉。[13]右大司馬丁奉、司空孟仁卒。〔三〕西苑言鳳凰集，改明年元。

〔一〕《江表傳》曰：初丹楊刁玄使蜀，得司馬徽與劉廙論運命曆數事。玄詐增其文以誑國人曰："黃旗紫蓋見於東南，終有天下者，荊、揚之君乎！"又得中國降人，[14]言壽春下有童謠曰"吳天子當〔西〕上"。[15]晧聞之，[16]喜曰："此天命也。"即載其母妻子及後宮數千人，[17]從牛渚陸道西上，[18]云青蓋入洛陽，[19]以順天命。行遇大雪，道塗陷壞，兵士被甲持仗，百人共引一車，寒凍殆死。兵人不堪，皆曰："若遇敵便當倒戈耳。"晧聞之，乃還。

〔二〕《漢晉春秋》曰：初霍弋遣楊稷、毛炅等戍，[20]與之誓曰："若賊圍城，未百日而降者，家屬誅；若過百日而城沒者，[21]刺史受其罪。"稷等日未滿而糧盡，[22]乞降於璜。璜不許，而給糧使守。吳人並諫，璜曰："霍弋已死，無能來者，可須其糧盡，[23]然後乃受，使彼來無罪，而我取有義，內訓吾民，外懷鄰國，不亦可乎！"稷、炅糧盡，救不至，乃納之。

《華陽國志》曰：[24]稷，犍爲人。[25]炅，建寧人。[26]稷等城中食盡，死亡者半，將軍王約反降，吳人得入城，獲稷、炅，皆囚之。孫晧使送稷下都，稷至合浦，歐血死。晉追贈交州刺史。初，毛炅與吳軍戰，殺前部督脩則。陶璜等以炅壯勇，欲赦之。而則子允固求殺炅，炅亦不爲璜等屈，璜等怒，面縛炅詰之，曰："晉（兵）賊！"[27]炅屬聲曰："吳狗，何等爲賊？"吳人生剖其腹，允割其心肝，罵曰："庸復作賊？"炅猶罵不止，曰："尚欲斬汝孫晧，汝父何死狗也！"乃斬之。晉武帝聞而哀矜，即詔使炅長子襲爵，餘三子皆關內侯。[28]此與《漢晉春秋》所說不同。[29]

〔三〕《吳錄》曰：仁字恭武，江夏人也，[30]本名宗，避晧字，易焉。少從南陽李肅學。[31]其母爲作厚幕大被，[32]或問其故，母曰："小兒無德致客，學者多貧，故爲廣被，庶可得與氣類接也。"其讀書夙夜不懈，肅奇之，曰："卿宰相器也。"初爲驃騎將軍朱據軍吏，將母在營。既不得志，又夜雨屋漏，因起涕泣，以謝其母，母曰："但當勉之，何足泣也？"據亦稍知之，除爲監池司馬。[33]自能結網，手以捕魚，作鮓寄母，[34]母因以還之，曰：

"汝爲魚官，而以鮓寄我，非避嫌也。"遷吳令。時皆不得將家之官，每得時物，（來）〔未〕以寄母，[35]常不先食。及聞母亡，犯禁委官，語在《權傳》。特爲減死一等，復使爲官，蓋優之也。

《楚國先賢傳》曰：宗母嗜筍，冬節將至。[36]時筍尚未生，宗入竹林哀嘆，而筍爲之出，得以供母，[37]皆以爲至孝之所致感。[38]累遷光禄勳，遂至公矣。[39]

[1] 建衡：吳末帝孫晧年號（269—271）。

[2] 淮陽：西漢初置淮陽王國，治所陳縣，在今河南淮陽縣。漢惠帝以後時爲郡時爲國。東漢初復爲淮陽國，章帝末年改名陳國。孫晧此時又用淮陽之名。但其地爲晉地，僅空名而已。 東平：王國名。漢魏時治所無鹽縣，在今山東東平縣東。西晉移治所於須昌縣，在今東平縣西北。此亦晉地，吳僅有空名。

[3] 監軍：官名。三國時期，諸軍出征，多置監軍監視將帥，權勢頗重。 威南將軍：官名。孫吳置，領兵出征。 蒼梧：郡名。治所廣信縣，在今廣西梧州市。

[4] 督軍：官名。建安中曹操置，三國沿置。統兵，權任較重，位在郡守之上。

[5] 天火：趙幼文《校箋》謂《晉書·五行志》"天"字作"大"。按，《宋書·五行志》亦作"大火"。

[6] 殿中列將：官名。孫吳置，亦稱殿上列將。是皇帝左右親近之職。 白：校點本作"曰"，百衲本、殿本、盧弼《集解》本作"白"。今從百衲本等。

[7] 都督：官名。此爲領兵將領。是時孫秀爲夏口督。（見本書卷五一《孫匡傳》）

[8] 華里：地名。在江蘇南京市城區西南部。

[9] 東觀令：官名。孫吳置，掌校定宮廷藏書及修史。

[10] 九真：郡名。治所胥浦縣，在今越南清化省清化市西北

東山縣陽舍村。《晉書》卷三《武帝紀》謂泰始七年（271）夏四月，"九真太守董元爲吳將虞氾所攻，軍敗，死之"。　日南：郡名。治所朱吾縣，在今越南廣平省美麗縣附近。

［11］新昌郡：治所麓泠縣，在今越南永富省安朗縣西夏雷村。

［12］武平郡：治所武定縣，在今越南永富省永福縣東南平州。

［13］武昌督：官名。本書卷五九《孫登傳》裴注引《吳錄》作"武昌左部督"。當以《吳錄》爲是。孫權赤烏八年（245），分長江中下游之軍事防務爲兩部，置武昌左部與右部督統領之。武昌左部督掌管武昌以下軍務，右部督掌管武昌以上至蒲圻的軍務。職權頗重。蒲圻縣治所在今湖北蒲圻市西梁湖南岸竸江口。

［14］中國：殿本、盧弼《集解》本作"國中"，百衲本、校點本作"中國"。今從百衲本等。中國，指中原地區。此即指魏國。

［15］當西上：各本皆無"西"字。趙幼文《校箋》謂《太平御覽》卷四六引"當"下有"西"字，似應據增。下文"從牛渚陸道西上"，正承此而言，《建康實錄》亦有"西"字。今從趙說補。

［16］晧聞之：百衲本無"之"字，殿本、盧弼《集解》本、校點本皆有。今從殿本等。

［17］數千人：百衲本無"人"字，殿本、盧弼《集解》本、校點本皆有。今從殿本等。

［18］牛渚：山名。在今安徽馬鞍山市西南。此山突出於江中，稱牛渚磯，又名采石磯。自古爲大江南北重要津渡，爲軍事上必爭之地。

［19］云：趙幼文《校箋》謂《建康實錄》"云"上有"呼"字。

［20］戍：趙幼文《校箋》謂《通鑑考異》卷三引"戍"下有"交阯"二字。

［21］若過百日：趙幼文《校箋》謂《晉書》卷五七《陶璜傳》及《通鑑考異》引"百日"下有"救兵不至"四字。

[22] 穆等日未滿而糧盡：趙幼文《校箋》云："'日'上疑有奪文，語意不完。《晉書·陶璜傳》及《通鑑考異》作'守未百日'，則此句'日'字上奪'百'，與上文'未過百日'義正相承也。"按，上文言"未百日而降者""若過百日而城沒者"，則此云"日未滿"，即指百日未滿，不會產生歧義。而《晉書·陶璜傳》及《通鑑考異》皆作"守未百日"，又無"滿"字，若將"百"字易作"滿"字，作"守未滿日"，亦無不可。

[23] 糧盡：趙幼文《校箋》云："《通鑑考異》作'日滿'。"按《晉書·陶璜傳》亦作"日滿"。

[24] 華陽國志：以下爲意引，參見《華陽國志》卷四《南中志》。

[25] 犍爲：郡名。治所武陽縣，在今四川彭山縣東北江口。

[26] 建寧：郡名。治所味縣，在今雲南曲靖市西。

[27] 晉賊：各本皆作"晉兵賊"。趙一清《注補》云："'兵'字衍。"盧弼《集解》亦謂《晉書·陶璜傳》無"兵"字。校點本從趙說刪"兵"字。今從之。

[28] 關内侯：爵名。漢制二十級爵之第十九級，次於列侯，祇有封户收取租税而無封地。魏文帝定爵制爲十等，關内侯在亭侯下，仍爲虛封，無食邑。西晉亦同。

[29] 此與《漢晉春秋》所説不同：《通鑑》卷七九晉武帝泰始七年《考異》云："按孫晧猜暴，恐璜不敢以糧資敵，今從《華陽國志》。"

[30] 江夏：郡名。東漢時治所西陵縣，在今湖北新州縣西。吴江夏郡治所武昌縣，在今湖北鄂州市。

[31] 南陽：郡名。治所宛縣，在今河南南陽市。　李肅：趙幼文《校箋》謂《太平御覽》卷四七四（當作四七五）引環濟《吴紀》"肅"字作"恭"。

[32] 蓐：百衲本、盧弼《集解》本作"蓐"，殿本、校點本作"褥"。按，二字同，今從百衲本等。

［33］監池司馬：百衲本、殿本、盧弼《集解》本作"鹽池司馬"。趙一清《注補》云："鹽，一本作'監'是也。孟宗時爲雷池監司馬。"校點本正作"監池司馬"。今從之。按，《太平御覽》卷四一三引《孟宗別傳》謂孟宗爲雷池監。雷池，即大雷水。在今湖北黃梅縣和安徽宿松縣以南、望江縣西境長江北岸龍感湖、大官湖及泊湖一帶。乃吳國魚產基地，故設監池司馬以管之。

［34］鮓（zhǎ）：用腌、糟等方法加工的魚類食品。《釋名·釋飲食》："鮓，葅也。以鹽、米釀魚以爲葅，熟而食之也。"

［35］未以寄母：各本作"來以寄母"。趙幼文《校箋》謂《建康實錄》"來"字作"未"，是。今從趙說改。

［36］冬節將至：趙幼文《校箋》謂《藝文類聚》卷八九引句上有"及母亡"三字。

［37］供母：《藝文類聚》卷八九引作"供祭"，《建康實錄》卷二亦作"供祭"。

［38］皆以爲至孝之所致感：趙幼文《校箋》謂《藝文類聚》卷八九、《太平御覽》卷九六三引作"時人皆以爲孝感所致"。按，《藝文類聚》實作"至孝之感也"。

［39］遂至公矣：趙幼文《校箋》謂《文選·辨亡論》李善注引作"遂至三公"。

鳳皇元年秋八月，[1]徵西陵督步闡。闡不應，據城降晉。遣樂鄉都督陸抗圍取闡，[2]闡衆悉降。闡及同計數十人皆夷三族。[3]大赦。是歲右丞相萬彧被譴憂死，徙其子弟於廬陵。〔一〕何定姦穢發聞，伏誅。皓以其惡似張布，追改定名爲布。〔二〕

〔一〕《江表傳》曰：初皓游華里，或與丁奉、留平密謀曰："此行不急，若至華里不歸，社稷事重，不得不自還。"此語頗泄。

晧聞知，以或等舊臣，且以計忍而陰銜之。後因會，以毒酒飲或，傳酒人私減之。又飲留平，平覺之，服他藥以解，得不死。或自殺。平憂懣，月餘亦死。

〔二〕《江表傳》曰：定，汝南人，本孫權給使也，[4]後出補吏。定侫邪僭媚，自表先帝舊人，求還內侍，晧以爲樓下都尉，[5]典知酤糴事，專爲威福。而晧信任，委以衆事。定爲子求少府李勖女，不許。定挾忿譖勖於晧，晧尺口誅之，[6]焚其尸。定又使諸將各上好犬，皆千里遠求，一犬至直數千匹。御犬率具纓，直錢一萬。一犬一兵，養以捕兔供廚。所獲無幾。吳人皆歸罪於定，而晧以爲忠勤，賜爵列侯。[7]

《吳歷》曰：中書郎奚熙譖宛陵令賀惠。[8]惠，劭弟也。遣使者徐粲訊治，熙又譖粲顧護不即決斷。晧遣使就宛陵斬粲，收惠付獄。會赦得免。

[1] 鳳皇：吳末帝孫晧年號（272—274）。

[2] 樂鄉：城名。陸抗所築。在今湖北松滋市東北長江南岸涴市。

[3] 三族：指父族、母族、妻族。

[4] 給使：內侍隨從人。

[5] 樓下都尉：官名。孫晧所置。

[6] 尺口：指嬰兒。

[7] 列侯：爵名。漢代二十級爵之最高者。金印紫綬，有封邑，食租稅。功大者食縣邑，小者食鄉、亭。

[8] 宛陵：縣名。治所在今安徽宣州市。

二年春三月，以陸抗爲大司馬。司徒丁固卒。秋九月，改封淮陽爲魯，[1]東平爲齊，[2]又封陳留、章陵等九王，[3]凡十一王，王給三千兵。大赦。晧愛妾或使人至市劫奪百姓財物，[4]司市中郎將陳聲，[5]素晧幸臣也，恃晧寵遇，繩之以法。妾以愬晧，晧大怒，假他事燒鋸斷聲頭，投其身於四望之下。[6]是歲，太尉范慎卒。

三年，會稽妖言章安侯奮當爲天子。臨海太守奚熙與會稽太守郭誕書，非論國政。誕但白熙書，不白妖言，送付建安作船。〔一〕遣三郡督何植收熙，[7]熙發兵自衛，斷絕海道。熙部曲殺熙，送首建業，夷三族。秋七月，遣使者二十五人分至州郡，科出亡叛。[8]大司馬陸抗卒。自改年及是歲，連大疫。分鬱林爲桂林郡。[9]

〔一〕《會稽邵氏家傳》曰：[10]邵疇字溫伯，時爲誕功曹。[11]誕被收，惶遽無以自明。疇進曰："疇今自在，疇之事，[12]明府何憂？"[13]遂詣吏自列，[14]云不白妖言，事由于己，非府君罪。吏上疇辭，晧怒猶盛。疇慮誕卒不免，遂自殺以證之。臨亡，置辭曰："疇生長邊陲，不閑教道，得以門資，厠身本郡，踰越儕類，位極朝右，[15]不能贊揚盛化，養之以福。今妖訛橫興，干國亂紀，疇以噂𠴲之語，[16]本非事實，雖家誦人詠，不足有慮。[17]天下重器，而匹夫橫議，疾其醜聲，不忍聞見，欲含垢藏疾，不彰之翰筆，鎮躁歸靜，使之自息。愚心勤勤，每執斯旨，故誕屈其所是，默以見從。[18]此之爲怨，實由於疇。謹不敢逃死，歸罪有司，唯乞天鑒，特垂清察。"吏收疇喪，得辭以聞，晧乃免誕大刑，送付建安作船。疇亡時，年四十。晧嘉疇節義，詔郡縣圖形廟堂。

[1] 魯：郡名。治所魯縣，在今山東曲阜市東古城。吳以此爲封國，僅具空名。以下齊、陳留、章陵等，亦僅具空名。

〔2〕齊：王國名。治所臨菑縣，在今山東淄博市東北臨淄鎮北。

〔3〕陳留：郡名。治所陳留縣，在今河南開封市東南。　章陵：郡名。治所章陵縣，在今湖北棗陽市南。

〔4〕劫奪：趙幼文《校箋》謂《太平御覽》卷四九一（當作四九二）、卷七六三、卷八二七引"劫"字俱作"賤"。按，《太平御覽》卷七六三實作"賊"。

〔5〕司市中郎將：官名。孫吳置。主管市場。

〔6〕四望：山名。在今江蘇江寧縣城西北。

〔7〕三郡督：官名。胡三省云："蓋督臨海、建安、會稽三郡也。"（《通鑑》卷八〇晋武帝泰始十年注）

〔8〕科：各本皆作"科"，郝經《續後漢書》亦作"科"。《建康實錄》卷四作"料"。

〔9〕鬱林：郡名。治所布山縣，在今廣西桂平縣西南古城。桂林郡：治所武安縣，在今廣西柳州市東南。

〔10〕會稽邵氏家傳：沈家本《三國志注所引書目》謂《隋書·經籍志》不著錄，《舊唐書·經籍志》《新唐書·藝文志》著錄爲十卷，而不題"會稽"，亦無撰人。

〔11〕功曹：官名。漢代郡太守下設功曹史，簡稱功曹，爲郡太守之佐吏，除分掌人事外，得參與一郡之政務。魏、晋沿置。

〔12〕疇之事：郝經《續後漢書·邵疇傳》無此三字。

〔13〕明府：對郡太守的敬稱。

〔14〕自列：胡三省云："自列，猶自陳也。"（《通鑑》卷八〇晋武帝泰始十年注）

〔15〕朝右：胡三省云："郡功曹位居郡朝之右。"（《通鑑》卷八〇晋武帝泰始十年注）

〔16〕噂（zǔn）嗒（tà）：胡三省云："聚語也。"（《通鑑》卷八〇晋武帝泰始十年注）

〔17〕有慮：郝經《續後漢書·邵疇傳》作"有累"。

[18]默以見從：胡三省云："謂誕從疇之説，默而不白妖言也。"

天册元年，[1]吴郡言掘地得銀，長一尺，廣三分，刻上有年月字，於是大赦，改年。

天璽元年，[2]吴郡言臨平湖自漢末草穢壅塞，[3]今更開通。長老相傳：此湖塞，天下亂，此湖開，天下平。又於湖邊得石函，[4]中有小石，青白色，長四寸，廣二寸餘，刻上作皇帝字，[5]於是改年，大赦。會稽太守車浚、湘東太守張詠不出算緡，[6]就在所斬之，徇首諸郡。〔一〕秋八月，京下督孫楷降晋。[7]鄱陽言歷（陽）〔陵〕山石文理成字，[8]凡二十，云"楚九州渚，吴九州都，揚州士，[9]作天子，四世治，太平始"。〔二〕又吴興陽羨山有空石，長十餘丈，名曰石室，在所表爲大瑞。[10]乃遣兼司徒董朝、兼太常周處至陽羨縣，[11]封禪國山。[12]（明年改）〔改明年〕元，[13]大赦，以協石文。

〔一〕《江表傳》曰：浚在公清忠，值郡荒旱，民無資糧，表求振貸。晧謂浚欲樹私恩，遣人梟首。又尚書熊睦見晧酷虐，微有所諫，晧使人以刀環撞殺之，身無完肌。

〔二〕《江表傳》曰：歷（陽）〔陵〕縣有石〔印〕山臨水，[14]高百丈，其三十丈所，有（七）〔土〕穿駢羅，[15]穿中色黄赤，不與本體相似，俗相傳謂之石印。又云，石印封發，天下當太平。下有祠屋，[16]巫祝言石印神有三郎。時歷（陽）〔陵〕長表上言石印發，[17]晧遣使以太牢祭歷〔陵〕山。[18]巫言，石印三郎説"天下方太平"。使者作高梯，上看印文，詐以朱書石作二十字，還以啓晧。晧大喜曰："吳當爲九州作都、渚乎！"[19] 從大皇帝逮孤四世矣，太平之主，非孤復誰？"重遣使，以印綬拜三郎爲王，又刻石立銘，褒贊靈德，以答休祥。

［1］天册：吳末帝孫晧年號（275）。

［2］天璽：吳末帝孫晧年號（276）。

［3］臨平湖：在今浙江杭州市餘杭區臨平鎮南。原周圍十里，今多淤廢，僅存小河，爲上塘河所經。

［4］得石函：潘眉《考證》據《禪國山碑》所云，謂得璽在天璽前一年，今書得函在本年者非。

［5］刻上：趙幼文《校箋》謂《初學記》卷二〇、《太平御覽》卷六五二引俱無"上"字。《水經·漸江水注》同。

［6］算緡（mín）：漢代的一種稅制。凡商人、手工業者須向政府自報其貨值，每二千錢納稅一算（百二十錢）。緡本是穿錢的繩子，因亦指錢。孫吳沿襲漢代之賦稅制度，故有算緡。

［7］京下督：官名。京口駐軍的長官。京口在今江蘇鎮江市。

［8］歷陵：各本皆作"歷陽"。胡三省云："《晉志》鄱陽郡無歷陽縣，有歷陵縣，'陽'當作'陵'。"（《通鑑》卷八〇晉武帝咸寧元年注）趙一清《注補》、梁章鉅《旁證》亦有同説。趙幼文《校箋》又謂《宋書·五行志》作"歷陵"（按百衲本作"歷陵"，殿本、校點本作"歷陽"，當從百衲本）、《太平御覽》卷四八、卷六八三引"陽"字亦作"陵"。今從胡等説改。歷陵縣治所在今江西德安縣東。

［9］揚州土：趙一清《補注》謂以《太平寰宇記》校，"土"即"士"字，古通。按，"土"與"士"，蓋形近致誤。

［10］大瑞：趙幼文《校箋》謂《藝文類聚》卷三九引作"天瑞"。

［11］兼司徒董朝：潘眉《考證》云："《禪國山碑》云'大司空

董朝'。考建衡三年司空孟仁卒，朝當以是年爲司空；鳳皇二年司徒丁固卒，朝當以司空兼司徒，故碑稱大司空，而史書兼司徒。"趙幼文《校箋》謂《梁書》卷四〇《許懋傳》曰："孫晧遣兼司空董朝。"朝兼者乃司空，而非司徒也。

[12] 國山：孫吳以離里山改名，在今江蘇宜興市西南。當時立有《禪國山碑》，但至宋代，碑已殘缺。宋代趙彥衛《雲麓漫鈔》卷七謂陽羡山後有封禪碑，土人目曰囤碑，以其石圓八出如米廩云。字畫奇古，歲久多磨滅。訪得舊刻，以今文寫之。而其文大概言符瑞，初無可取，故備錄之，以見晧之亡有自矣。

[13] 改明年元：各本皆作"明年改元"，校點本從陳景雲《辨誤》說改。今從之。

[14] 歷陵：各本皆作"歷陽"。今從前胡三省等說改。下同。
石印山：各本皆作"石山"。梁章鉅《旁證》引沈欽韓曰："'石'下當脱'印'字。"趙幼文《校箋》謂《太平御覽》卷四八引有"印"字，沈説是。今從沈、趙說增"印"字。

[15] 土穿：各本皆作"七穿"。殿本《考證》云："宋本作'土穿'。"按，"七穿"不可理解，今從殿本《考證》改爲"土穿"。 駢羅：并列的羅。羅，木名。即橠。《玉篇·木部》："橠，木名。"《埤雅·釋木》："橠，一名羅，其文細密如羅，故曰羅也。"

[16] 下有：百衲本無"下"字，殿本、盧弼《集解》本、校點本有。今從殿本等。

[17] 石印發：趙幼文《校箋》謂《太平御覽》卷六八三引"印"下有"文"字。

[18] 歷陵山：各本皆作"歷山"。梁章鉅《旁證》引沈欽韓曰："'歷'下脱'陵'字。"趙幼文《校箋》謂《太平御覽》卷六八三引亦作"歷陵"。今從沈、趙説增"陵"字。

[19] 吳當爲：殿本《考證》云："宋本無'爲'字。"按百衲本有"爲"字。趙幼文《校箋》謂《建康實錄》有"爲"字，"州"下無"作"字。

天紀元年夏,[1]夏口督孫慎出江夏、汝南,[2]燒略居民。初,騶子張俶多所譖白,[3]累遷爲司直中郎將,[4]封侯,甚見寵愛,是歲姦情發聞,伏誅。〔一〕

〔一〕《江表傳》曰:俶父,會稽山陰縣卒也,知俶不良,上表云:"若用俶爲司直,有罪乞不從坐。"晧許之。俶表立彈曲二十人,[5]專糾司不法,於是愛惡相攻,互相謗告。彈曲承言,收繫囹圄,聽訟失理,獄以賄成。人民窮困,無所措手足。俶奢淫無厭,取小妻三十餘人,[6]擅殺無辜,衆姦並發,父子俱見車裂。

[1] 天紀:吳末帝孫晧年號(277—280)。

[2] 汝南:胡三省云:"江夏郡屬荆州,汝南郡屬豫州,相去甚遠。沈約《宋志》江夏太守治汝南縣,本沙羡土,晋末汝南郡民流寓夏口,因立爲汝南。則此江夏郡未有汝南縣也。無,亦史追書乎!"(《通鑑》卷八〇晋武帝咸寧三年注)

[3] 騶子:古代的駕車官。

[4] 司直中郎將:官名。孫吳置,主監察群臣,彈劾非法,直屬皇帝,權勢甚重。下設彈曲二十人,專糾司不法。

[5] 表立:百衲本作"表正",殿本、盧弼《集解》本、校點本作"表立"。殿本《考證》云:"表立,監本訛爲'表正',今改正。"今從殿本等。

[6] 三十:殿本《考證》云:"宋本'三十'作'二十'。"按,百衲本亦作"三十"。

二年秋七月,立成紀、宣威等十一王,[1]王給三千兵,大赦。

三年夏,郭馬反。馬本合浦太守脩允部曲督。[2]允轉桂林太守，疾病，住廣州。[3]先遣馬將五百兵至郡安撫諸夷。允死，兵當分給，馬等累世舊軍，不樂離別。皓時又科實廣州戶口，馬與部曲將何典、王族、吳述、殷興等因此恐動兵民，合聚人眾，攻殺廣州督虞授。馬自號都督交、廣二州諸軍事、安南將軍，[4]興廣州刺史，述南海太守。[5]典攻蒼梧，族攻始興。〔一〕八月，[6]以軍師張悌爲丞相，[7]牛渚都督何植爲司徒。執金吾滕（循）〔脩〕爲司空，[8]未拜，轉鎮南將軍，假節領廣州牧，率萬人從東道討馬，與族遇于始興，[9]未得前。馬殺南海太守劉略，[10]逐廣州刺史徐旗。皓又遣徐陵督陶濬將七千人從西道，[11]命交州牧陶璜部伍所領及合浦、鬱林諸郡兵，當與東西軍共擊馬。

〔一〕《漢晉春秋》曰：先是，吳有説讖者曰："吳之敗，兵起南裔，亡吳者公孫也。"[12]皓聞之，文武職位至于卒伍有姓公孫者，皆徙於廣州，不令停江邊。及聞馬反，大懼曰："此天亡也。"

[1] 成紀：縣名。治所在今甘肅靜寧縣西南治平河西岸。孫皓以此封王，乃縣王，且空名而已。宣威王亦同。　宣威：縣名。治所在今甘肅民勤縣西北。

[2] 部曲督：官名。三國兩晉軍中及州、郡皆置，主統兵，屬官有部曲將等。

[3] 廣州：刺史治所番禺縣，在今廣東廣州市。

[4] 都督交、廣二州諸軍事：官名。統領交州、廣州軍事的長官。　安南將軍：官名。漢獻帝建安初置，三國沿置，爲出鎮南方地區的軍事長官，或作爲刺史等地方官兼理軍務的加官。

〔5〕南海：郡名。治所即番禺縣。

〔6〕八月：按史例，"八月"前當有"秋"字。

〔7〕軍師：官名。三國時，大司馬、大將軍、三公及征、鎮等將軍等府皆置軍師，主管軍務。

〔8〕執金吾：官名。漢代秩中二千石，掌宮外及京都警衛，皇帝出行，則充護衛及儀仗。三國沿置。　滕脩：各本皆作"滕循"。趙一清《注補》謂《晋書·滕脩傳》作"滕脩"，即此人，後在晋爲安南將軍、廣州牧。按，《通鑑》亦作"滕脩。"今從趙説及《通鑑》改。

〔9〕與族：百衲本、殿本、盧弼《集解》本作"興族"。盧氏尚云："局本'興'作'與'誤。"趙幼文《校箋》云："毛本'興族'作'與族'。"按，此段文義，作"與族"較順。校點本即作"與族"，今從之。

〔10〕劉略：趙一清《注補》云："劉略即留贊子，見前《孫亮傳》。"盧弼《集解》亦謂趙氏以劉略爲留贊子，似不能無疑。當時"留""劉"頗易混淆。

〔11〕徐陵：地名。在今安徽當塗縣西南東梁山北。

〔12〕亡吴者：殿本作"世吴者"，百衲本、盧弼《集解》本、校點本作"亡吴者"。今從百衲本等。

　　有鬼目菜生工人黄耈家，[1]依緣棗樹，長丈餘，莖廣四寸，厚三分。[2]又有買菜生工人吴平家，[3]高四尺，厚三分，如枇杷形，上廣尺八寸，下莖廣五寸，兩邊生葉緑色。[4]東觀案圖，[5]名鬼目作芝草，買菜作平慮草，遂以耈爲侍芝郎，[6]平爲平慮郎，皆銀印青綬。[7]

　　冬，晋命鎮東大將軍司馬伷向塗中，[8]安東將軍王渾、揚州刺史周浚向牛渚，[9]建威將軍王戎向武昌，[10]

平南將軍胡奮向夏口，[11]鎮南將軍杜預向江陵，[12]龍驤將軍王濬、廣武將軍唐彬浮江東下，[13]太尉賈充爲大都督，[14]量宜處要，盡軍勢之中。陶濬至武昌，聞北軍大出，停駐不前。

初，晧每宴會羣臣，無不咸令沈醉。置黃門郎十人，[15]特不與酒，侍立終日，爲司過之吏。宴罷之後，各奏其闕失，迕視之咎，謬言之愆，罔有不舉。大者即加威刑，小者輒以爲罪。[16]後宮數千，而採擇無已。又激水入宮，宮人有不合意者，輒殺流之。或剝人之面，或鑿人之眼。岑昬險諛貴幸，致位九列，[17]好興功役，衆所患苦。是以上下離心，莫爲晧盡力，蓋積惡已極，不復堪命故也。〔一〕

〔一〕吳平後，晉侍中庾峻等問晧侍中李仁曰："聞吳主披人面，刖人足，有諸乎？"仁曰："以告者過也。君子惡居下流，[18]天下之惡皆歸焉。蓋此事也，若信有之，亦不足怪。[19]昔唐、虞五刑，[20]三代七辟，肉刑之制，未爲酷虐。晧爲一國之主，秉殺生之柄，罪人陷法，加之以懲，何足多罪！夫受堯誅者不能無怨，受桀賞者不能無慕，此人情也。"又問曰："云歸命侯乃惡人橫睛逆視，[21]皆鑿其眼，有諸乎？"仁曰："亦無此事，傳之者謬耳。《曲禮》曰視天子由袷以下，[22]視諸侯由頤以下，[23]視大夫由衡，[24]視士則平面，[25]得游目五步之內；[26]視上於衡則傲，下於帶則憂，旁則邪。以禮視瞻，高下不可不慎，況人君乎哉？視人君相近，是乃禮所謂傲慢；傲慢則無禮，無禮則不臣，不臣則犯罪，犯罪則陷不測矣。正使有之，將有何失？"凡仁所答，峻等皆善之，文多不悉載。

[1]鬼目菜：草名。即鬼目草。《爾雅·釋草》："苻，鬼目。"郭璞注："今江東有鬼目草，莖似葛，葉員而毛，子如耳璫也，赤色叢生。"　黃耇：趙幼文《校箋》謂《太平御覽》卷九九八引"耇"字作"苟"，《建康實錄》同。按，《太平御覽》實作"狗"，《建康實錄》實作"狗"。張忱石《校勘記》云："《晉書·五行志中》《宋書·五行志三》作'黃狗'。狥、狗同。"

　　[2]莖：趙幼文《校箋》謂《齊民要術》卷一〇引作"葉"。　厚三分：趙幼文《校箋》謂《晉書》（《五行志》）作"厚二分"。按《宋書·五行志三》又作"厚三分"。

　　[3]買菜：殿本作"賣菜"，百衲本、盧弼《集解》本、校點本作"買菜"。按，二者同，今從百衲本等。買菜，即苦賣菜，又稱賣菜、苦菜。越年生菊科植物。春夏間開花。莖空，葉呈鋸形，有白汁。莖葉嫩時均可食，略帶苦味。

　　[4]生葉：殿本作"生菜"，百衲本、盧弼《集解》本、校點本作"生葉"。今從百衲本等。

　　[5]東觀：即東觀令。官名。吳置，掌校定宮廷藏書及修史。

　　[6]侍芝郎：官名。與平慮郎皆孫晧因符瑞而特置。

　　[7]銀印青綬：漢制凡秩比二千石以上官員，印爲銀質，印綬青色。其規格在金印紫綬下。

　　[8]司馬伷：司馬懿之子，晉武帝司馬炎之叔，初封東莞王，又改封琅邪王，爲此次平吳之統帥。《晉書》卷三八有傳。　涂中：地區名。指今安徽、江蘇境內之滁水流域。

　　[9]安東將軍：官名。爲出鎮地方的軍事長官，或爲州刺史兼理軍務的加官。魏晉皆三品。　王渾：太原晉陽（今山西太原市西南）人，魏司空王昶之子。晉武帝代魏後，曾爲徐州與豫州刺史，又轉爲安東將軍、都督揚州諸軍事，鎮壽春（今安徽壽縣）。（見《晉書》卷四二《王渾傳》）　揚州：魏與西晉初刺史治所皆在壽春。　周浚：汝南安成（今河南汝南縣東南）人。晉初爲揚州刺史。（見《晉書》卷六一《周浚傳》）

［10］王戎：琅邪臨沂（今山東費縣東）人。晉初爲豫州刺史，加建威將軍，受詔伐吴。（見《晉書》卷四三《王戎傳》）

［11］平南將軍：官名。魏晉時與平東、平西、平北將軍合稱四平將軍，地位較高。第三品。　胡奮：安定臨涇（今甘肅鎮原縣東南）人。晉初，其女入宫爲貴人。平吴之後，奮曾爲尚書左僕射，加鎮軍大將軍、開府儀同三司。（見《晉書》卷五七《胡奮傳》）

［12］鎮南將軍：趙幼文《校箋》謂《晉書·武帝紀》"南"下有"大"字。　杜預：京兆杜陵（今陝西長安縣東北）人。娶司馬昭之妹高陸公主爲妻。晉泰始中曾爲河南尹，又爲度支尚書；主張滅吴，與晉武帝意合。羊祜卒後，爲鎮南大將軍、都督荆州諸軍事。（見《晉書》卷三四《杜預傳》）　江陵：縣名。治所在今湖北荆州市江陵區。

［13］龍驤將軍：官名。魏晉皆置，地位較高，第三品。　王濬：弘農湖縣（今河南靈寶縣西北）人。晉初曾爲巴郡、廣漢二郡太守，又爲益州刺史。（見《晉書》卷四二《王濬傳》）　廣武將軍：官名。魏晉皆置，爲名號將軍中地位較高者，第四品。　唐彬：魯國鄒縣（今山東鄒縣東南）人。晉初曾爲鄴令、弋陽太守，又爲廣武將軍、監巴東諸軍事，上征吴之策，甚合晉武帝意。（見《晉書》卷四二《唐彬傳》）

［14］太尉：官名。西晉時仍列三公之首，第一品，爲名譽宰相，無實際職掌，多爲大臣加官。　賈充：平陽襄陵（今山西臨汾市東南）人。曹魏後期曾爲廷尉、中護軍。高貴鄉公出攻相府，充率衆刺殺之。西晉初，爲車騎將軍、散騎常侍、尚書僕射。（見《晉書》卷四〇《賈充傳》）　大都督：官名。曹魏時地位甚高，第一品。但不常置，爲加官。西晉沿襲。

［15］黄門郎：官名。即給事黄門侍郎。掌侍從皇帝左右，關通中外，與侍中俱出入宫中，近侍帷幄，省尚書奏事。

［16］輒：趙幼文《校箋》謂《太平御覽》卷一一八、卷二二

一引俱作"咸"。

[17] 九列：即九卿。

[18] 君子惡居下流：《論語·子張》子貢曰："紂之不善，不如是之甚也。是以君子惡居下流，天下之惡皆歸焉。"

[19] 不足怪：百衲本、殿本、盧弼《集解》本"足"下有"能"字，校點本無。盧弼云："陳本無'能'字。"按，郝經《續後漢書》亦無"能"字，今從校點本。

[20] 五刑：《尚書·舜典》："汝作士，五刑有服。"孔傳："士，理官也。五刑，墨、劓、剕、宮、大辟。"

[21] 歸命侯：孫晧降晋後，被封爲歸命侯。

[22] 曲禮：《禮記》中之一篇。而下所述《曲禮》之文，與今傳本《禮記》差異較大。徐紹楨《質疑》云："蓋李仁引《禮》對庾峻等，以意繹之，非《曲禮》原本如此也。" 袷（jié）：交叠於胸前的衣領。

[23] 頤（yí）：指口腔的下部，俗你下巴。

[24] 衡：眉或眉目之間稱衡。

[25] 平面：正面。謂正面對視。

[26] 游目：放眼縱觀。

　　四年春，立中山、代等十一王，[1]大赦。濬、彬所至，則土崩瓦解，靡有禦者。預又斬江陵督伍延，渾復斬丞相張悌、丹楊太守沈瑩等，所在戰克。〔一〕

〔一〕干寶《晋紀》曰：吳丞相軍師張悌、護軍孫震、丹楊太守沈瑩帥衆三萬濟江，圍城陽都尉張喬於楊荷，[2]喬衆才七千，閉柵自守，舉白接告降。[3]吳副軍師諸葛靚欲屠之，悌曰："彊敵在前，不宜先事其小；且殺降不祥。"靚曰："此等以救兵未至而力少，故且僞降以緩我，非來伏也。因其無戰心而盡阬之，可以成三軍之氣。若舍之而前，必爲後患。"悌不從，撫之而進。與討吳護軍張翰、揚州刺史周浚成陣相對。沈瑩領丹楊銳卒刀楯五千，號曰青巾兵，前後屢陷堅陣，於是以馳淮南軍，三衝不動。退引亂，薛勝、蔣班因其亂而乘之，吳軍以次土崩，將帥不能止，張喬又出其後，大敗吳軍于版橋。[4]獲悌、震、瑩等。

《襄陽記》曰：悌字巨先，襄陽人，少有名理，孫休時爲屯騎校尉。[5]魏伐蜀，吳人問悌曰："司馬氏得政以來，大難屢作，[6]智力雖豐，而百姓未服也。今又竭其資力，遠征巴蜀，兵勞民疲而不知恤，敗於不暇，何以能濟？昔夫差伐齊，[7]非不克勝，所以危亡，不憂其本也，況彼之爭地乎！"[8]悌曰："不然。曹操雖功蓋中夏，威震四海，崇詐杖術，征伐無已，民畏其威，而不懷其德也。丕、叡承之，係以慘虐，[9]內興宮室，外懼雄豪，[10]東西馳驅，無歲獲安，彼之失民，爲日久矣。司馬懿父子，自握其柄，累有大功，除其煩苛而布其平惠，爲之謀主而救其疾，[11]民心歸之，亦已久矣。故淮南三叛而腹心不擾，[12]曹髦之死，四方不動，摧堅敵如折枯，蕩異同如反掌，[13]任賢使能，各盡其心，非智勇兼人，孰能如之？其威武張矣，本根固矣，羣情服矣，姦計立矣。今蜀閹宦專朝，[14]國無政令，而玩戎黷武，民勞卒弊，競於外利，不脩守備。彼彊弱不同，智算亦勝，因危而伐，殆其克乎！[15]若其不克，不過無功，終無退北之憂，覆軍之慮也，何爲不可哉？昔楚劍利而秦昭懼，[16]孟明用而晉人憂，[17]彼之得志，故我之大患也。"[18]吳人笑其言，而蜀果降於魏。晉來伐吳，晧使悌督沈瑩、諸葛靚，率衆三萬渡江逆之。至牛渚，沈瑩曰："晉治水軍於蜀久矣，今傾國大舉，萬里齊力，必悉益州之衆浮江而下，[19]我上流諸軍，無有戒備，名將皆死，幼少當任，[20]恐邊江諸城，盡莫能禦也。晉之水軍，必至於此矣！宜畜衆力，待來一戰。若勝之日，江西自清，[21]上方雖壞，可還取之。今渡江逆戰，勝不可保，若或摧喪，則大事去矣。"悌曰："吳之將亡，賢愚所知，非今日也。吾恐蜀兵來至此，衆心必駭懼，不可復整。今宜渡江，可用決戰力爭。若其敗喪，則同死社稷，無所復恨。若其克勝，則北敵奔走，兵勢萬倍，便當乘威南上，逆之中道，不憂不破也。若如子計，恐行散盡，相與坐待敵到，君臣俱降，無復一人死難者，不亦辱乎！"遂渡江戰，吳軍大敗。諸葛靚與五六百人退走，使過迎悌，悌不肯去，靚自往牽之，謂曰："（且夫）〔巨先〕，[22]天下存亡有大數，豈卿一人所（知）〔支〕，[23]如何故自取死爲？"悌垂涕曰：[24]"仲思，[25]今日是我死日也。且我作兒童時，便爲卿家丞相所拔，[26]常恐不得其死，負名賢知顧。今以身徇社稷，復何逃邪？莫牽曳之如是。"靚流涕放之，去百餘步，已見爲晉軍所殺。

《吳錄》曰：悌少知名，及處大任，希合時趣，將護左右，清論譏之。

《搜神記》曰：臨海松陽人柳榮從悌至楊府，[27]榮病死船中二日，時軍已上岸，無有埋之者，忽然大呼，言"人縛軍師！人縛軍師！"聲激揚，遂活。人問之，榮曰："上天北斗門下卒見人縛張悌，意中大愕，不覺大呼，言'何以縛張軍師'。門下人怒榮，叱逐使去。榮便去，怖懼，口餘聲發揚耳。"其日，悌戰死。榮至晉元帝時猶在。

[1] 中山：王國名。治所盧奴縣，在今河北定州市。　代：郡名。曹魏時治所代縣，在今河北蔚縣東北。此及中山國皆西晉之地，孫晧之封僅具空名。

[2] 城陽：百衲本、殿本、校點本作"成陽"，盧弼《集解》本作"城陽"，《通鑑》卷八一《晉紀》太康元年亦作"城陽"；且曹魏與西晉初僅有城陽郡，故從盧弼《集解》本。城陽郡治所東武縣，在今山東諸城市。　都尉：官名。魏晉每郡置都尉一人，大郡或置二人，分爲東西部或南北部。典兵禁，備盜賊。第五品。　楊

荷：胡三省云："按干寶《晋紀》，楊荷，橋名。"（同上引《通鑑》）楊荷橋，在今安徽含山縣東。（本謝鍾英《補三國疆域志補注》）按，殿本"楊荷"下"橋"字作"喬"，百衲本、盧弼《集解》本、校點本皆作"橋"。今從殿本。

[3] 白接：吳金華《校詁》疑"接"當讀爲"翣"（shà），爲白布製的送喪儀杖，有如白旗。故張喬舉以告降。按，《集韻·押韻》："翣，色甲切。《説文》：棺羽飾也。天子八，諸侯六，大夫四，士二，下垂。或作菨、接。"

[4] 版橋：在今安徽含山縣北滁河口。（本謝鍾英《補三國疆域志補注》）

[5] 屯騎校尉：官名。東漢時爲北軍五校尉之一，秩比二千石，掌宿衛兵。三國沿置。

[6] 大難屢作：胡三省云："謂王淩、毌丘儉、諸葛誕舉兵也。"（《通鑑》卷七八魏元帝景元四年注）

[7] 夫差伐齊：春秋末，吳王夫差敗越王勾踐並議和後，聞齊景公死後大臣爭寵，新君弱，乃興師北伐齊。伍子胥諫曰："越王勾踐食不重味，衣不重采，弔死問疾，且欲有所用其衆。此人不死，必爲吳患。今越在腹心疾而王不先，而務齊，不亦謬乎！"吳王不聽，遂北伐齊。後雖得勝，終被越王勾踐乘虛而入，滅了吳國。（見《史記》卷三一《吳太伯世家》）

[8] 爭：趙幼文《校箋》謂《建康實錄》作"事"。

[9] 係：盧弼《集解》本作"繼"，百衲本、殿本、校點本作"係"。按，二字義同。《爾雅·釋詁上》："係，繼也。"今從百衲本等。

[10] 外懼：趙幼文《校箋》謂《建康實錄》"懼"作"拒"。

[11] 救其疾：趙幼文《校箋》謂《通鑑·晋紀》"疾"下有"苦"字。按，張悌此言非載於《通鑑·晋紀》而見於《通鑑》卷七八《魏紀十》。

[12] 淮南三叛：即指王淩、毌丘儉、諸葛誕先後舉兵反

司馬氏。

　　［13］異同：趙幼文《校箋》謂《建康實錄》"同"字作"國"，是也。《册府元龜》卷四〇三引同。按，司馬氏在滅蜀漢前未曾掃蕩過異國，與諸葛亮作戰，也是有勝有敗，不能説掃蕩如反掌。此"異同"，即不同、異己，指曹爽、王淩、毌丘儉、諸葛誕等。"同"字不當作"國"，郝經《續後漢書·張悌傳》亦作"同"。

　　［14］閹宦：指黃皓。

　　［15］殆其克乎：趙幼文《校箋》謂《建康實錄》"其"下有"必"字。

　　［16］楚劍利而秦昭懼：《史記》卷七九《范雎列傳》：秦昭王臨朝歎息，范雎問之，昭王曰："吾聞楚之鐵劍利而倡優拙。夫鐵劍利則士勇，倡優拙則思慮遠。夫以遠思慮而御勇士，吾恐楚之圖秦也。"

　　［17］孟明用而晋人憂：孟明，春秋時秦穆公之將。穆公三十三年（前630），孟明等奉命率師襲擊鄭國，回師經崤（今河南三門峽東南），被晋軍襲擊，兵敗被俘。旋被釋回，秦穆公復用之。穆公三十五年，孟明率師伐晋，以報崤之役，卻大敗而回。秦穆公仍重用孟明，孟明乃整頓國政，重施於民。晋國趙成子（趙衰）言於諸大夫：秦軍若再來，定要避之，因其畏懼而修德政，是不可抵擋的。（見《左傳》僖公三十三年、文公二年）

　　［18］故：趙幼文《校箋》謂《建康實錄》無"故"字，郝經《續後漢書》作"固"。

　　［19］益州：刺史治所成都縣，在今四川成都市舊東西城區。

　　［20］幼少當任：胡三省云："謂陸晏、陸景、留憲、孫歆等。"（《通鑑》卷八一晋武帝太康元年注）

　　［21］江西：地區名。長江自西向東流，流至今安徽境，則偏北斜流，至江蘇鎮江市東流而下，這段江路由西南向東北偏斜，古時稱這段江路東岸之地爲江東（即長江以南蘇、浙、皖一帶），西

岸之地爲江西（即皖北和淮河下游一帶）。

〔22〕巨先：各本皆作"且夫"。盧弼《集解》引陳景雲曰："'且夫'二字當作'巨先'。"校點本即從陳景雲説改。今從之。

〔23〕所支：各本作"所知"。趙幼文《校箋》謂蕭常及郝經之《續後漢書》"知"字俱作"支"，《通鑑·晉紀》同。今據趙所引改。

〔24〕垂涕：趙幼文《校箋》謂《太平御覽》卷四一七引"涕"字作"泣"，《文選·辨亡論》李善注引同，郝經《續後漢書》亦同。

〔25〕仲思：諸葛靚字仲思。

〔26〕卿家丞相：指諸葛亮。蓋張悌爲襄陽人，兒童時在襄陽爲諸葛亮所賞識。

〔27〕松陽：縣名。治所在今浙江松陽縣西北古市鎮。　楊府：殿本作"揚州"，百衲本、盧弼《集解》本、校點本作"楊府"。盧弼云："一本校改爲'揚州'。弼按張悌行經之地皆揚州，恐非。"今從百衲本等。而楊府究在何處，今未詳。

三月丙寅，殿中親近數百人叩頭請晧殺岑昏，晧惶懼從之。〔一〕

〔一〕干寶《晉紀》曰：晧殿中親近數百人叩頭請晧曰：[1]"北軍日近，而兵不舉刃，陛下將如之何！"晧曰："何故？"對曰："坐岑昏。"晧獨言："若爾，當以奴謝百姓。"眾因曰："唯！"遂並起收昏。晧駱驛追止，已屠之也。

[1] 請晧：殿本、盧弼《集解》本作"謂晧"，百衲本、校點本作"請晧"，今從百衲本等。

戊辰，陶濬從武昌還，即引見，問水軍消息，對曰："蜀船皆小，今得二萬兵，乘大船戰，[1]自足(擊)〔破〕之。"[2]於是合衆，授濬節鉞。[3]明日當發，其夜衆悉逃走。而王濬順流將至，司馬伷、王渾皆臨近境。晧用光祿勳薛瑩、中書令胡沖等計，分遣使奉書於濬、伷、渾曰：[4]"昔漢室失統，九州分裂，先人因時，略有江南，遂分阻山川，與魏乖隔。今大晉龍興，德覆四海。闇劣偷安，未喻天命。至于今者，猥煩六軍，衡蓋路次，[5]遠臨江渚，舉國震惶，假息漏刻。[6]敢緣天朝含弘光大，謹遣私署太常張夔等奉所佩印綬，委質請命，[7]惟垂信納，以濟元元。"〔一〕

〔一〕《江表傳》載晧將敗與舅何植書曰："昔大皇帝以神武之略，[8]奮三千之卒，割據江南，席卷交、廣，開拓洪基，欲祚之萬世。至孤末德，[9]嗣守成緒，不能懷集黎元，多爲咎闕，以違天度。闇昧之變，反謂之祥，致使南蠻逆亂，征討未克。聞晉大衆，遠來臨江，庶竭勞瘁，衆皆摧退，而張悌不反，喪軍過半。孤甚愧悵，于今無聊。得陶濬表云武昌以西，並復不守。不守者，非糧不足，非城不固，兵將背戰耳。兵之背戰，豈怨兵邪？孤之罪也。天文縣變於上，士民憤嘆於下，觀此事勢，危如累卵，吳祚終訖，何其局哉！天匪亡吳，孤所招也。瞑目黃壤，當復何顏見四帝乎！[10]公其勖勉奇謨，飛筆以聞。"晧又遺羣臣書曰："孤以不德，忝繼先軌。處位歷年，政教凶勃，[11]遂令百姓久困塗炭，至使一朝歸命有道，社稷傾覆，宗廟無主，慚愧山積，沒有餘罪。自惟空薄，過偷尊號，才瑣質穢，任重王公，故《周易》有折鼎之誡，[12]詩人有彼其之譏。[13]自居宮室，仍抱篤疾，計有不足，思慮失中，多所荒替。邊側小人，因生酷虐，虐毒橫流，忠順被害。闇昧不覺，尋其壅蔽，孤負諸君，事已難圖，覆水不可收也。今大晉平治四海，勞心務於擢賢，誠是英俊展節之秋也。管仲極讐，桓公用之，良、平去楚，[14]入爲漢臣，舍亂就理，非不忠也。莫以移朝改朔，用損厥志。嘉勖休尚，愛敬動靜。夫復何言，投筆而已！"

[1] 大船戰：盧弼《集解》本作"大戰船"，百衲本、殿本、校點本作"大船戰"。今從百衲本等。

[2] 自足破之：各本作"自足擊之"。《通鑑》卷八一《晉紀》太康元年作"自足破之"；《建康實錄》卷四作"自足破賊"。今據《通鑑》等改。

[3] 節鉞：符節與黃鉞。漢末三國時期，皇帝授節鉞與大臣，大臣則可代行皇帝旨意，掌握生殺特權，並總統內外諸軍。

[4] 遣使奉書：此書《晉書》卷四二《王濬傳》亦載，而文不盡相同，可互參。

[5] 衡蓋：車轅前端的橫木和車上的傘蓋。亦借指車。

[6] 假息：苟延殘喘。　漏刻：頃刻。

[7] 委質：臣服，歸附。

[8] 大皇帝：孫權諡爲大皇帝。

[9] 末德：百衲本"末"字作"未"，殿本、盧弼《集解》本、校點本作"末"。今從殿本等。

[10] 四帝：孫權稱帝後追尊父堅爲武烈皇帝，孫權爲大皇帝，孫休諡稱景皇帝，孫皓即帝位後追諡父和爲文皇帝，是爲已故四帝。

[11] 凶勃：百衲本、校點本作"凶勃"，殿本、盧弼《集解》本作"凶悖"。"勃"通"悖"，今從百衲本等。

[12] 折鼎之誡：《易・鼎卦》九四："鼎折足，覆公餗。其形渥，凶。"王弼注："知小謀大，不堪其任，受其至辱，災及其身。"

[13] 彼其之譏:《詩·曹風·候人》:"彼其之子,不稱其服。"鄭箋:"不稱者,言德薄而服尊。"

[14] 良、平去楚:秦末,張良、陳平皆先投項羽,後歸劉邦。

壬申,王濬最先到,於是受晧之降,解縛焚櫬,[1]延請相見。〔一〕仙以晧致印綬於己,遣使送晧。晧舉家西遷,以太康元年五月丁亥集于京邑。[2]四月甲申,詔曰:"孫晧窮迫歸降,前詔待之以不死,今晧垂至,意猶憨之,其賜號爲歸命侯。進給衣服車乘,[3]田三十頃,歲給穀五千斛,錢五十萬,絹五百匹,綿五百斤。"晧太子瑾拜中郎,[4]諸子爲王者,拜郎中。〔二〕[5]五年,晧死于洛陽。〔三〕

〔一〕《晉陽秋》曰:濬收其圖籍,領州四,[6]郡四十三,[7]縣三百一十三,[8]戶五十二萬三千,吏三萬二千,兵二十三萬,男女口二百三十萬,米穀二百八十萬斛,舟船五千餘艘,後宮五千餘人。

〔二〕《搜神記》曰:吳以草創之國,信不堅固,邊屯守將,皆質其妻子,名曰保質。童子少年,以類相與嬉游者,日有十數。永安二年三月,有一異兒,長四尺餘,年可六七歲,衣青衣,來從羣兒戲,諸兒莫之識也。皆問曰:"爾誰家小兒,今日忽來?"答曰:"見爾羣戲樂,故來耳。"詳而視之,眼有光芒,爚爚外射。[9]諸兒畏之,重問其故。兒乃答曰:"爾惡我乎?我非人也,乃熒惑星也。[10]將有以告爾:三公鉏,司馬如。"[11]諸兒大驚,或走告大人,大人馳往觀之。兒曰:"舍爾去乎!"竦身而躍,即以化矣。仰而視之,[12]若引一匹練以登天。[13]大人來者,猶及見焉,飄飄漸高,有頃而沒。時吳政峻急,莫敢宣也。後(五)

〔四〕年而蜀亡,[14]六年而晉興,至是而吳滅,司馬如矣。

干寶《晉紀》曰:王濬治船於蜀,吾彥取其流柹以呈孫皓,[15]曰:"晉必有攻吳之計,宜增建平兵。建平不下,終不敢渡江。"皓弗從。陸抗之克步闡,皓意張大,乃使尚廣筮并天下,[16]遇《同人》之《頤》,[17]對曰:"吉。庚子歲,青蓋當入洛陽。"故皓不脩其政,而恒有窺上國之志。是歲也實在庚子。

〔三〕《吳錄》曰:皓以四年十二月死,[18]時年四十二,葬河南縣界。[19]

[1] 櫬(chèn):棺材。古代投降,自縛抬棺隨行,表示願死。

[2] 太康:晉武帝司馬炎年號(280—289)。 五月:趙幼文《校箋》謂《太平御覽》卷一一八引作"三月"。按,《建康實錄》卷四載此事云:"夏四月,遣使送後主於洛陽,舉家西遷,以武帝太康元年五月丁亥,集於洛陽。"《通鑑》卷八一《晉紀三》太康元年亦謂"五月丁亥朔,皓至(洛陽)"。

[3] 進給:趙幼文《校箋》謂《太平御覽》引無"進"字。

[4] 中郎:官名。東漢時分屬五官、左、右三署中郎將,名義上仍職宿衛,實際上成爲後備官員,無固定職掌,或給事於中央諸機構。三國兩晉或罷三署,仍置中郎爲儲備官員之一。

[5] 郎中:官名。東漢時秩比三百石,分隸五官、左、右三署中郎將,名義上備宿衛,實爲後備官吏人材。魏晉雖罷五官、左、右三署中郎將,仍置郎中,州郡所舉秀才、孝廉,多先授郎中,再出補長吏。

[6] 州四:指荊、揚、交、廣四州。

[7] 郡四十三:殿本、盧弼《集解》本作"郡四十二",百衲本、校點本作"郡四十三"。今從百衲本等。謝鍾英《三國疆域表》云:"今考諸書得四十五郡。"

[8] 縣三百一十三:趙幼文《校箋》謂《太平御覽》卷三二

四引作"縣三百二十三"。謝鍾英《三國疆域表》云："今考諸書得三百五十二縣。"

[9] 爚（yuè）爚：光彩耀目貌。《文選》班孟堅《西都賦》"震震爚爚"，李善注："光明貌也。"

[10] 我非人也：百衲本無"也"字，殿本、盧弼《集解》、校點本有。今從殿本等。　熒惑星：即火星。

[11] 司馬如：《晉書·五行志中》："於是九服歸晉。魏與吳蜀並戰國，'三公鉏，司馬如'之謂也。"錢大昕《諸史拾遺》則云："鉏、如二字難解。《搜神記》云：'三公歸於司馬。'語意較明白。"

[12] 仰而：校點本"而"字作"面"，百衲本、殿本、盧弼《集解》本作"而"。今從百衲本等。

[13] 引：趙幼文《校箋》謂《初學記》卷一、《册府元龜》卷八九四引作"曳"，《晉書·五行志》同。

[14] 後四年：各本"四"作"五"。趙幼文《校箋》謂《晉書·五行志》"五"字作"四"。按，《晉書·五行志中》《宋書·五行志二》引干寶曰俱作"四年"；宋本《册府元龜》卷八九四亦作"四年"。又按，從孫休永安二年（259）後之四年，即蜀漢炎興元年（263），亦即蜀漢被魏滅亡之年。故據諸書改。

[15] 吾彥：吳郡吳縣人。曾在吳大司馬陸抗部下爲將。後爲建平郡太守。（見《晉書》卷五七《吾彥傳》）建平郡治所巫縣，在今重慶市巫山縣北。故吾彥能得王濬在長江上游造船之流柹。

[16] 尚廣：人名。姓尚名廣。蓋卜筮者。

[17] 同人：《同人》與《頤》皆《周易》六十四卦之卦名。梁章鉅《旁證》引李光地說："《同人》者，主天下大同也。《頤》者，養也。示爲晉并吞而得寄食偷生之意。筮之告晧亦顯矣。"

[18] 四年：謂太康四年。

[19] 河南縣：治所在今河南洛陽市西郊澗水東岸。

評曰：孫亮童孺而無賢輔，其替位不終，必然之勢也。休以舊愛宿恩，任用興、布，不能拔進良才，改絃易張，雖志善好學，何益救亂乎？又使既廢之亮不得其死，友于之義薄矣。[1]晧之淫刑所濫，隕斃流黜者，蓋不可勝數。是以羣下人人惴恐，皆日日以冀，朝不謀夕。其熒惑、巫祝，交致祥瑞，以爲至急。昔舜、禹躬稼，[2]至聖之德，猶或矢誓衆臣，予違女弼，[3]或拜昌言，[4]常若不及。況晧凶頑，肆行殘暴，忠諫者誅，讒諛者進，虐用其民，窮淫極侈，宜腰首分離，以謝百姓。既蒙不死之詔，復加歸命之寵，豈非曠蕩之恩，過厚之澤也哉！〔一〕

〔一〕孫盛曰：夫古之立君，所以司牧羣黎，故必仰協乾坤，覆燾萬物；[5]若乃淫虐是縱，酷被羣生，則天殛之，[6]剿絕其祚，奪其南面之尊，加其獨夫之戮。是故湯、武抗鉞，[7]不犯不順之譏；漢高奮劍，而無失節之議。何者？誠四海之酷讐，而人神之所擯故也。況晧罪爲逋寇，虐過辛、癸，[8]梟首素旗，[9]猶不足以謝冤魂，洿室荐社，[10]未足以紀暴迹，而乃優以顯命，寵錫仍加，豈龔行天罰，伐罪弔民之義乎？是以知僭逆之不懲，而凶酷之莫戒。《詩》云："取彼譖人，投畀豺虎。"[11]聊譖猶然，矧僭虐乎？且神旗電掃，兵臨偽窟，理窮勢迫，然後請命，不赦之罪既彰，三驅之義又塞，[12]極之權道，亦無取焉。

陸機著《辨亡論》，[13]言吳之所以亡，其上篇曰：[14]"昔漢氏失御，奸臣竊命，[15]禍基京畿，毒偏宇內，皇綱弛紊，王室遂卑。於是羣雄蜂駭，義兵四合，吳武烈皇帝慷慨下國，電發荊南，權略紛紜，忠勇伯世。戚稜則夷羿震蕩，[16]兵交則醜虜授馘，遂掃清宗祊，[17]蒸禋皇祖。[18]於時雲興之將帶州，[19]飆起之師跨邑，哮阚之辈风驱，熊罴之族雾集，虽兵以义合，同盟戮力，然皆包藏祸心，阻兵怙乱，[20]或师无谋律，丧威稔寇，[21]忠规武节，未有若此其著者也。武烈既没，长沙桓王逸才命世，[22]弱冠秀发，招揽遗老，与之述业。神兵东驱，奋寡犯众，攻无坚城之将，战无交锋之虏。诛叛柔服而江外底定，[23]饬法修师而威德翕赫，[24]宾礼名贤而张昭为之雄，交御豪俊而周瑜为之杰。彼二君子，皆弘敏而多奇，雅达而聪哲，故同方者以类附，[25]等契者以气集，而江东盖多士矣。将北伐诸华，诛鉏干纪，[26]旋皇舆於夷庚，[27]反帝座于紫闼，挟天子以令诸侯，清天步而归旧物。戎车既次，群凶侧目，大业未就，中世而陨。用集我大皇帝，以奇踪袭於逸轨，叡心发乎令图，[28]从政咨於故实，播宪稽乎遗风，而加之以笃固，申之以节俭，畴咨俊茂，好谋善断，束帛旅於丘园，[29]旌命交于涂巷。[30]故豪彦寻声而响臻，志士希光而影骛，异人辐辏，[31]猛士如林。於是张昭为师傅，周瑜、陆公、鲁肃、吕蒙之畴入为腹心，[32]出作股肱；甘宁、凌统、程普、贺齐、朱桓、朱然之徒奋其威，韩当、潘璋、黄盖、蒋钦、周泰之属宣其力；风雅则诸葛瑾、张承、步骘以声名光国，政事则顾雍、潘濬、吕范、吕岱以器任干职，奇伟则虞翻、陆绩、张温、张惇以讽议举正，[33]奉使则赵咨、沈珩以敏达延誉，[34]术数则吴范、赵达以禨祥协德，[35]董袭、陈武杀身以卫主，骆统、刘基疆谏以补过，谋无遗算，[36]举不失策。故遂割据山川，跨制荆、吴，而与天下争衡矣。[37]魏氏尝藉战胜之威，率百万之师，浮邓塞之舟，[38]下汉阴之众，[39]羽楫万计，[40]龙跃顺流，锐骑千旅，虎步原隰，[41]谋臣盈室，武将连衡，[42]喟然有吞江浒之志，[43]一宇宙之气。而周瑜驱我偏师，黜之赤壁，[44]丧旗乱辙，仅以获免，收迹远遁。汉王亦冯帝王之号，[45]率巴、汉之民，乘危骋变，结垒千里，志报关羽之败，图收湘西之地。[46]而我陆公亦挫之西陵，[47]覆师败绩，困而后济，绝命永安。[48]续以濡须之寇，[49]临川摧锐，蓬笼之戰,[50]子輪不反。由是二邦之將,喪氣挫鋒,[51]勢魀財匱,而吳芃然坐乘其弊,[52]故魏人請好,漢氏乞盟,遂躋天號,鼎峙而立。[53]西屠庸蜀之郊,[54]北裂淮漢之涘,東苞百越之地,[55]南括羣蠻之表。於是講八代之禮,[56]蒐三王之樂,[57]告類上帝,[58]拱揖羣后。[59]虎臣毅卒,循江而守,長戟勁鎩,[60]望颮而奮。[61]庶尹盡規於上,[62]四民展業于下,化協殊裔,風衍遐圻。[63]乃俾一介行人,[64]撫巡外域,巨象逸駿,擾於外閑,[65]明珠瑋寶,輝於內府,珍瑰重跡而至,奇玩應響而赴,輶軒騁於南荒,[66]衝輈息於朔野,[67]齊民免干戈之患,戎馬無晨服之虞,而帝業固矣。大皇既歿,幼主蒞朝,[68]奸回肆虐。景皇聿興,虔修遺憲,政無大闕,守文之良主也。降及歸命之初,典刑未滅,故老猶存。大司馬陸公以文武熙朝,[69]左丞相陸凱以謇諤盡規,而施績、范慎以威重顯,丁奉、鍾離斐以武毅稱,[70]孟宗、丁固之徒爲公卿,樓玄、賀卲之屬掌機事,元首雖病,股肱猶良。爰及末葉,羣公既喪,然後黔首有瓦解之志,皇家有土崩之釁,曆命應化而微,王師躡運而發,卒散於陣,民奔于邑,城池無藩籬之固,山川無溝阜之勢,非有工輸雲梯之械,[71]智伯灌激之害,[72]楚子築室之圍,[73]燕人濟西之隊,[74]軍未浹辰而社稷夷矣。[75]雖忠臣孤憤,[76]烈士死節,將奚救哉?夫曹、劉之將非一世之選,[77]向時之師無曩日之衆,戰守之道抑有前符,[78]險阻之利俄然未改,而成敗貿理,古今詭趣,何哉?彼此之化殊,授任之才異也。"

其下篇曰:"昔三方之王也,魏人據中夏,漢氏有岷、益,[79]吳制荊、揚而奄交、廣。[80]曹氏雖功濟諸華,虐亦深矣,其民怨矣。[81]劉公因險飾智,[82]功已薄矣,其俗陋矣。[83]吳桓王基之以武,太祖成之以德,[84]聰明睿達,懿度深遠矣。其求賢如不及,[85]恤民如稚子,接士盡盛德之容,親仁罄丹府之愛。[86]拔呂蒙於戎行,識潘濬于係虜,[87]推誠信士,不恤人之我欺;量能授器,[88]不患權之我逼。執鞭鞠躬,以重陸公之威;[89]悉委武衞,以濟周瑜之師。卑宮菲食，以豐功臣之賞；披懷虛己，以納謨士之算。故魯肅一面而自託，士燮蒙險而效命。高張公之德而省游田之娛，[90]賢諸葛之言而割情欲之歡，[91]感陸公之規而除刑政之煩，[92]奇劉基之議而作三爵之誓，[93]屏氣蹐躅以伺子明之疾，[94]分滋損甘以育淩統之孤，[95]登壇慷慨歸魯肅之功，[96]削投惡言信子瑜之節。[97]是以忠臣競盡其謀，志士咸得肆力，洪規遠略，固不厭夫區區者也。[98]故百官苟合，庶務未遑。初都建業，羣臣請備禮秩，天子辭而不許，曰：‘天下其謂朕何！’宮室輿服，蓋慊如也。爰及中葉，天人之分既定，百度之缺粗修，[99]雖醲化懿綱，未齒乎上代，抑其體國經民之具，亦足以為政矣。地方幾萬里，帶甲將百萬，其野沃，其民練，其財豐，其器利，[100]東負滄海，西阻險塞，長江制其區宇，峻山帶其封域，國家之利，未見有弘於茲者矣。[101]借使中才守之以道，善人御之有術，敦率遺憲，[102]勤民謹政，循定策，守常險，則可以長世永年，未有危亡之患。或曰，吳、蜀脣齒之國，蜀滅則吳亡，理則然矣。夫蜀蓋藩援之與國，[103]而非吳人之存亡也。何則？其郊境之接，重山積險，陸無長轂之徑；[104]川阨流迅，水有驚波之艱。雖有銳師百萬，啟行不過千夫；軸艫千里，[105]前驅不過百艦。故劉氏之伐，陸公喻之長虵，其勢然也。昔蜀之初亡，朝臣異謀，或欲積石以險其流，或欲機械以禦其變。天子總羣議而諮之大司馬陸公，陸公以四瀆天地之所以節宣其氣，固無可遏之理，而機械則彼我之所共，彼若棄長技以就所屈，即荊、揚而爭舟楫之用，是天贊我也，將謹守峽口以待禽耳。逮步闡之亂，憑保城以延彊寇，[106]重資幣以誘羣蠻。于時大邦之衆，[107]雲翔電發，[108]縣旌江介，築壘遵渚，[109]襟帶要害，以止吳人之西，而巴漢舟師，沿江東下。陸公以偏師三萬，北據東坑，[110]深溝高壘，案甲養威。反虜踠跡待戮，[111]而不敢北闚生路，彊寇敗績宵遁，喪師大半，分命銳師五千，[112]西禦水軍，東西同捷，獻俘萬計。信哉賢人之謀，豈欺我哉！自是烽燧罕警，[113]封域寡虞。陸公没而潛謀兆，吳豐深而六師駭。夫太康之役，衆未盛乎曩日之師，廣州之亂，禍有愈乎向時之難，而邦家顛覆，宗廟爲墟。嗚呼！人之云亡，[114]邦國殄瘁，不其然與！《易》曰'湯武革命順乎天'，[115]《玄》曰'亂不極則治不形'，[116]言帝王之因天時也。古人有言，曰'天時不如地利'，[117]《易》曰'王侯設險以守其國'，[118]言爲國之恃險也。又曰'地利不如人和'，'在德不在險'，[119]言守險之由人也。吳之興也，參而由焉，孫卿所謂合其參者也。[120]及其亡也，恃險而已，又孫卿所謂舍其參者也。夫四州之氓非無衆也，大江之南非乏俊也，山川之險易守也，勁利之器易用也，先政之業易循也，功不興而禍遘者何哉？所以用之者失也。故先王達經國之長規，審存亡之至數，恭己以安百姓，[121]敦惠以致人和，寬沖以誘俊乂之謀，慈和以結士民之愛，[122]是以其安也，則黎元與之同慶；及其危也，則兆庶與之共患。[123]安與衆同慶，則其危不可得也；危與下共患，則其難不足恤也。夫然，故能保其社稷而固其土宇，麥秀無悲殷之思，[124]黍離無愍周之感矣。"[125]

[1] 友于：《論語·爲政》子曰："《書》云：'孝乎惟孝，友于兄弟。'"後便以"友于"爲兄弟之代稱。

[2] 舜禹躬稼：《史記》卷一《五帝本紀》云："舜耕歷山，漁雷澤，陶河濱。"又《論語·憲問》南宮适問於孔子曰："禹、稷躬稼而有天下。"

[3] 予違女弼：見《尚書·皋陶謨》，爲舜謂禹之言。蔡沈《集傳》："言我有違戾於道，爾當弼正其失。"

[4] 昌言：善言，美言。《尚書·皋陶謨》："禹拜昌言，曰俞。"孔傳："以皋陶言爲當，故拜受而然之。"

[5] 覆燾：覆蓋。《小爾雅·廣詁》："燾，覆也。"

[6] 天殛之：殿本、盧弼《集解》本作"天人殛之"，百衲

本、校點本作"天殛之"。今從百衲本等。《説文·歺部》:"殛,誅也。"段玉裁注:"誅,謂死也。"

[7] 湯武抗鉞:指商湯興兵逐桀,周武王起兵伐紂。《孟子·梁惠王下》齊宣王問曰:"湯放桀,武王伐紂,有諸?"孟子對曰:"於傳有之。"曰:"臣弑其君可乎?"曰:"賊仁者謂之賊,賊義者謂之殘,殘賊之人謂之一夫,聞誅一夫紂矣,未聞弑君也。"

[8] 辛:即紂。《史記》卷三《殷本紀》云:"帝乙崩,子辛立,是爲帝辛,天下謂之紂。" 癸:即桀。《史記》卷二《夏本紀》云:"帝發崩,子帝履癸立,是爲桀。"

[9] 素旗:白旗。《史記》卷四《周本紀》謂周武王滅紂後,"以黄鉞斬紂頭,懸之大白之旗"。

[10] 洿室:謂毁壞其室。《禮記·檀弓下》邾婁定公曰:"寡人嘗學斷斯獄矣。臣弑君,凡在官者殺無赦;子弑父,凡在宫者殺無赦,殺其人,壞其室,洿其宫而豬(潴)焉。" 荐社:掩蔽亡國之社稷。《公羊傳·哀公四年》:"蒲社者何?亡國之社也。社者封也。其言災何?亡國之社蓋掩之,掩其上而柴其下。"

[11] 投畀(bì)豺虎:畀,給予。此詩見《詩·小雅·巷伯》。此兩句謂將譖人抛到野外去喂豺虎。

[12] 三驅:《易·比卦》九五:"顯比,王用三驅,失前禽。"朱熹《集傳》:"如天子不合圍(打獵時不四面合圍),開一面之網,來者不拒,去者不追,故爲用三驅失前禽。"

[13] 陸機:《晉書》卷五四《陸機傳》:"陸機字士衡,吳郡人也。祖遜,吳丞相。父抗,吳大司馬。機身長七尺,其聲如鐘。少有異才,文章冠世,伏膺儒術,非禮不動。抗卒,領父兵爲牙門將。年二十而吳滅,退居舊里,閉門勤學,積有十年。以孫氏在吳,而祖父世爲將相,有大勳於江表,深慨孫皓舉而去之,乃論權所以得,皓所以亡,又欲述其祖父功業,遂作《辨亡論》二篇。"

[14] 上篇:按,《辨亡論》上下篇,《晉書·陸機傳》及《昭明文選》皆載,本注一般不做校勘,僅影響文義者,方做比對。

［15］奸臣：《文選》李善注："奸臣，謂董卓也。"

［16］威稜：聲威。 夷羿：傳說中夏代東夷族之首領，名羿。善射箭。曾推翻夏代統治，奪得太康之王位，不久因喜射獵，被家衆所殺。（見《左傳·襄公四年》）此以夷羿比喻董卓。

［17］宗祊（bēng）：即宗廟。廟門曰祊。

［18］蒸禋：《文選》李周翰注："蒸禋，祭祀也。" 皇祖：李善注："皇祖，謂漢祖也。"《吳書》曰："堅入洛，掃除漢宗廟，祠以太牢。"

［19］於時：盧弼《集解》本作"於是"，百衲本、殿本、校點本、《晋書》《文選》皆作"於時"。今從百衲本等。

［20］阻兵：仗恃軍隊。

［21］稔寇：惡貫滿盈之寇。

［22］長沙桓王：孫權稱帝後，謚孫策為長沙桓王。

［23］厎（zhǐ）定：殿本、盧弼《集解》本、《晋書》作"底定"，百衲本、校點本、《文選》作"厎定"。今從百衲本等。厎定，平定。

［24］飭法：百衲本、殿本、盧弼《集解》本、《文選》作"飾法"，校點本、《晋書》作"飭法"。按，"飾"通"飭"。朱駿聲《說文通訓定聲·職部》："飾，假借為飭。"今從校點本等。飭法，整頓法制。 翕（xī）赫：盛大。

［25］同方：同類。《易·繫辭》云："方以類聚，物以群分。"

［26］干紀：違犯法紀。

［27］夷庚：平坦大道。《左傳·成公十八年》："今將崇諸侯之姦而披其地，以塞夷庚。"楊伯峻注："夷，平也；庚與迒通，道也。"

［28］發乎：趙幼文《校箋》謂《藝文類聚》卷一一引"發"字作"因"。按《晋書》《文選》亦作"因"。

［29］束帛旅於丘園：謂徵聘賢德之隱士。《易·賁卦》六五："賁于丘園，束帛戔戔。"束帛，禮聘賢人之禮物。

［30］旌命：招聘賢士的命令。

［31］輻輳：百衲本、盧弼《集解》本、《文選》作"輻湊"，殿本、校點本、《晋書》作"輻輳"。按，二者同，今從殿本等。

［32］陸公：即陸遜。爲陸機之祖，故稱公。

［33］張惇：本書卷五二《顧雍附邵傳》及裴注引《吴録》作"張敦"，其事迹亦詳見《吴録》。

［34］趙咨沈珩：俱見本書卷四七《吴主傳》建安二十五年及裴注引《吴書》。

［35］機（jī）祥：謂祈禳求福之事。

［36］遺算：趙幼文《校箋》謂《藝文類聚》卷一一引"算"字作"諝"，《文選》同，《晋書》作"計"。按，三字義可通。《淮南子·本經訓》："比周朋黨，設作諝。"高誘注："諝，謀也。"

［37］争衡：較量輕重，比試高低。

［38］鄧塞：山名。在今河南鄧州市東南。《元和郡縣志》卷二一《山南道·襄州》："鄧塞故城，在（鄧城）縣東南二十二里，南臨宛水，阻一小山，號曰鄧塞。昔孫文臺破黄祖於此山下。魏常於此裝治舟艦以伐吴。陸士衡表稱'下江、漢之卒，浮鄧塞之舟'，謂此也。"

［39］漢陰：地區名。亦即漢南。指漢水以南地區。

［40］羽楫：飛舟，快船。

［41］原隰（xí）：廣平與低濕之地。

［42］連衡：車衡連接車衡，比喻衆多。

［43］江滸：江邊。指江南。

［44］赤壁：山名。在今湖北蒲圻市西北長江邊。詳見本書卷一《武帝紀》建安十三年注。

［45］漢王：即劉備。　馮：即"憑"。

［46］湘：水名。即今湖南湘江。

［47］西陵：縣名。此西陵即夷陵，吴黄武元年（222）改名西陵，晋太康元年（280）又復名夷陵，治所皆在今湖北宜昌市

東南。

[48] 永安：縣名。治所在今重慶市奉節縣東白帝城。

[49] 濡須之寇：指建安十八年（213）曹操率軍攻濡須，孫權領兵拒守，相持月餘，曹操退軍。

[50] 蓬籠：地名。本書卷一八《臧霸傳》作"逢龍"。謝鍾英《補三國疆域志補注》云："逢龍當與夾石相近。"夾石在安徽桐城市北。蓬籠之戰，指吳將韓當與臧霸之戰。見本書《臧霸傳》。

[51] 挫鋒：殿本、盧弼《集解》本、校點本作"摧鋒"，百衲本、《晉書》《文選》作"挫鋒"。今從百衲本等。

[52] 莞然：殿本、盧弼《集解》本、校點本作"藐然"，百衲本作"莞然"，《晉書》《文選》作"莞然"。按，"莞"同"莞"，《字彙補·艸部》："莞，同莞。"今從百衲本、《晉書》等。莞然，微笑貌。

[53] 峙：盧弼《集解》本作"跱"，百衲本、殿本、校點本作"峙"，《晉書》《文選》作"跱"，按，"跱"同"峙"。今從百衲本等。

[54] 屠：《文選》李善注："王逸《楚辭注》曰：屠，裂也。"庸蜀：指益州。益州及其附近，古爲庸、蜀二國。

[55] 百越之地：今長江中下游以南地區，古爲衆多越族部落分布地，故有百越之稱。

[56] 八代：李善注："三皇五帝也。"

[57] 三王：李善注："夏、殷、周也。"

[58] 告類：《文選》五臣注呂向曰："告類，祭祀也。" 上帝：百衲本無"帝"字，殿本、盧弼《集解》本、校點本、《文選》皆有，今從殿本等。呂向注："帝，天也。"

[59] 拱揖羣后：呂向注："謂拱手以揖諸侯示無事也。"

[60] 長戟：趙幼文《校箋》謂《藝文類聚》卷一一引"戟"字作"棘"。按，《晉書》《文選》亦作"棘"。而二字通，《小爾雅·廣器》："棘，戟也。" 鍛（shā）：李善注："長刃矛刀之

類也。"

[61] 望飆（biāo）而奮：《文選》五臣注李周翰曰："飆，風也。奮，振動也。望風而奮者，勇於鬭也。"

[62] 庶尹：《文選》五臣注吕延濟曰："庶尹，百官也。"

[63] 風：風教。　圻：疆界，地域。

[64] 行人：使者。

[65] 擾：馴養。《周禮·夏官·服不氏》："掌養猛獸而教擾之。"鄭玄注："擾，馴也，教習使之訓服。"　閑：指馬廄。

[66] 軿軒：古代使臣乘坐的一種輕車。

[67] 衝輣：古代兵車之一種。

[68] 幼主：指孫亮。

[69] 陸公：此指陸抗。

[70] 丁奉鍾離斐：潘眉《考證》云："《文選》作'丁奉、離斐'，無'鍾'字，即《丁奉傳》之'黎斐'也。《孫綝傳》亦云'丁奉、黎斐'。《史記》秦後有'終黎氏'，《世本》作'終離氏'，'黎''離'古通用。"則此衍"鍾"字。

[71] 工輸：盧弼《集解》謂何焯校改"工"作"公"。公輸即公輸般（又作公輸盤或公輸班），春秋魯國人，著名工匠。曾爲楚國造雲梯將攻宋，爲墨子所制止。（見《墨子·公輸》）

[72] 智伯灌激之害：智伯，春秋末晋卿。立晋懿公後，愈益驕横，向韓、魏求地，韓、魏與之。又向趙求，趙不與。智伯怒，率韓、魏攻趙。趙襄子懼，奔保晋陽。智伯攻晋陽歲餘，又引汾水灌其城，城不浸者三板。城中懸釜而炊，易子而食。而趙襄子暗地與韓、魏通謀，三家反滅智氏，共分其地。（見《史記》卷四三《趙世家》）

[73] 楚子築室之圍：楚莊王十九年（前595），率軍圍攻宋國。次年五月，宋未下，楚軍將退。當時申叔時爲莊王駕車，謂莊王曰："築室，反耕者（使種田者返回）宋必聽命。"後來宋國果與楚國媾和。（見《左傳》宣公十四年、十五年）

[74] 燕人濟西之隊：《史記》卷八〇《樂毅列傳》謂燕昭王欲伐齊，問於樂毅。樂毅建議聯合趙、魏、楚等國，方可伐齊。昭王因遣使聯絡諸國，諸國亦不滿齊湣王驕暴，願與燕聯合伐齊。樂毅遂爲上將軍，率"趙、楚、韓、魏、燕之兵以伐齊，破之濟西（濟水以西）"。

[75] 浹辰：古以干支紀日，自子至亥一周十二日爲浹辰。

[76] 孤憤：趙幼文《校箋》謂《藝文類聚》卷一一引"孤"字作"發"。按，《晉書》《文選》亦作"孤"。

[77] 之選：趙幼文《校箋》謂《藝文類聚》引"之"字作"所"。按，《晉書》《文選》亦作"所"。

[78] 符：法則。

[79] 岷益：即益州。因益州境内有岷江，故連稱。

[80] 奄：百衲本、殿本、盧弼《集解》本作"有"，校點本、《文選》作"奄"，《晉書》作"掩有"。今從校點本等。奄，李善注："毛萇《詩傳》曰：奄，覆也。"

[81] 怨矣：百衲本無"矣"字，殿本、盧弼《集解》本、校點本、李善注《文選》有。今從殿本等。

[82] 劉公：百衲本、殿本、盧弼《集解》本、《晉書》作"劉翁"，校點本、《文選》作"劉公"。今從校點本等。

[83] 陋矣：百衲本無"矣"字，殿本、盧弼《集解》本、校點本、李善注《文選》有。今從殿本等。

[84] 吳桓王：百衲本"吳"上有"夫"字，殿本、盧弼《集解》本、校點本無。今從殿本等。 太祖：《文選》呂向注："太祖，謂孫權也。"

[85] 不及：趙幼文《校箋》謂《藝文類聚》卷一一引"不"字作"弗"。按，《晉書》作"弗"，《文選》作"不"。

[86] 丹府：《文選》劉良注："丹府，謂赤心也。"

[87] 識：趙幼文《校箋》謂《藝文類聚》引作"擢"，《晉書》作"試"。按，《文選》作"識"。

[88] 授器：百衲本、殿本作"受器"，盧弼《集解》本、校點本、《文選》作"授器"。今從《集解》本等。

[89] 陸公：即陸遜。

[90] 張公：即張昭。梁章鉅《旁證》云："上篇兩'昭'字《晉書》皆作'公'，此仍是避晉諱，後人追改未盡者耳。"事見本書卷五二《張昭傳》。

[91] 諸葛：李善注："諸葛瑾。事未詳。"

[92] 陸公：仍指陸遜。事見本書卷四七《吳主傳》黃武五年。

[93] 奇劉基之議：指孫權酒後欲殺虞翻，賴劉基而免。事詳本書卷五七《虞翻傳》。

[94] 伺子明之疾：呂蒙字子明。事見本書卷五四《呂蒙傳》。

[95] 育淩統之孤：事見本書卷五五《淩統傳》。

[96] 歸魯肅之功：事見本書卷五四《魯肅傳》。

[97] 信子瑜之節：諸葛瑾字子瑜。劉備伐吳時，有人向孫權言諸葛瑾遣親人與劉備相聞，孫權不信。詳見本書卷五二《諸葛瑾傳》。

[98] 不厭：不安。李善注："言其規略宏遠，不安茲小國也。"

[99] 粗修：百衲本作"粗精"，殿本、盧弼《集解》本、校點本、《晉書》《文選》皆作"粗修"。今從殿本等。

[100] 其財豐其器利：趙幼文《校箋》謂《藝文類聚》卷一一引二句乙。按，《晉書》《文選》二句亦乙。

[101] 未見：趙幼文《校箋》謂《藝文類聚》引"見"字作"巨"，與《文選》合。按，《晉書》亦作"見"。

[102] 遺憲：趙幼文《校箋》謂《藝文類聚》引"憲"字作"典"，與《晉書》《文選》合。按，二字義同。《爾雅·釋詁一》："憲，法也。"《國語·晉語四》："陽人有夏、商之嗣典。"韋昭注："典，法也。"

[103] 與國：盟國，友邦。

[104] 長轂：兵車。

[105] 軸艫：船舵和船頭。代指船。

[106] 保城：盧弼《集解》云："《晉書》《文選》'保'作'寶'。"趙幼文《校箋》引胡紹煐曰："'寶'與'保'古字通，此借'寶'爲'保'。保，小城也。《禮記·月令》'四鄙入保'注：'小城曰保'是也。俗作'堡'。"

[107] 于時：殿本作"于是"，百衲本、盧弼《集解》本、校點本、《文選》《晉書》皆作"于時"。今從百衲本等。 大邦之衆：指晉巴東監軍徐胤、荊州刺史楊肇所率之軍。詳見本書卷五八《陸遜傳》。

[108] 雲翔：殿本"翔"字作"翻"，百衲本、盧弼《集解》本、校點本、《晉書》《文選》皆作"翔"。今從百衲本等。

[109] 遵：沿着。 渚：水中沙洲。

[110] 東坑：地名。謝鍾英謂東坑即陸抗城，陸抗城在宜昌府東五里。（見《補三國疆域志補注》）宜昌府治所在今湖北宜昌市。

[111] 踠跡：呂延濟注："踠迹，謂俯伏也。"

[112] 五千：殿本、盧弼《集解》本作"三千"，百衲本、校點本、《晉書》《文選》作"五千"。今從百衲本等。

[113] 罕警：趙幼文《校箋》謂《晉書》"警"字作"驚"。按，《文選》亦作"警"。

[114] 人之云亡：《詩·大雅·瞻卬》："人之云亡，邦國殄瘁。"謂賢人皆逃亡，邦國即將傾覆。又按，下句"邦國殄瘁"之"瘁"，百衲本、殿本作"悴"，盧弼《集解》本、校點本、《晉書》《文選》皆作"瘁"。今從《集解》本等。

[115] 湯武革命：《易·革卦》象："湯武革命，順乎天而應乎人。"

[116] 玄：百衲本、殿本、盧弼《集解》本、《晉書》作"或"，校點本、《文選》作"玄"。梁章鉅《旁證》云："上引

《易》，下引《玄》，正一例也。《晋書》亦誤。"今從校點本等。《玄》指揚雄《太玄經》。又李善注引《太玄經》曰："陰不極則陽不生，亂不極則德不形。"

[117] 天時不如地利：《孟子·公孫丑下》孟子曰："天時不如地利，地利不如人和。"

[118] 王侯設險以守其國：《易·坎卦》象作"王公設險以守其國"。

[119] 在德不在險：此爲吳起對魏武侯之言。見《史記》卷六五《吳起列傳》。

[120] 孫卿：即荀卿，荀況，通稱荀子。戰國後期趙國人，儒家學派之發展者，著有《荀子》，又稱《孫卿子》。 合其參者：李善注引《孫卿子》曰："天有其時，地有其財，人有其治，夫是之謂能參（三）合。所以參而顛覆，所參則惑矣。"又李周翰注："言吳之興也，天時地利人和三者並用也。參，三也。由，用也。孫卿，謂《孫卿子》也。合其三者，謂道合於天地人。"趙幼文《校箋》則云："紹興本、毛本'合'字俱作'舍'，《類聚》引'合'字作'捨'，與五臣本《文選》合，是也。"按，此蓋趙氏之誤，百衲本、殿本、盧弼《集解》本、校點本、《藝文類聚》、五臣本《文選》此句皆作"合"，此下第三句"又孫卿所謂舍其參者也"方作"舍"；《藝文類聚》、五臣本《文選》"舍"又作"捨"。而《校箋》謂此句亦作"合"，蓋誤。

[121] 恭己：趙幼文《校箋》謂《藝文類聚》《文選》《晋書》"恭"字俱作"謙"。

[122] 結：校點本作"給"。百衲本、殿本、盧弼《集解》本、《晋書》、《文選》皆作"結"。今從百衲本等。

[123] 共患：盧弼《集解》本、《晋書》作"同患"，百衲本、殿本、校點本、《文選》作"共患"。今從百衲本等。下同。

[124] 麥秀：李善注引《尚書大傳》曰："微子將朝周，過殷之故墟，見麥秀之鉅漸漸（麥苗秀出貌），曰：此父母之國，宗廟社稷

之所立也。志動心悲,欲哭則朝周,俯泣則婦人,推而廣之作雅聲。"

[125] 黍離:《詩·王風·黍離序》云:"《黍離》,閔宗周也。周大夫行役至于宗周,過故宗廟宮室,盡爲禾黍,閔周室之顛覆,彷徨不忍去而作是詩也。"

三國志 卷四九

吳書四

劉繇太史慈士燮傳第四

劉繇字正禮，東萊牟平人也。[1]齊孝王少子封牟平侯，[2]子孫家焉。繇伯父寵，爲漢太尉。〔一〕[3]繇兄岱，字公山，歷位侍中，[4]兗州刺史。〔二〕[5]

〔一〕《續漢書》曰：繇祖父本，[6]師受經傳，博學羣書，號爲通儒。舉賢良方正，[7]爲般長，[8]卒官。寵字祖榮，受父業，以經明行修，舉孝廉，[9]光祿（大夫）察四行，[10]除東平陵令。[11]視事數年，以母病棄官，百姓士民攀輿拒輪[12]，充塞道路，車不得前，乃止亭，輕服潛遁，歸脩供養。後辟大將軍府，[13]稍遷會稽太守，[14]正身率下，郡中大治。徵入爲將作大匠。[15]山陰縣民去治數十里有若邪中，[16]在山谷間，五六老翁年皆七八十，聞寵遷，相率共送寵，人齎百錢。寵見，勞來曰："父老何乃自苦遠來！"皆對曰："山谷鄙老，生未嘗到郡縣。[17]他時吏發求不去民間，或夜不絕，狗吠竟夕，民不得安。[18]自明府下車以來，[19]狗不夜吠，吏稀至民間，年老遭值聖化，今聞當見棄去，故戮力來送。"寵謝之,爲選受一大錢,[20] 故會稽號寵爲取一錢太守。[21] 其清如是。寵前後歷二郡,[22] 入居九列,[23] 四登三事。[24] 家不藏賄,無重寶器,恒菲飲食,[25] 薄衣服,弊車羸馬,號爲窶陋。[26] 三去相位,輒歸本土。往來京師,常下道脫驂過,人莫知焉。寵嘗欲止亭,亭吏止之曰:"整頓傳舍,[27] 以待劉公,不可得止。"寵因過去。其廉儉皆此類也。以老病卒于家。

〔二〕《續漢書》曰:繇父輿,一名方,山陽太守。[28] 岱、繇皆有儁才。

《英雄記》稱岱孝悌仁恕,以虛己受人。

[1] 東萊:郡名。治所黃縣,在今山東龍口市東南舊黃縣東黃城集。 牟平:縣名。治所在今山東烟臺市福山區西北。

[2] 齊孝王:劉將閭。《後漢書》卷七六《劉寵傳》:"劉寵字榮祖,東萊牟平人,齊悼惠王之後也。悼惠王子孝王將閭,將閭少子封牟平侯,子孫家焉。"

[3] 太尉:官名。東漢時與司徒、司空並爲三公,共同行使宰相職能,而位列三公之首,名位甚重,或與太傅並錄尚書事,綜理全國軍政事務。劉寵爲太尉在漢靈帝建寧元年(168)。

[4] 侍中:官名。秩比二千石。職掌門下衆事,侍從左右,顧問應對。漢靈帝時置侍中寺,不再隸屬少府。獻帝時定員六人,與給事黃門侍郎出入禁中,近侍帷幄,省尚書事。

[5] 兖州:漢末刺史治所昌邑縣,在今山東金鄉縣西北。

[6] 本:《後漢書·劉寵傳》作"丕"。潘眉《考證》云:"'本''丕'字相近訛。"

[7] 賢良方正:漢代選舉科目之一,全稱爲賢良方正直言極諫科。由公卿大臣、諸侯王、郡守舉薦,皇帝親自策問,中選者授官。

[8] 般:縣名。治所在今山東樂陵市西南。

[9] 孝廉：漢代選拔官吏的主要科目。孝指孝子，廉指廉潔之士。原本爲二科，後混同爲一科，也不再限於孝子和廉吏。東漢後期定制爲不滿四十歲者不得察舉；被舉者先詣公府課試，以觀其能。郡國每年要向中央推舉一至二人。

[10] 光禄：各本皆作"光禄大夫"。盧弼《集解》引沈家本曰："'大夫'二字疑衍。"校點本即從沈説删"大夫"二字。今從之。光禄，即光禄勳。東漢時以掌宫殿門户宿衛爲主；領中郎、侍郎、郎中等。諸郎名義上備宿衛，實爲後備官員。　四行：漢朝選拔考核官吏的一種制度。因分質樸、敦厚、遜讓、有行四種科目，故名。此制始於漢元帝永光元年（前43），時詔丞相、御史舉之，光禄勳每年以此科目考核郎及從官。東漢時科目有所不同。《後漢書》卷六一《黄琬傳》云："舊制，光禄舉三署郎，以高功、久次、才德尤異者爲茂才四行。"

[11] 東平陵：縣名。治所在今山東章丘市西。

[12] 士民：趙幼文《校箋》謂《北堂書鈔》卷七八、《太平御覽》卷二六七引"民"字俱作"女"。　輿：趙幼文《校箋》謂《北堂書鈔》《太平御覽》引俱作"車"。

[13] 大將軍：官名。東漢時，常兼録尚書事，與太傅、太尉等共同主持政務。漢末位在三公上。

[14] 會稽：郡名。治所山陰縣，在今浙江紹興市。

[15] 將作大匠：官名。秩二千石，掌宫室、宗廟、陵寢及其他土木營建。

[16] 若邪：山名。又作"若耶山"。在今浙江紹興市南。中：趙一清《注補》云："'中'字疑衍。"按，文義，"中"字蓋爲"山"字之訛。趙幼文《校箋》謂《文選》沈休文《齊故安陸王碑文》李善注引《續漢書》作"有若邪山，中有五六老公，年皆七八十"。無"在谷間"三字。

[17] 到：殿本、盧弼《集解》本、校點本作"至"，百衲本作"到"。趙幼文《校箋》謂《後漢紀》、《文選》李善注引《續

漢書》、《太平御覽》卷八三五引俱作"到"。今從百衲本。

［18］"他時吏發"四句：盧弼《集解》謂《後漢書·劉寵傳》作"他守時吏發求民間，至夜不絕，或狗吠竟夕，民不得安"。又按，上句"狗吠"，盧弼《集解》本作"犬吠"，百衲本、殿本、校點本均作"狗吠"。今從百衲本等。

［19］明府：對郡太守的敬稱。

［20］受一大錢：胡三省云："今越州（治所即紹興市）城西四十五里錢清鎮，即父老送寵處。"（《通鑑》卷五四漢桓帝延熹四注）

［21］取一錢太守：趙幼文《校箋》謂《文選》沈休文《齊故安陸王碑文》李善注引《續漢書》、郝經《續後漢書》俱無"取"字。

［22］二郡：《後漢書·劉寵傳》謂寵"四遷爲豫章太守，又三遷拜會稽太守"。

［23］入：盧弼《集解》本作"入"，百衲本、殿本、校點本作"八"。殿本《考證》云："毛本作'入居九列'。"趙幼文《校箋》謂郝經《續後漢書》作"入"。今從盧弼《集解》本。 九列：九卿。據《後漢書·劉寵傳》，劉寵曾兩次任將作大匠，兩次任宗正，又任大鴻臚。

［24］三事：指三公。劉寵曾兩次任司空，又任司徒、太尉。

［25］飲食：盧弼《集解》本作"飯食"，百衲本、殿本、校點本作"飲食"。今從百衲本等。

［26］窶（jù）陋：貧窮。《爾雅·釋言》："窶，貧也。"郭璞注："謂貧陋。"

［27］傳舍：供行人休息住宿的處所。

［28］山陽：郡名。治所昌邑縣，在今山東金鄉縣西北。

繇年十九，[1]從父韙爲賊所劫質，繇篡取以歸，由是顯名。舉孝廉,爲郎中,[2]除下邑長。[3]時郡守以貴戚託之,遂棄官去。州辟部濟南,[4]濟南相中常侍子,[5]貪穢不(循)〔脩〕,[6]繇奏免之。平原陶丘洪薦繇,[7]欲令舉茂才。[8]刺史曰:"前年舉公山,奈何復舉正禮乎?"洪曰:"若明使君用公山於前,[9]擢正禮於後,所謂御二龍於長塗,騁騏驥於千里,不亦可乎!"會辟司空掾,[10]除侍御史,[11]不就。避亂淮浦,[12]詔書以爲揚州刺史。[13]時袁術在淮南,[14]繇畏憚,不敢之州。欲南渡江,吳景、孫賁迎置曲阿。[15]術圖爲僭逆,攻沒諸郡縣。繇遣樊能、張英屯江邊以拒之,以景、賁術所授用,乃迫逐使去。於是術乃自置揚州刺史,與景、賁并力攻英、能等,歲餘不下。漢命加繇爲牧,振武將軍,[16]衆數萬人。[17]孫策東渡,破英、能等。繇奔丹徒,〔一〕[18]遂泝江南保豫章,[19]駐彭澤。[20]笮融先至,笮音壯力反。[21]殺太守朱晧,〔二〕入居郡中。繇進討融,爲融所破,更復招合屬縣,攻破融。融敗走入山,爲民所殺。繇尋病卒,時年四十二。

〔一〕袁宏《漢紀》曰:劉繇將奔會稽,許子將曰:[22]"會稽富實,策之所貪,且窮在海隅,不可往也。不如豫章,北連豫壤,[23]西接荆州。[24]若收合吏民,遣使貢獻,與曹兗州相聞,[25]雖有袁公路隔在其間,[26]其人豺狼,不能久也。足下受王命,孟德、景升必相救濟。"[27]繇從之。

〔二〕《獻帝春秋》曰:是歲,繇屯彭澤,又使融助晧討劉表所用太守諸葛玄。[28]許子將謂繇曰:"笮融出軍,不顧(命)名義者也。[29]朱文明善推誠以信人,[30]宜使密防之。"融到,果詐殺晧，代領郡事。

[1] 年：百衲本無"年"字，殿本、盧弼《集解》本、校點本皆有。今從殿本等。

[2] 郎中：官名。東漢時秩比三百石。分隸五官、左、右三署中郎將，名義上備宿衛，實爲後備官吏人材。

[3] 下邑：縣名。治所在今安徽碭山縣東。

[4] 部濟南：即部濟南從事史。東漢時州牧刺史之屬吏有部郡國從事史，每郡國一人，主督促文書，察舉非法。濟南國屬青州，治所即東平陵縣。

[5] 相：官名。此爲王國相，由朝廷直接委派，執掌王國行政大權，相當於郡太守。 中常侍：官名。東漢後期，以宦官充任，秩比二千石。掌侍從皇帝左右，顧問應對，贊導宮內諸事。權力極大。

[6] 不脩：各本作"不循。"殿本《考證》云："循，《册府》作'脩'。"趙幼文《校箋》謂《册府元龜》卷七一九、卷八二八俱作"脩"。本書卷六一《潘濬傳》"臧穢不脩"，與此意近，疑作"脩"字是。《廣雅·釋詁三》："脩，治也。"按，宋本《册府元龜》卷七一九、卷八二八亦作"脩"，今據改。

[7] 平原：郡名。治所平原縣，在今山東平原縣西南。

[8] 茂才：即秀才，東漢人避光武帝劉秀諱改，爲漢代薦舉人材科目之一。東漢之制，州牧刺史歲舉一人。三國沿之，或稱秀才。

[9] 明使君：對州郡長官之尊稱。

[10] 司空掾：官名。司空府之屬吏，東漢時置掾屬二十九人。

[11] 侍御史：官名。秩六百石，掌察舉非法，受公卿群吏奏事，有違失者則舉劾。

[12] 淮浦：縣名。治所在今江蘇漣水縣西。

［13］揚州：東漢末刺史治所壽春縣，在今安徽壽縣。

［14］淮南：郡名。治所即壽春縣。

［15］曲阿：縣名。治所在今江蘇丹陽市。

［16］振武將軍：漢置。爲雜號將軍，統兵。按，《後漢書》卷七六《劉寵傳》謂繇爲振威將軍。

［17］數萬人：殿本、盧弼《集解》本作"萬餘人"，百衲本、校點本作"數萬人"。今從百衲本等。

［18］丹徒：縣名。治所在今江蘇鎮江市東南丹徒鎮。

［19］豫章：郡名。治所南昌縣，在今江西南昌市。

［20］彭澤：縣名。治所在今江西湖口縣東。

［21］此音注，百衲本、殿本、盧弼《集解》本皆在下句"朱晧"下，校點本提前於此，今從校點本。

［22］許子將：許劭字子將。其事迹見本書卷二三《和洽傳》裴注引《汝南先賢傳》。

［23］豫：州名。東漢時刺史治所譙縣，在今安徽亳州市。

［24］荆州：東漢時刺史治所漢壽縣，在今湖南常德市東北。漢末劉表爲刺史，遷治所於襄陽縣，在今湖北襄陽市襄州區。

［25］曹兖州：指曹操。時操爲兖州牧。

［26］袁公路：袁術字公路。

［27］孟德：曹操字孟德。　景升：劉表字景升。

［28］諸葛玄：諸葛亮之叔父。見本書卷三五《諸葛亮傳》及裴注引《獻帝春秋》。

［29］不顧：各本皆作"不顧命"。殿本《考證》謂《册府元龜》無"命"字。趙幼文《校箋》謂此見《册府元龜》卷八七八，郝經《續後漢書》亦無"命"字。盧弼《集解》又謂《通鑑》亦無"命"字。校點本即據《通鑑》删"命"字。今從之。

［30］朱文明：胡三省云："朱晧字文明。"（《通鑑》卷六一漢獻帝興平二年注）

笮融者，丹楊人，[1]初聚衆數百，往依徐州牧陶謙。[2]謙使督廣陵、〔下邳〕、彭城運漕，[3]遂放縱擅殺，坐斷三郡委輸以自入。乃大起浮圖祠，[4]以銅爲人，黄金塗身，衣以錦采，垂銅槃九重，下爲重樓閣道，可容三千餘人，悉課讀佛經，令界内及旁郡人有好佛者聽受道，復其他役以招致之，[5]由此遠近前後至者五千餘人户。[6]每浴佛，[7]多設酒飯，布席於路，經數十里，民人來觀及就食且萬人，費以巨億計。[8]曹公攻陶謙，徐土騷動，融將男女萬口，馬三千匹，走廣陵，廣陵太守趙昱待以賓禮。先是，彭城相薛禮爲陶謙所偪，屯秣陵。融利廣陵之衆，因酒酣殺昱，放兵大略，因載而去。[9]過殺禮，然後殺晧。

後策西伐江夏，[10]還過豫章，收載繇喪，善遇其家。王朗遺策書曰：“劉正禮昔初臨州，未能自達，實賴尊門爲之先後，用能濟江成治，有所處定。踐境之禮，感分結意，情在終始。後以袁氏之嫌，稍更乖剌。更以同盟，還爲讐敵，原其本心，實非所樂。康寧之後，常願渝平更成，復踐宿好。一爾分離，款意不昭，奄然殂隕，可爲傷恨！知敦以屬薄，德以報怨，收骨育孤，哀亡愍存，捐既往之猜，保六尺之託，[11]誠深恩重分，美名厚實也。昔魯人雖有齊怨，不廢喪紀，[12]《春秋》善之，謂之得禮，誠良史之所宜藉，鄉校之所歎聞。[13]正禮元子，[14]致有志操，想必有以殊異。威盛刑行，施之以恩，不亦優哉！”

繇長子基，字敬輿，年十四，居繇喪盡禮，故吏餽餉，皆無所受。[一]姿容美好，孫權愛敬之。權爲驃騎將軍，[15]辟東曹掾，[16]拜輔義校尉、建忠中郎將。[17]權爲吳王，遷基大農。[18]權嘗宴飲，騎都尉虞翻醉酒犯忤，[19]權欲殺之，威怒甚盛，由基諫爭，翻以得免。權大暑時，嘗於船中宴飲，於船樓上值雷雨，權以蓋自覆，又命覆基，餘人不得也。其見待如此。徙郎中令。[20]權稱尊號，改爲光禄勳，[21]分平尚書事。[22]年四十九卒。後權爲子霸納基女，賜第一區，四時寵賜，與全、張比。基二弟，鑠、尚，皆騎都尉。

[一]《吳書》曰：基遭多難，[23]嬰丁困苦，[24]潛處味道，不以爲戚。與羣弟居，常夜卧早起，妻妾希見其面。諸弟敬憚，事之猶父。不妄交游，門無雜賓。

[1] 丹楊：郡名。治所宛陵縣，在今安徽宣州市。
[2] 徐州：東漢時刺史治所郯縣，在今山東郯城縣；漢末移治下邳縣，在今江蘇睢寧縣西北。
[3] 廣陵：郡名。治所廣陵縣，在今江蘇揚州市西北蜀岡上。
下邳：各本皆無此二字。盧弼《集解》引陳景雲曰："上言廣陵、彭城，下言三郡，殊不相應，《後漢書》'廣陵'下有'下邳'二字，疑此脱。"《後漢書》指《後漢書》卷七三《陶謙傳》。《通鑑》卷六一漢獻帝興平二年叙陶謙、笮融此事，亦有"下邳"二字。今從陳説據《後漢書》《通鑑》補。下邳郡治所下邳縣。　彭城：郡名。治所彭城縣，在今江蘇徐州市。
[4] 浮圖祠：浮圖，又作"浮陀""浮屠"，乃梵文 Buddha 之别譯，一般略譯作"佛陀"，亦即"佛"。浮圖祠，即祠奉佛之處所，亦指佛寺。

[5] 復：復除，免除。

[6] 人户：盧弼《集解》云："人户二字必有一衍。《通鑑》作'招致旁郡好佛者至五千餘户'。"

[7] 浴佛：佛教浴佛節之一種儀式。浴佛節亦稱"佛誕節"，爲紀念佛陀釋迦牟尼誕生的節日。屆時佛寺中舉行誦經法會，並根據佛誕生時九龍口噴香水浴佛的傳説，以各種名香浸水灌洗佛像，並供養各種花卉。其時間，中國漢族地區一般爲陰歷四月初八。

[8] 億：趙幼文《校箋》謂《太平御覽》卷八四四引作"萬"。

[9] 因載：盧弼《集解》云："或曰'因載'疑'困載'之誤。"按，若作"困"，爲捆束之義。《爾雅·釋詁·釋宫室》："困，綣也。藏物繾綣束縛之也。"

[10] 江夏：郡名。東漢治所西陵縣，在今湖北新州縣西。

[11] 六尺：周代一尺約當今六寸。六尺，指少年人。《論語·泰伯》曾子曰："可以託六尺之孤，可以寄百里之命。"

[12] 不廢喪紀：《史記》卷三二《齊太公世家》謂齊襄公四年，"魯桓公與夫人如齊。齊襄公故嘗私通魯夫人。魯夫人者，襄公女弟也，自釐公時嫁爲魯桓公婦，及桓公來而襄公復通焉。魯桓公知之，怒夫人，夫人以告齊襄公。齊襄公與魯君飲，醉之，使力士彭生抱上魯君車，因拉殺魯桓公，桓公下車則死矣。魯人以爲讓"。《春秋·桓公十八年》謂桓公屍回魯國後，"冬十有二月己丑，葬我君桓公"。又《左傳·莊公元年》云："三月，夫人孫于齊。不稱姜氏，絶不爲親，禮也。"

[13] 鄉校：古代鄉間的公共場所。既是學校，又是鄉人聚會議事之處。

[14] 元子：長子。

[15] 驃騎將軍：官名。東漢時位比三公，地位尊崇。

[16] 東曹掾：官名。東漢三公府及大將軍府均置有東曹掾，秩比四百石，主二千石長吏之遷除及軍吏。孫權爲驃騎將軍亦置東

曹掾。

[17] 輔義校尉：官名。孫權所置，無特殊職掌。 建忠中郎將：官名。孫權所置。領兵。按，百衲本無"將"字，殿本、盧弼《集解》本、校點本有。今從殿本等。

[18] 大農：官名。東漢末魏王國置爲列卿之一。曹丕稱帝後，改名大司農。而諸王國仍置大農，第七品，與郎中令、中尉合稱三卿。孫權接受曹魏的封號爲吳王，亦置大農，而職掌應同大司農。

[19] 騎都尉：官名。孫吳時，統羽林兵，宿衛左右。

[20] 郎中令：官名。此係孫權爲吳王時置，爲王國三卿之一，地位頗重，孫權稱帝後，改名光禄勳。

[21] 光禄勳：官名。漢代列卿之一，秩中二千石。東漢時掌宿衛宫殿門户。三國沿置。

[22] 平尚書事：職銜名義。加此銜者得參與評議論決尚書政事。三國皆置，蜀漢位次於録尚書事，孫吳則無高下之分。

[23] 基遭多難：趙幼文《校箋》謂《太平御覽》卷五一六引"遭"下有"家"字。

[24] 嬰丁：遭受，遇到。

太史慈字子義，東萊黄人也。少好學，仕郡奏曹史。[1]會郡與州有隙，[2]曲直未分，以先聞者爲善。時州章已去，郡守恐後之，求可使者。慈年二十一，以選行，晨夜取道，到洛陽，[3]詣公車門，[4]見州吏始欲求通。[5]慈問曰："君欲通章邪？"吏曰："然。"問："章安在？"曰："車上。"慈曰："章題署得無誤邪？取來視之。"吏殊不知其東萊人也，因爲取章。慈已先懷刀，便截敗之。吏踴躍大呼，言"人壞我章"！慈將至車閒，與語曰："向使君不以章相與，吾亦無因得败之,是爲吉凶禍福等耳,吾不獨受此罪。豈若默然俱出去,[6]可以存易亡,無事俱就刑辟。"吏言:"君爲郡敗吾章,已得如意,欲復亡爲?"慈答曰:"初受郡遣,但來視章通與未耳。吾用意太過,乃相敗章。今還,亦恐以此見譴怒,故俱欲去爾。"吏然慈言,即日俱去。慈既與出城,因遁還通郡章。州家聞之,[7]更遣吏通章,有司以格章之故不復見理,[8]州受其短。由是知名,而爲州家所疾。恐受其禍,乃避之遼東。[9]

北海相孔融聞而奇之,[10]數遣人訊問其母,并致餉遺。時融以黃巾寇暴,出屯都昌,[11]爲賊管亥所圍。慈從遼東還,母謂慈曰:"汝與孔北海未嘗相見,至汝行後,贍恤殷勤,過於故舊,今爲賊所圍,汝宜赴之。"慈留三日,單步徑至都昌。時圍尚未密,夜伺閒隙,得入見融,因求兵出斫賊。融不聽,欲待外救,外救未有至者,[12]而圍日偪。融欲告急平原相劉備,城中人無由得出,慈自請求行。融曰:"今賊圍甚密,衆人皆言不可,卿意雖壯,無乃實難乎?"慈對曰:"昔府君傾意於老母,老母感遇,遣慈赴府君之急,固以慈有可取,而來必有益也。今衆人言不可,慈亦言不可,豈府君愛顧之義,老母遣慈之意邪?事已急矣,願府君無疑。"融乃然之。於是嚴行蓐食,[13]須明,便帶鞬攝弓上馬,[14]將兩騎自隨,各作一的持之,開門直出。外圍下左右人並驚駭,兵馬互出。慈引馬至城下塹内,植所持的各一,出射之,射之畢,徑入門。明晨復如此,圍下人或起或卧,慈復植的,射之畢,復入門。明晨復出如此,無復起者,於是下鞭馬直突圍中馳去。[15]比賊覺知,慈行已過,又射殺數人,皆應弦而倒,故無敢追者。遂到平原,說備曰:"慈,東萊之鄙人也,與孔北海親非骨肉,比非鄉黨,[16]特以名志相好,有分災共患之義。今管亥暴亂,北海被圍,孤窮無援,危在旦夕。以君有仁義之名,能救人之急,故北海區區,延頸恃仰,使慈冒白刃,突重圍,從萬死之中自託於君,惟君所以存之。"備斂容答曰:"孔北海知世閒有劉備邪!"即遣精兵三千人隨慈。[17]賊聞兵至,解圍散走。融既得濟,益奇貴慈,曰:"卿吾之少友也。"事畢,還啓其母,母曰:"我喜汝有以報孔北海也。"

揚州刺史劉繇與慈同郡,慈自遼東還,未與相見,暫渡江到曲阿見繇,未去,會孫策至。或勸繇可以慈爲大將(軍),[18]繇曰:"我若用子義,許子將不當笑我邪?"但使慈偵視輕重。時獨與一騎卒遇策。[19]策從騎十三,皆韓當、宋謙、黃蓋輩也。慈便前鬭,正與策對。策刺慈馬,而攬得慈項上手戟,[20]慈亦得策兜鍪。[21]會兩家兵騎並各來赴,於是解散。

慈當與繇俱奔豫章,[22]而遁於蕪湖,[23]亡入山中,稱丹楊太守。是時,策已平定宣城以東,[24]惟涇以西六縣未服。[25]慈因進住涇縣,立屯府,大爲山越所附。[26]策躬自攻討,遂見囚執。策即解縛,捉其手曰:"寧識神亭時邪?[27]若卿爾時得我云何?"慈曰:"未可量也。"策大笑曰:"今日之事,當與卿共之。"〔一〕

即署門下督,[28]還吳授兵,拜折衝中郎將。[29]後劉繇亡於豫章,士衆萬餘人未有所附,策命慈往撫安焉。〔二〕左右皆曰:"慈必北去不還。"策曰:"子義捨我,當復與誰?"餞送昌門,[30]把腕別曰:"何時能還?"答曰:"不過六十日"。果如期而反。〔三〕

〔一〕《吳歷》云:慈於神亭戰敗,爲策所執。策素聞其名,即解縛請見,咨問進取之術。慈答曰:"破軍之將,不足與論事。"策曰:"昔韓信定計於廣武,[31]今策決疑於仁者,君何辭焉?"慈曰:"州軍新破,[32]士卒離心,若儻分散,難復合聚;欲出宣恩安集,恐不合尊意。"策長跪答曰:[33]"誠本心所望也。明日〔日〕中,[34]望君來還。"諸將皆疑,策曰:"太史子義,青州名士,[35]以信義爲先,終不欺策。"明日,大請諸將,[36]豫設酒食,立竿視影。日中而慈至,策大悅,常與參論諸軍事。

臣松之案:《吳歷》云慈於神亭戰敗,爲策所得,與本傳大異,疑爲謬誤。

《江表傳》曰:策謂慈曰:[37]"聞卿昔爲太守劫州章,赴文舉,[38]詣玄德,[39]皆有烈義,天下智士也,但所託未得其人耳。[40]射鈎斬祛,[41]古人不嫌。孤是卿知己,勿憂不如意也。"出教曰:"龍欲騰蓍,[42]先階尺木者也。"[43]

〔二〕《江表傳》曰:策謂慈曰:"劉牧往責吾爲袁氏攻廬江,[44]其意頗猥,理恕不足。[45]何者?先君手下兵數千餘人,盡在公路許。[46]孤志在立事,不得不屈意於公路,求索故兵,再往纔得千餘人耳。仍令孤攻廬江,爾時事勢,不得不爲行。但其後不遵臣節,[47]自棄作邪僭事,諫之不從。丈夫義交,苟有大故,不得不離,孤交求公路及絶之本末如此。今劉(繇)〔牧〕喪亡,[48]恨不及其生時與共論辯。今兒子在豫章,[49]不知華子魚待遇何如,[50]其故部曲復依隨之否?卿則州人,昔又從事,寧能往視其兒子，並宣孤意於其部曲？部曲樂來者便與俱來，不樂來者且安慰之。并觀察子魚所以牧禦方規何似，視廬陵、鄱陽人民親附之否？[51]卿手下兵，宜將多少，自由意。"慈對曰："慈有不赦之罪，將軍量同桓、文，[52]待遇過望。古人報主以死，[53]期於盡節，沒而後已。今並息兵，兵不宜多，將數十人，自足以往還也。"

〔三〕《江表傳》曰：策初遣慈也，[54]議者紛紜，謂慈未可信，或云與華子魚州里，[55]恐留彼爲籌策，或疑慈西託黃祖，假路還北，多言遣之非計。策曰："諸君語皆非也，孤斷之詳矣。太史子義雖氣勇有膽烈，然非縱橫之人。其心有士謨，志經道義，貴重然諾，一以意許知己，死亡不相負，諸君勿復憂也。"慈從豫章還，議者乃始服。慈見策曰："華子魚良德也，然非籌略才，無他方規，自守而已。又丹楊僮芝自擅廬陵，詐言被詔書爲太守。鄱陽民帥別立宗部，[56]阻兵守界，不受子魚所遣長吏，言'我以別立郡，須漢遣真太守來，當迎之耳'。子魚不但不能諧廬陵、鄱陽，近自海昏有上繚壁，[57]有五六千家相結聚作宗伍，惟輸租布於郡耳，發召一人遂不可得，子魚亦覦視之而已。"策拊掌大笑，仍有兼并之志矣。[58]頃之，遂定豫章。

[1] 奏曹史：官名。漢代郡置諸曹掾史，略如三公府，三公府有奏曹，主奏議事。郡亦置，有掾、史。

[2] 州：指青州。東萊郡屬青州。

[3] 洛陽：縣名。治所在今河南洛陽市東北白馬寺東。

[4] 公車門：即公車司馬門。皇宮的外門，亦稱司馬門。由公車司馬令掌管，負責警衛、接納吏民上書及徵召等。

[5] 始欲求通：趙幼文《校箋》謂《太平御覽》卷五九四引"欲"下無"求"字，"通"下有"章"字。疑是。

[6] 俱出去：趙幼文《校箋》謂《白孔六帖》卷三九引無

"出"字。

[7] 州家：指州府、州府長官。

[8] 格章：謂與郡上之章相牴牾。

[9] 遼東：郡名。治所襄平縣，在今遼寧遼陽市老城區。

[10] 北海：王國名。治所劇縣，在今山東昌樂縣西。

[11] 都昌：縣名。治所在今山東昌邑市西。

[12] 未有至者：百衲本、殿本、盧弼《集解》本"未有"上有兩"外救"，校點本僅有其一。今從百衲本等。

[13] 蓐食：飽餐。《左傳・文公七年》："訓卒，利兵，秣馬，蓐食。"楊伯峻注："《方言》：'蓐，厚也。'蓐食謂厚食。戰前必令士卒飽餐。"

[14] 鞬：馬上盛弓矢的器具。

[15] 下鞬馬：趙幼文《校箋》謂《太平御覽》卷七四四引無"下"字。

[16] 比：謂近鄰。《周禮・地官・族師》："五家爲比，十家爲聯。"

[17] 三千人：盧弼《集解》云："按《蜀志・先主傳》先主領平原相，自有兵千餘人及幽州烏丸雜胡騎，又略得飢民數千人。據《先主傳》所云，安得有精兵三千救北海之圍？或張大其辭耳。"

[18] 大將：各本皆作"大將軍"。盧弼《集解》云："'大'字疑衍，或衍'軍'字。《通鑑》作'或勸繇可以慈爲大將'。"今從盧說據《通鑑》卷六一漢獻帝興平二年之文刪"軍"字。趙幼文《校箋》謂蕭常及郝經之《續後漢書》俱無"軍"字。

[19] 一騎：殿本作"二騎"，百衲本、盧弼《集解》本、校點本皆作"一騎"。今從百衲本等。

[20] 手戟：單手握持的短柄戟。

[21] 兜鍪：武士戴的頭盔。

[22] 慈當：盧弼《集解》云："當字疑誤。"趙幼文《校箋》

謂蕭常《續後漢書》無"當"字，郝經《續後漢書》"當"字作"乃"。按，"當"與"乃"同。劉淇《助字辨略》卷二："《魏志·溫恢傳》：'得無當得蔣濟爲治中邪！'此當字，並是乃辭，語之助也。"

[23] 蕪湖：縣名。漢代治所在今安徽蕪湖市東，吳黃武初移治今蕪湖市。

[24] 宣城：西漢縣名，東漢廢，後復置。治所在今安徽南陵縣東青弋鎮。

[25] 涇：縣名。治所在今安徽涇縣西。

[26] 山越：漢末三國時期，居於南方山區的土著人民稱爲山越。因其在秦漢時稱越人，雖經三百餘年已與漢族相融合，但時人仍稱之爲越。（本唐長孺《孫吳建國及漢末江南的宗部與山越》）

[27] 神亭：地名。在今江蘇金壇縣西北。

[28] 門下督：官名。漢代郡縣官府置門下督，主盜賊事，亦稱門下督盜賊。東漢末丞相府、將軍府亦置。當時孫策爲討逆將軍，故置之。

[29] 折衝中郎將：官名。孫策所置，領兵。

[30] 昌門：吳縣城西門。胡三省云："《孫權記注》曰：吳西郭門昌閶門，夫差作，以天門通閶闔，故名之。後春申君改曰昌門。"（《通鑑》卷六二漢獻帝建安三年注）

[31] 廣武：即廣武君李左車。秦漢之際謀士。趙王封之爲廣武君。漢王劉邦二年，使韓信、張耳率兵擊趙，李左車建議趙軍主將陳餘，出奇兵斷絕漢軍糧道，未被采納，終爲韓信所敗。韓信令軍中毋殺廣武君，及得之，以之爲師。廣武君遂爲韓信謀乘勝定燕、齊之計，韓信用其計，取得燕地。（《史記》卷九二《淮陰侯列傳》）

[32] 州軍：趙幼文《校箋》謂《太平御覽》卷四六七"軍"字作"郡"。按，《太平御覽》卷四三〇引又作"軍"，蕭常《續後漢書》郝經《續後漢書》苟宗道注引亦作"軍"。

[33] 長跪：古人席地而坐，坐時兩膝據地，以臀部著足跟。長跪則直身伸腰股，以表敬重。

[34] 明日日中：各本作"明日中"。趙幼文《校箋》謂《太平御覽》卷四三〇、卷四六七引作"明日日中"，重"日"字，蕭常《續後漢書》同。按，從下文"立竿視影，日中而慈至"看，應重"日"字。今從趙說補。

[35] 青州：刺史治所臨菑縣，在今山東淄博市東北臨淄鎮北。

[36] 大請：趙幼文《校箋》謂《太平御覽》卷四三〇、卷四六七引"請"字作"會"，蕭常《續後漢書》同。

[37] 謂：校點本作"問"，百衲本、殿本、盧弼《集解》本作"謂"。今從百衲本等。

[38] 文舉：孔融字文舉。

[39] 詣玄德：殿本、盧弼《集解》本、校點本"詣"上有"請"字，百衲本無。趙幼文《校箋》謂《冊府元龜》卷二一二引及郝經《續後漢書》俱無"請"字。今從百衲本。玄德，劉備字玄德。

[40] 其人：百衲本"其人"下有"耳"字，殿本、盧弼《集解》本、校點本無。《通鑑》卷六二漢獻帝建安三年所載有"耳"字。趙幼文《校箋》謂《冊府元龜》卷二一二引亦有"耳"字，郝經《續後漢書》"耳"字作"爾"。今從百衲本。

[41] 射鉤：春秋初期，齊襄公昏亂，群弟恐禍及，公子糾奔魯，管仲、召忽輔佐之；公子小白奔莒，鮑叔牙輔佐之。及齊襄公被弒，新君公孫無知被殺，公子糾與公子小白遂爭回國爲君。公子糾使管仲於莒道阻截小白，與戰，管仲射中小白帶鉤。小白佯死而先入齊，立爲君，是爲齊桓公。後因鮑叔牙之極薦，管仲被桓公重用，齊國因而富强，桓公得爲春秋第一霸主。（見《史記》卷三二《齊太公世家》） 斬袪：春秋時，晋獻公晚年寵幸驪姬，欲立其子奚齊，因使太子申生出居曲沃，公子重耳居蒲城。後驪姬陷害申生，申生自殺於曲沃。驪姬又陷害重耳等，獻公乃遣兵伐蒲城，重

耳逾墻而逃,被宦者勃鞮(《左傳》作"寺人披")斬其衣袪。重耳流亡十九年後回國爲君,是爲晋文公。晋懷公之故臣吕省等謀焚公宫以殺文公,宦者勃鞮知其謀往見文公,文公不見。勃鞮曰:"臣刀鋸之餘,不敢以二心事君倍(背)主,故得罪於君。君已反國,其毋蒲、翟乎?且管仲射鉤,桓公以霸。今刑餘之人以事告而君不見,禍又且及矣。"文公乃見之,勃鞮告以吕省等謀。公宫果被焚,文公因先出避而免於難。(見《史記》卷三九《晋世家》)

[42] 騰翥(zhù):騰飛。《廣雅·釋詁三》:"翥,飛也。"

[43] 尺木:殿本作"尺水",百衲本、盧弼《集解》本、校點本作"尺木"。今從百衲本等。梁章鉅《旁證》云:"'水'當作'木',此誤。《酉陽雜俎》云:龍頭上有一木,如博山形,名'尺木'。龍無尺木不能升天。"

[44] 劉牧:胡三省云:"劉繇奉王命牧揚州,故以稱之。"(《通鑑》卷六二漢獻帝建安三年注) 袁氏:指袁術。 廬江:郡名。治所本在舒縣,在今安徽廬江縣西南。建安四年劉勳移於皖縣,在今安徽潛山縣。

[45] 怨:幾乎。

[46] 公路:袁術字公路。

[47] 不遵:殿本、盧弼《集解》本作"不達",百衲本、校點本作"不遵"。今從百衲本等。

[48] 劉牧:各本皆作"劉繇"。趙幼文《校箋》謂郝經《續後漢書》"繇"字作"牧",是也。上文稱"劉牧",此無緣直呼其名。按趙説是,今據郝書改。

[49] 今兒子:趙幼文《校箋》謂郝經《續後漢書》"今"字作"其",是。

[50] 華子魚:華歆字子魚。是時華歆爲豫章太守。

[51] 廬陵:縣名。治所在今江西吉安縣西南。 鄱陽:縣名。治所在今江西鄱陽縣東北。

[52] 桓文:齊桓公、晋文公。皆春秋時期諸侯之霸。

[53] 報主：盧弼《集解》本作"報主"，百衲本、殿本、校點本作"報生"。盧弼《集解》云："馮本'主'作'生'誤。"趙幼文《校箋》云："毛本'生'字作'主'。"今從盧弼《集解》本。

[54] 也：校點本無"也"字，百衲本、殿本、盧弼《集解》本皆有。今從百衲本等。

[55] 州里：華歆爲青州平原高唐人，與太史慈同州，故爲州里。

[56] 宗部：以宗族爲主的私人武裝。

[57] 海昏：縣名。治所在今江西永修縣西北艾城。　上繚：地名。在今江西永修縣。　壁：塢壁。

[58] 仍：百衲本、殿本、盧弼《集解》本皆作"仍"，校點本從何焯說據《册府元龜》改作"乃"。按，二字可通。《爾雅·釋詁》："仍，乃也。"今仍從百衲本等。

劉表從子磐，驍勇，數爲寇於艾、西安諸縣。[1]策於是分海昏、建昌左右六縣，[2]以慈爲建昌都尉，[3]治海昏，并督諸將拒磐。磐絕迹不復爲寇。

慈長七尺七寸，美鬚髯，猨臂善射，弦不虛發。嘗從策討麻、保賊，[4]賊於屯裏緣樓上行詈，以手持樓棼，[5]慈引弓射之，[6]矢貫手著棼，圍外萬人莫不稱善。其妙如此。曹公聞其名，遺慈書，以篋封之，發省無所道，而但貯當歸。[7]孫權統事，以慈能制磐，遂委南方之事。年四十一，建安十一年卒。〔一〕[8]子亨，[9]官至越騎校尉。〔二〕[10]

〔一〕《吳書》曰：慈臨亡，歎息曰："丈夫生世，當帶七尺之劍，以升天子之階。今所志未從，奈何而死乎！"權甚悼惜之。

〔二〕《吳書》曰：亨字元復，歷尚書、吳郡太守。[11]

[1] 艾：縣名。治所在今江西修水縣西。　西安：縣名。漢末建安中分海昏縣置，治所在今江西武寧縣西。

[2] 建昌：縣名。治所在今江西奉新縣西。

[3] 都尉：官名。西漢時郡置都尉，輔佐郡守並掌本郡軍事。東漢廢除，但如有緊急軍事，亦臨時設置。東漢又在邊郡或關塞之地置都尉及屬國都尉，並漸漸分縣治民，職如太守。

[4] 麻：即麻屯，地名。在今湖北洪湖市東北長江北岸。保：即保屯，地名。當在今湖北洪湖市與嘉魚縣間。

[5] 樓棼（fén）：樓房梁下之木。《說文·林部》："棼，復屋棟也。"徐灝《注箋》："施於屋梁下而別以竹木排列承之，所謂芬也。"

[6] 引弓：殿本作"以弓"，百衲本、盧弼《集解》本、校點本作"引弓"。今從百衲本等。

[7] 當歸：多年生草本植物，莖葉皆有香味，根入藥。此用其音，謂太史慈當北歸青州。

[8] 建安：漢獻帝劉協年號（196—220）。

[9] 亨：百衲本、校點本作"享"，殿本、盧弼《集解》本作"亨"。殿本《考證》云："監本'亨'作'享'，今改正。"趙幼文《校箋》謂亨字元復，名與字正相應也。蕭常及郝經之《續後漢書》俱作"亨"，尤可證。今從殿本等。下注同。

[10] 越騎校尉：官名。東漢北軍五校尉之一，秩比二千石，掌京師宿衛兵。

[11] 尚書：官名。東漢有六曹尚書，即三公曹、民曹、客曹、二千石曹、吏曹、中都官曹等。秩皆六百石，皆稱尚書，不加曹號。（本《晉書·職官志》）三國沿置，員數不等。

士燮字威彥，蒼梧廣信人也。[1]其先本魯國汶陽人，[2]至王莽之亂，避地交州。[3]六世至燮父賜，桓帝時爲日南太守。[4]燮少游學京師，事潁川劉子奇，[5]治《左氏春秋》。[6]察孝廉，補尚書郎，[7]公事免官。父賜喪闋後，[8]舉茂才，除巫令，[9]遷交阯太守。[10]

　　弟壹，初爲郡督郵。[11]刺史丁宮徵還京都，[12]壹侍送勤恪，宮感之，臨別謂曰："刺史若待罪三事，[13]當相辟也。"後宮爲司徒，[14]辟壹。比至，宮已免，黃琬代爲司徒，甚禮遇壹。董卓作亂，壹亡歸鄉里。〔一〕交州刺史朱符爲夷賊所殺，[15]州郡擾亂。燮乃表壹領合浦太守，[16]次弟徐聞令䵋領九真太守，[17]䵋音于鄙反，見《字林》。䵋弟武，領南海太守。[18]

　〔一〕《吴書》曰：琬與卓相害，而壹盡心於琬，甚有聲稱。卓惡之，乃署教曰："司徒掾士壹，[19]不得除用。"故歷年不遷。會卓入關，[20]壹乃亡歸。

　　[1]蒼梧：郡名。治所廣信縣，在今廣西梧州市。
　　[2]魯國：治所魯縣，在今山東曲阜市東古城。　汶陽：縣名。治所在今山東寧陽縣東北。
　　[3]交州：《晉書·地理志》《宋書·州郡志》皆謂建安八年改交阯刺史部爲交州。沈家本《瑣言》據《漢書·地理志》《續漢書·郡國志》及揚雄《交州箴》，謂交州置於西漢平帝元始中。而《藝文類聚》卷六引苗恭《交廣記》謂建安初士燮上表請置交州，詔報聽許，乃以張津爲交州牧。《瑣言》又謂《續漢書》據漢順帝永和五年版籍，或漢順帝以後交州之名曾經改易，故復有建安之事乎。按，《瑣言》之說有理，但實情難以知曉，今暫從《晉書》

《宋書》之説。建安中，交州刺史治所龍編縣，在今越南河内東天德江北岸。

　　[4] 日南：郡名。治所西巷縣，在今越南廣治省甘露河與廣治河合流處。

　　[5] 潁川：郡名。治所陽翟縣，在今河南禹州市。　劉子奇：《後漢書》卷五七《劉陶傳》謂劉陶字子奇，潁川潁陰（今河南許昌市）人。明《尚書》《春秋》，爲之訓詁。著書數十萬言，又作《七曜論》《匡老子》《反韓非》《復孟軻》等。

　　[6] 左氏春秋：即《春秋左氏傳》，簡稱《左傳》。

　　[7] 尚書郎：官名。東漢之制，取孝廉之有才能者入尚書臺，初入臺稱守尚書郎中，滿一年稱尚書郎，三年稱侍郎，統稱尚書郎，秩四百石。凡置三十六員，分隸六曹尚書治事，主要掌文書起草。

　　[8] 父賜：趙幼文《校箋》謂《冊府元龜》卷六五〇引"賜"字作"死"。　喪闋：服喪結束。

　　[9] 巫：縣名。治所在今重慶市巫山縣。

　　[10] 交阯：郡名。治所即龍編縣。

　　[11] 督郵：官名。本名督郵書掾（或督郵曹掾），省稱督郵掾、督郵。漢置，郡府屬吏，秩六百石。主要職掌除督送郵書外，又代表郡守督察屬縣，宣達教令，並兼司獄訟捕亡等。每郡督郵皆分部，有二部、三部、四部、五部不等。

　　[12] 丁宫：本書卷六《董卓傳》裴注引《獻帝起居注》謂董卓入京廢少帝劉辯爲弘農王時，丁宫爲尚書。

　　[13] 待罪：古人謂任官爲待罪。

　　[14] 司徒：官名。東漢時與太尉、司空並爲三公，共同行使宰相職能，位次太尉。本職掌民政。

　　[15] 朱符爲夷賊所殺：錢大昕《廿二史考異》卷一七謂本書《薛綜傳》言朱符侵虐百姓，百姓怨叛，山賊並出，攻州突郡，符走入海，流離喪亡。不云爲賊所殺。

[16] 合浦：郡名。治所合浦縣，在今廣西合浦縣東北。

[17] 徐聞：縣名。治所在今廣東徐聞縣南。 九真：郡名。治所胥浦縣，在今越南清化省清化市西北東山縣陽舍村。

[18] 南海：殿本作"海南"，百衲本、盧弼《集解》本、校點本作"南海"。今從百衲本等。南海郡治所番禺縣，在今廣東廣州市。

[19] 司徒掾：官名。司徒府之屬吏，東漢時置掾、屬三十一人。

[20] 關：殿本、盧弼《集解》本作"闕"，百衲本、校點本作"關"。今從百衲本等。關，指函谷關（在今河南靈寶市東北）。即指董卓西遷漢獻帝於長安。

　　燮體器寬厚，謙虛下士，中國士人往依避難者以百數。耽玩《春秋》，爲之注解。[1]陳國袁徽與尚書令荀彧書曰：[2]"交阯士府君既學問優博，又達於從政，處大亂之中，保全一郡，二十餘年疆場無事，[3]民不失業，羈旅之徒，皆蒙其慶，雖竇融保河西，[4]曷以加之？官事小闋，輒玩習書傳，《春秋左氏傳》尤簡練精微，吾數以咨問《傳》中諸疑，皆有師說，意思甚密。又《尚書》兼通古今，[5]大義詳備。聞京師古今之學，是非忿爭，今欲條《左氏》《尚書》長義上之。"其見稱如此。

　　燮兄弟並爲列郡，雄長一州，偏在萬里，威尊無上。[6]出入鳴鍾磬，備具威儀，[7]笳簫鼓吹，車騎滿道，胡人夾轂焚燒香者常有數十。[8]妻妾乘輜軿，[9]子弟從兵騎，當時貴重，震服百蠻，尉他不足踰也。[一][10]武先病没。

〔一〕葛洪《神仙傳》曰：燮嘗病死，已三日，仙人董奉以一丸藥與服，以水含之，捧其頭搖捎之，[11]食頃，即開目動手，顏色漸復，半日能起坐，四日復能語，遂復常。奉字君異，侯官人也。[12]

[1] 注解：《隋書·經籍志》著録士燮《春秋經》十一卷。《舊唐書·經籍志》《新唐書·藝文志》亦同。

[2] 陳國：治所陳縣，在今河南淮陽縣。 尚書令：官名。漢末仍爲尚書臺長官，秩千石。掌門下尚書曹文書衆事，選用署置官吏；總典臺中綱紀法度，無所不統。

[3] 疆場：殿本"場"字作"場"，百衲本、盧弼《集解》本、校點本作"場"。今從百衲本等。《廣雅·釋詁三》："場，界也。"

[4] 竇融：東漢初扶風平陵（今陝西咸陽市西北）人，累世爲河西官吏。新莽末爲波水將軍。新市、平林起義後，立劉玄爲帝。竇融降劉玄，被任爲張掖屬國都尉。劉玄敗後，融聯合酒泉、敦煌等五郡，割據河西，稱行河西五郡大將軍事。後歸漢光武帝劉秀，被任爲涼州牧，仍保有河西之地，又協助滅隗囂，封安豐侯，任大司空。（見《後漢書》卷二三《竇融傳》）

[5] 古今：指《尚書》之今文與古文。自秦始皇焚書坑儒後，經學一時中斷。漢興，諸儒始以經學教授弟子，其教本皆用當時通行之隸書寫成。漢武帝立五經博士，即以這些經書爲準。而魯恭王餘壞孔子宅所得經書及河間獻王德從民間所得經書，皆用古文寫成。所謂古文，指戰國山東六國所用之大篆（籀文）或六國文字（蝌蚪文）。因此，漢代經書有今文經與古文經之分。今文經與古文經，不但書寫字體不同，內容也不盡相同。如西漢時今文《尚書》僅二十九篇，古文《尚書》則分四十五篇或三十四篇。其傳授內容

也有不同，大體說來，今文經重義理之闡發，古文經則重文義之訓詁，並互有爭議。

[6] 威尊無上：盧弼《集解》云："似言威尊無出乎其上者。"

[7] 備具：趙幼文《校箋》謂《白孔六帖》卷九一、《太平御覽》卷四七〇引無"具"字。

[8] 焚燒：趙幼文《校箋》謂《白孔六帖》卷九一、《太平御覽》卷四七〇及卷九八一俱無"燒"字。 數十：《太平御覽》卷九八一引作"數千"。趙幼文《校箋》謂郝經《續後漢書》作"數十百人"。

[9] 輜（zī）軿（píng）：輜車與軿車。輜車爲有帷蓋之重型車，既可載物，又可作臥車。軿車爲有帷蓋之輕型車。後又泛稱有帷蓋屏蔽之車爲輜軿。

[10] 尉他：即西漢初南越王趙佗（他）。趙佗本真定（今河北正定縣南）人，秦末代南海尉任囂爲尉，因稱尉佗。秦滅後，尉佗并桂林、象郡，自立爲南越武王。漢高帝十一年（前196）遣陸賈入南，正式立趙佗爲南越王。高后時，趙佗又自稱南越武帝，乘黄屋左纛，稱制，與漢侔。（見《史記》卷一一三《南越列傳》）

[11] 頭：殿本作"頤"，百衲本、盧弼《集解》本、校點本作"頭"。今從百衲本等。 捎：百衲本作"捎"，殿本、盧弼《集解》本作"稍"，校點本據《太平廣記》卷十二改作"消"。趙幼文《校箋》謂《册府元龜》卷八七六引及郝經《續後漢書》均作"捎"。今從百衲本。搖捎，搖動也。《廣雅·釋詁一》："掉捎，動也。"王念孫《疏證》："《釋訓》云：'掉捎，搖捎也。'搖捎猶掉捎也。一作搖消。"

[12] 侯官：殿本、校點本作"候官"，百衲本、盧弼《集解》本作"侯官"。今從百衲本等。侯官，縣名。治所在今福建福州市。

朱符死後，漢遣張津爲交州刺史，津後又爲其將區景所殺，而荆州牧劉表遣零陵賴恭代津。[1]是時蒼梧太守史璜死，表又遣吳巨代之，與恭俱至。漢聞張津死，賜燮璽書曰："交州絕域，南帶江海，上恩不宣，下義壅隔，知逆賊劉表又遣賴恭闚看南土，今以燮爲綏南中郎將，[2]董督七郡，[3]領交阯太守如故。"後燮遣吏張旻奉貢詣京都，是時天下喪亂，道路斷絕，而燮不廢貢職，特復下詔拜安遠將軍，[4]封龍度亭侯。[5]

後巨與恭相失，舉兵逐恭，恭走還零陵。建安十五年，孫權遣步騭爲交州刺史。騭到，燮率兄弟奉承節度。而吳巨懷異心，騭斬之。權加燮爲左將軍。[6]建安末年，燮遣子廞入質，權以爲武昌太守，[7]燮、壹諸子在南者，皆拜中郎將。[8]燮又誘導益州豪姓雍闓等，[9]率郡人民使遙東附，權益嘉之，遷衞將軍，[10]封龍編侯，弟壹偏將軍，[11]都鄉侯。[12]燮每遣使詣權，致雜香細葛，輒以千數，明珠、大貝、流離、翡翠、瑇瑁、犀、象之珍，[13]奇物異果，蕉、邪、龍眼之屬，[14]無歲不至。壹時貢馬凡數百匹。權輒爲書，厚加寵賜，以答慰之。燮在郡四十餘歲，黃武五年，[15]年九十卒。

權以交阯縣遠，乃分合浦以北爲廣州，[16]呂岱爲刺史；交阯以南爲交州，戴良爲刺史。又遣陳時代燮爲交阯太守。岱留南海，良與時俱前行到合浦，而燮子徽自署交阯太守，發宗兵拒良。[17]良留合浦。交阯桓鄰，燮舉吏也，叩頭諫徽使迎良，徽怒，笞殺鄰。鄰兄治子發又合宗兵擊徽，徽閉門城守，治等攻之數月不能下，乃約和親，各罷兵還。而呂岱被詔誅徽，自廣州將兵晝夜馳入，過合浦，與良俱前。壹子中郎將匡與岱有舊，岱署匡師友從事，[18]先移書交阯，告喻禍福，又遣匡見徽，說令服罪，雖失郡守，保無他憂。岱尋匡後至，徽兄祗，弟幹、頌等六人肉袒奉迎。岱謝令復服，前至郡下。明旦早施帳幔，請徽兄弟以次入，賓客滿坐。岱起，擁節讀詔書，[19]數徽罪過，左右因反縛以出，即皆伏誅，傳首詣武昌。〔一〕壹、䵋、匡後出，權原其罪，及燮質子廞，皆免爲庶人。數歲，壹、䵋坐法誅。廞病卒，無子，妻寡居，詔在所月給俸米，賜錢四十萬。

〔一〕孫盛曰：夫柔遠能邇，莫善於信；保大定功，莫善於義。故齊桓創基，德彰於柯會；[20]晋文始伯，[21]義顯於伐原。[22]故能九合一匡，[23]世主夏盟，令問長世，[24]貽範百王。呂岱師友士匡，使通信誓，徽兄弟肉袒，推心委命，岱因滅之，以要功利，君子是以知孫權之不能遠略，而呂氏之祚不延者也。

[1] 零陵：郡名。治所泉陵縣，在今湖南永州市。
[2] 綏南中郎將：官名。東漢末置，即以士燮爲之。
[3] 七郡：指南海、蒼梧、鬱林、合浦、日南、九真、交阯等郡。
[4] 安遠將軍：官名。東漢末置，多用以任命降將或邊遠地區之地方長官。
[5] 亭侯：爵名。漢制列侯大者食縣邑，小者食鄉、亭。東漢後期遂以食鄉、亭者稱爲鄉侯、亭侯。
[6] 左將軍：官名。東漢時位如上卿，與前、後、右將軍掌京

師兵衛和邊防屯警。魏、晉亦置，第三品。權位漸低，略高於一般雜號將軍，不典禁兵，不與朝政，僅領兵征戰。孫吳亦置。

［7］武昌：郡名。治所武昌縣，在今湖北鄂州市。

［8］中郎將：官名。東漢末爲統兵武職，位次將軍，秩比二千石。三國沿置。

［9］益州：郡名。治所滇池縣，在今雲南晉寧縣東北晉城鎮。

［10］衛將軍：官名。東漢時位次大將軍、驃騎將軍、車騎將軍，位亞三公，開府置官屬。曹魏沿置，位在諸名號將軍上。第二品。孫吳亦置。

［11］偏將軍：官名。雜號將軍中地位較低者。

［12］都鄉侯：爵名。列侯食邑爲都鄉者，稱都鄉侯。位次於縣侯，高於鄉侯。

［13］流離：即琉璃。一種有色半透明之玉石。　翡翠：色彩鮮艷之硬玉石。　瑇瑁：爬行動物，形似龜。甲殼黄褐色，有黑斑和光澤，可作裝飾品。

［14］蕉：即芭蕉、香蕉、美人蕉等的簡稱。　邪：即"椰"，椰子，椰樹的果實。　龍眼：俗稱桂圓，又稱木彈、益智等。

［15］黄武：吳大帝孫權年號（222—229）。

［16］廣州：刺史治所番禺縣，在今廣東廣州市。

［17］宗兵：以宗族爲主的私家軍隊。

［18］師友從事：官名。州府諸從事之一，而無具體職務，地位尊榮，被待以師、友之禮。

［19］節：符節。朝廷所授權力之憑證。

［20］柯：春秋邑名。在今山東陽穀縣東北阿城鎮。《公羊傳·莊公十三年》謂魯莊公與齊桓公會盟於柯，曹劌持劍隨莊公上盟壇逼齊桓公歸還魯汶陽之田。齊桓公許諾。《傳》曰："桓公之信，著乎天下，自柯之盟始焉。"

［21］伯（bà）：通"霸"。

［22］原：西周小國名。在今河南濟源市西北。《左傳·僖公

二十五年》謂晉文公率軍包圍原國，命令軍隊帶三日之糧。至三日，原國不降，文公令退軍，間諜卻從城中出，謂原國已準備投降，軍吏稍待，文公曰："信，國之寶也，民之所庇（庇護）也。得原失信，何以庇之？所亡滋多。"退軍三十里，原國投降。

[23] 九合一匡：《史記》卷三二《齊太公世家》齊桓公自稱曰："寡人兵車之會三，乘車之會六，九合諸侯，一匡天下。"

[24] 令問：趙幼文《校箋》謂郝經《續後漢書》"問"字作"間"。按《續後漢書》苟宗道注引實作"聞"。而問通聞。朱駿聲《說文通訓定聲·屯部》："問，假借爲聞。"

　　評曰：劉繇藻厲名行，[1]好尚臧否，[2]至於擾攘之時，據萬里之土，[3]非其長也。太史慈信義篤烈，有古人之分。士燮作守南越，優游終世，至子不慎，自貽凶咎，蓋庸才玩富貴而恃阻險，使之然也。

[1] 藻厲：整飾與磨煉。指人砥礪名節。
[2] 臧否：謂褒貶人物。
[3] 萬里：指一州。

三國志 卷五〇

吳書五

妃嬪傳第五

孫破虜吳夫人，吳主權母也。本吳人，[1]徙錢唐，[2]早失父母，與弟景居。孫堅聞其才貌，欲娶之。吳氏親戚嫌堅輕狡，將拒焉，堅甚以慚恨。夫人謂親戚曰："何愛一女以取禍乎？如有不遇，命也。"於是遂許爲婚，生四男一女。〔一〕

〔一〕《搜神記》曰：初，夫人孕而夢月入其懷，既而生策。及權在孕，又夢日入其懷，以告堅曰："昔妊策，夢月入我懷，今也又夢日入我懷，何也？"堅曰："日月者陰陽之精，極貴之象，吾子孫其興乎！"

[1] 吳：縣名。治所在今江蘇蘇州市。
[2] 錢唐：縣名。東漢時又作"錢塘"。謝鍾英《補三國疆域志補注》謂錢唐西漢爲縣，東漢省，蓋漢末靈帝時又復置。西漢時治所在今浙江杭州市西靈隱山下，東漢末復置後治所在今杭州市。

景常隨堅征伐有功，拜騎都尉。[1]袁術上景領丹楊太守，[2]討故太守周昕，遂據其郡。孫策與孫河、呂範依景，合衆共討涇縣山賊祖郎，[3]郎敗走。會景爲劉繇所迫，[4]復北依術，術以爲督軍中郎將，[5]與孫賁共討樊能、于麋於橫江，[6]又擊笮融、薛禮於秣陵。[7]時策被創牛渚，[8]降賊復反，景攻討，盡禽之。從討劉繇，繇奔豫章，[9]策遣景、賁到壽春報術。[10]術方與劉備爭徐州，[11]以景爲廣陵太守。[12]術後僭號，策以書喻術，術不納，便絕江津，不與通，使人告景。景即委郡東歸，策復以景爲丹楊太守。漢遣議郎王誧音普。[13]銜命南行，表景爲揚武將軍，[14]領郡如故。

　　及權少年統業，夫人助治軍國，[15]甚有補益。〔一〕建安七年，[16]臨薨，引見張昭等，屬以後事，合葬高陵。〔二〕[17]

　　〔一〕《會稽典錄》曰：[18]策功曹魏騰，[19]以迕意見譴，將殺之，士大夫憂恐，計無所出。夫人乃倚大井而謂策曰：[20]"汝新造江南，其事未集，方當優賢禮士，捨過録功。魏功曹在公盡規，汝今日殺之，則明日人皆叛汝。吾不忍見禍之及，當先投此井中耳。"策大驚，遽釋騰。夫人智略權譎，類皆如此。

　　〔二〕《志林》曰：按會稽貢舉簿，建安十二年到十三年闕，無舉者，云府君遭憂，此則吳后以十二年薨也。八年九年皆有貢舉，斯甚分明。

　　[1] 騎都尉：官名。秩比二千石，屬光祿勳，掌監羽林騎。
　　[2] 丹楊：郡名。漢治所宛陵縣，在今安徽宣州市。據本書卷

四九《劉繇傳》所載,東漢末劉繇受命爲揚州刺史,而當時揚州刺史之治所壽春爲袁術所據,劉繇不敢至州,吳景與孫賁迎繇至曲阿。則吳景爲丹楊太守後治所在曲阿。曲阿治所在今江蘇丹陽市。

　　[3] 涇縣:治所在今安徽涇縣西。

　　[4] 會:百衲本、殿本、盧弼《集解》本"會"下皆有"景"字,而下句"復"字上無"景"字;校點本正相反,"會"下無"景"字,"復"上有"景"字。今從百衲本等。

　　[5] 督軍中郎將:官名。東漢末置,統兵出征。

　　[6] 于麋:百衲本作"于麋",殿本、盧弼《集解》本、校點本作"于麋"。今從殿本等。　横江:即今安徽和縣與馬鞍山市之間的長江。

　　[7] 秣陵:縣名。治所在今江蘇江寧縣南秣陵鎮。

　　[8] 牛渚:山名。在今安徽馬鞍山市西南。此山突出於江中,稱牛渚磯,又名采石磯。自古爲大江南北重要津渡,爲軍事上必争之地。

　　[9] 豫章:郡名。治所南昌縣,在今江西南昌市。

　　[10] 壽春:縣名。治所在今安徽壽縣。

　　[11] 徐州:東漢時刺史治所郯縣,在今山東郯城縣;漢末移治下邳縣,在今江蘇睢寧縣西北。

　　[12] 廣陵:郡名。東漢時治所廣陵縣,在今江蘇揚州市西北蜀岡上。

　　[13] 議郎:官名。郎官之一種,屬光禄勳,秩六百石,不入直宿衛,得參預朝政議論。

　　[14] 揚武將軍:官名。東漢光武帝建武初置,漢末曹操亦置。主統兵出征。

　　[15] 助治軍國:趙幼文《校箋》謂《太平御覽》卷一四二引作"助理國政"。按,下面裴松之注引《會稽典録》乃吳夫人阻止孫策殺其功曹魏騰之事;又《建康實録》卷二叙及吳太夫人之事云:"及策統衆,夫人助治軍國,至多補益。"其下叙策功曹魏膝未

被殺之事,與裴松之注引相同。則本文"及權少年統業"之"權"當作"策"。

[16] 建安:漢獻帝劉協年號(196—220)。

[17] 高陵:孫堅陵墓名。盧弼《集解》謂據各書所載,孫堅初葬曲阿,後遷葬吳。又引《清一統志》謂孫堅墓在江蘇蘇州府吳縣南。按,漢末曲阿縣在今江蘇丹陽市。清代吳縣即今江蘇吳縣市。

[18] 會稽典錄:《晋書》卷八二《虞預傳》謂預撰《會稽典錄》二十篇。《隋書·經籍志》則謂"《會稽典錄》二十四卷,虞豫撰"。《舊唐書·經籍志》《新唐書·藝文志》亦謂虞預撰《會稽典錄》二十四卷。

[19] 功曹:官名。此爲孫策領會稽太守之功曹,爲太守之佐吏,除分掌人事外,並得參與一郡之政務。

[20] 而謂策:趙幼文《校箋》謂《太平御覽》卷一八九引"而"字作"召",卷二六四引"謂"字作"語"。

八年,景卒官,子奮授兵爲將,封新亭侯,[1]卒。〔一〕子安嗣,安坐黨魯王霸死。奮弟祺,〔二〕[2]封都亭侯,[3]卒。子纂嗣。纂妻即滕胤女也,胤被誅,并遇害。

〔一〕《吳書》曰:權征荊州,[4]拜奮吳郡都督,[5]以鎮東方。

〔二〕《吳書》曰:祺與張温、顧譚友善,權令關平辭訟事。[6]

[1] 亭侯:爵名。漢制列侯大者食縣邑,小者食鄉、亭。東漢後期遂以食鄉、亭者稱爲鄉侯、亭侯。

[2] 奮弟祺:校點本"祺"下有"嗣"字,百衲本、殿本、

盧弼《集解》本皆無。今從百衲本等。

[3] 都亭侯：爵名。位在鄉侯下，食禄於都亭。都亭，城郭附近之亭。

[4] 荊州：漢末刺史治所襄陽縣，在今湖北襄陽市襄州區。

[5] 吴郡：治所即吴縣。　都督：官名。吴在軍事要地置都督，統當地駐軍。

[6] 關：參與。裴駰《史記集解序》"豈足以關諸畜德"司馬貞《索隱》："關，預也。"

吴主權謝夫人，會稽山陰人也。[1]父煚，[2]漢尚書郎、徐令。〔一〕[3]權母吴，爲權聘以爲妃，愛幸有寵。後權納姑孫徐氏，欲令謝下之，謝不肯，由是失志，早卒。後十餘年，弟承拜五官郎中，[4]稍遷長沙東部都尉、武陵太守，[5]撰《後漢書》百餘卷。〔二〕[6]

〔一〕煚子承撰《後漢書》，稱煚幼以仁孝爲行，明達有令才。[7]煚弟貞，履蹈法度，篤學尚義，舉孝廉，[8]建昌長，[9]卒官。

〔二〕《會稽典録》曰：承字偉平，博學洽聞，嘗所知見，終身不忘。子崇揚威將軍，[10]崇弟勖吴郡太守，並知名。

[1] 會稽：郡名。治所山陰縣，在今浙江紹興市。

[2] 煚（jiǒng）：殿本作"煚"，百衲本、盧弼《集解》本、校點本作"煚"。今從百衲本等。裴注同。

[3] 尚書郎：官名。東漢之制，取孝廉之有才能者入尚書臺，初入臺稱守尚書郎中，滿一年稱尚書郎，三年稱侍郎，統稱尚書郎，秩四百石。凡置三十六員，分隸六曹尚書治事，主要掌文書起草。　徐：縣名。治所在今江蘇泗洪縣南大徐臺子。

[4] 五官郎中：官名。東漢時隸屬五官中郎將，秩比三百石。

宿衛宮殿門户，出充車騎。實爲後備官員，以備選用。孫吳沿置。

　　[5] 長沙東部都尉：官名。魏晉時每郡置都尉一人，大郡或置二人，分爲東西部或南北部，典兵禁，備盜賊。本書卷四八《三嗣主傳》孫亮太平二年謂"以長沙東部爲湘東郡"。郡治所酃縣，在今湖南衡陽市東。　武陵：郡名。治所臨沅縣，在今湖南常德市。

　　[6] 後漢書：《隋書・經籍志》著録"《後漢書》一百三十卷，無帝紀，吴武陵太守謝承撰"。《舊唐書・經籍志》《新唐書・藝文志》則著録謝承《後漢書》一百三十三卷。姚振宗《隋書經籍志考證》云："本志云'無帝紀'，似謂其亡佚，新舊唐志多出三卷，似其帝紀之佚存者。"

　　[7] 明達：百衲本"達"字作"遠"，殿本、盧弼《集解》本、校點本作"達"。今從殿本等。

　　[8] 孝廉：漢代選拔官吏的主要科目。孝指孝子，廉指廉潔之士。原本爲二科，後混同爲一科，也不再限於孝子和廉吏。東漢後期定制爲不滿四十歲者不得察舉；被舉者先詣公府課試，以觀其能。郡國每年要向中央推舉一至二人。曹魏定爲郡國口滿十萬者舉孝廉一人，其有優異，不拘户口，並不限年齒，老幼皆可。蜀漢、孫吳亦由郡舉孝廉。

　　[9] 建昌：縣名。治所在今江西奉新縣西。

　　[10] 揚威將軍：官名。漢末曹操置，領兵。三國沿置。

　　吴主權徐夫人，吴郡富春人也。[1]祖父真，與權父堅相親，堅以妹妻真，生琨。琨少仕州郡，漢末擾亂，去吏，隨堅征伐有功，拜偏將軍。[2]堅薨，隨孫策討樊能、于麋等於横江，擊張英於當利口，[3]而船少，欲駐軍更求。琨母時在軍中，謂琨曰："恐州家多發水軍來逆人，[4]則不利矣，如何可駐邪？宜伐蘆葦以爲泭，佐船渡軍。"〔一〕琨具啓策，策即行之，衆悉俱濟，遂破英，擊走笮融、劉繇，事業克定。策表琨領丹楊太守，會吳景委廣陵來東，復爲丹楊守，〔二〕琨以督軍中郎將領兵，從破廬江太守李術，[5]封廣德侯，[6]遷平虜將軍。[7]後從討黃祖，中流矢卒。

〔一〕泏音黜。郭璞注《方言》曰："泏，水中薄也。"
〔二〕《江表傳》曰：初，袁術遣從弟胤爲丹楊，策令琨討而代之。會景還，以景前在（仕）丹楊，[8]寬仁得衆，吏民所思，而琨手下兵多，策嫌其太重，且方攻伐，宜得琨衆，乃復用景，召琨還吳。[9]

[1] 富春：縣名。治所在今浙江富陽市。
[2] 偏將軍：官名。雜號將軍中地位較低者。
[3] 當利口：地名。在今安徽和縣東，爲當利水入長江處。
[4] 州家：指州府或州之長官。此指揚州刺史劉繇。
[5] 廬江：郡名。治所本在舒縣，在今安徽廬江縣西南。建安四年劉勳移於皖縣，在今安徽潛山縣。
[6] 廣德：縣名。治所在今安徽廣德縣西南。
[7] 平虜將軍：官名。漢末建安中曹操置，孫權亦置。
[8] 前在丹楊：殿本、盧弼《集解》本作"前任仕丹陽"，百衲本作"前在仕丹楊"，校點本從何焯說刪"仕"字，作"前在丹楊"。今從校點本。
[9] 吳：殿本、盧弼《集解》本作"矣"，百衲本、校點本作"吳"。今從百衲本等。

　　琨生夫人，初適同郡陸尚。尚卒，權爲討虜將軍在吳，[1]聘以爲妃，使母養子登。後權遷移，以夫人妒忌，廢處吳。積十餘年，權爲吳王及即尊號，登爲太子，羣臣請立夫人爲后，權意在步氏，卒不許。後以疾卒。兄矯，嗣父琨侯，討平山越，[2]拜偏將軍，先夫人卒，無子。弟祚襲封，亦以戰功至（于）蕪湖督、平魏將軍。[3]

[1] 討虜將軍：官名。漢獻帝建安初置，爲雜號將軍。

[2] 山越：漢末三國時期，居於南方山區的土著人民稱爲山越。因其在秦漢時稱越人，雖經三百餘年已與漢族相融合，但時人仍稱之爲越。（本唐長孺《孫吳建國及漢末江南的宗部與山越》）

[3] 蕪湖督：百衲本、殿本、盧弼《集解》本作"于蕪湖督"。盧弼引錢儀吉説，謂"于"字當衍。校點本即從錢説刪"于"字，今從之。蕪湖督，蕪湖駐軍之長官。蕪湖縣在今安徽蕪湖市。　平魏將軍：官名。孫吳置。爲雜號將軍。

吳主權步夫人，臨淮淮陰人也，[1]與丞相騭同族。漢末，其母攜將徙廬江，廬江爲孫策所破，皆東渡江，以美麗得幸於權，寵冠後庭。[2]生二女，長曰魯班，字大虎，前配周瑜子循，後配全琮；少曰魯育，字小虎，前配朱據，後配劉纂。〔一〕

〔一〕《吳歷》曰：纂先尚權中女，早卒，故又以小虎爲繼室。

[1] 臨淮：西漢郡名。治所徐縣。東漢明帝永平十五年（72）改爲下邳國，治所下邳縣，在今江蘇睢寧縣西北。此稱臨淮，係用舊名。　淮陰：縣名。治所在今江蘇淮陰市西南甘羅城。

[2] 後庭：盧弼《集解》云："《御覽》'庭'字作'宮'。"

趙幼文《校箋》謂《太平御覽》卷一四二引作"宫",卷三八〇引仍作"庭"。

夫人性不妒忌,[1]多所推進,故久見愛待。[2]權爲王及帝,意欲以爲后,而羣臣議在徐氏,權依違者十餘年,然宫内皆稱皇后,親戚上疏稱中宫。及薨,臣下緣權指,請追正名號,乃贈印綬,策命曰:"惟赤烏元年閏月戊子,[3]皇帝曰:嗚呼皇后,惟后佐命,共承天地。虔恭夙夜,與朕均勞。内教脩整,禮義不愆。寬容慈惠,有淑懿之德。民臣縣望,遠近歸心。朕以世難未夷,大統未一,緣后雅志,每懷謙損。是以于時未授名號,亦必謂后降年有永,永與朕躬對揚天休。不寤奄忽,大命近止。朕恨本意不早昭顯,傷后殂逝,不終天禄。愍悼之至,痛于厥心。今使使持節丞相醴陵(亭)侯雍,[4]奉策授號,配食先后。魂而有靈,嘉其寵榮。嗚呼哀哉!"葬於蔣陵。[5]

[1]妒忌:盧弼《集解》云:"《御覽》'忌'作'嫉'。"趙幼文《校箋》謂《太平御覽》卷一四二引作"嫉妬","妒"即"妬"字。

[2]愛待:趙幼文《校箋》謂《太平御覽》卷一四二引無"待"字。

[3]赤烏:吳大帝孫權年號(238—251)。 閏月:潘眉《考證》云:"是年魏閏十一月,吳閏十月,蓋魏用景初曆,吳自用夏正。蜀與吳同。"

[4]使持節:漢末三國皇帝授予出征或出鎮的軍事長官的一種權力。至晉代,此種權力明確爲可誅殺二千石以下官員。若皇帝派

遣大臣出巡或參加祭吊等事務時，加使持節，則表示權力和尊崇。

醴陵侯：各本皆作"醴陵亭侯"。錢大昭《辨疑》云："《顧雍傳》雍初封陽遂鄉侯，進封醴陵侯，""蓋由鄉侯進封縣侯也，'亭'字衍。"校點本即從錢說刪"亭"字，今從之。醴陵縣治所在今湖南醴陵市。

[5] 蔣陵：潘眉《考證》云："《藝文類聚》引山謙之《丹陽記》，孫權葬蔣山南，因山爲名，號曰蔣陵。蔣山即鍾山。"鍾山，在今南京市東中山門外。

吳主權王夫人，琅邪人也。[一][1] 夫人以選入宮，黃武中得幸，[2] 生（孫）和，[3] 寵次步氏。步氏薨後，和立爲太子，權將立夫人爲后，而全公主素憎夫人，稍稍譖毀。及權寢疾，言有喜色，由是權深責怒，以憂死。和子皓立，追尊夫人曰大懿皇后，封三弟皆列侯。[4]

〔一〕《吳書》曰：夫人父名盧九。

[1] 琅邪：王國名。治所開陽縣，在今山東臨沂市北。
[2] 黃武：吳大帝孫權年號（222—229）。
[3] 生和：各本皆作"生孫和"。校點本從何焯說刪"孫"字，今從之。下文"生休""生亮"亦同。
[4] 列侯：爵名。漢代二十級爵之最高者。金印紫綬，有封邑，食租稅。功大者食縣邑，小者食鄉、亭。曹魏初亦沿襲有列侯。

吳主權王夫人，南陽人也，[1] 以選入宮，嘉禾中得幸，[2] 生（孫）休。及和爲太子，和母貴重，諸姬有寵者，皆出居外。夫人出公安，[3]卒，因葬焉。休即位，遣使追尊曰敬懷皇后，改葬敬陵。王氏無後，封同母弟文雍為亭侯。

[1] 南陽：郡名。治所宛縣，在今河南南陽市。
[2] 嘉禾：吳大帝孫權年號（232—238）。
[3] 公安：縣名。治所在今湖北公安縣西。又趙幼文《校箋》謂《太平御覽》卷一四二引"公安"上有"在"字。

吳主權潘夫人，會稽句章人也。[1]父為吏，坐法死。夫人與姊俱輸織室，[2]權見而異之，召充後宮。得幸有娠，[3]夢有以龍頭授己者，[4]己以蔽膝受之，遂生（孫）亮。赤烏十三年，亮立為太子，請出嫁夫人之姊，權聽許之。明年，立夫人為皇后。性險妒容媚，[5]自始至卒，譖害袁夫人等甚衆。〔一〕權不豫，夫人使問中書令孫弘呂后專制故事。[6]侍疾疲勞，因以羸疾，諸宮人伺其昏卧，共縊殺之，託言中惡。[7]後事泄，[8]坐死者六七人。[9]權尋薨，合葬蔣陵。孫亮即位，以夫人姊壻譚紹為騎都尉，授兵。亮廢，紹與家屬送本郡廬陵。

〔一〕《吳錄》曰：袁夫人者，袁術女也，有節行而無子。權數以諸姬子與養之，輒不育。及步夫人薨，權欲立之。夫人自以無子，固辭不受。

[1] 句章：縣名。治所在今浙江餘姚市東南。
[2] 織室：官署名。東漢由織室丞主之，屬少府。掌皇室絲帛

織造和染練。孫吳亦置。此潘夫人與姊輸織室，乃罪犯家屬没入做工者。

[3] 有娠：盧弼《集解》云："《御覽》'娠'有'身'。"趙幼文《校箋》謂《太平御覽》卷一四二、卷三九八引俱作"身"。《漢書》卷一《高帝紀》"已而有身"，顔師古注引孟康曰："《漢史》'身'多作'娠'，古今字也。"

[4] 以：百衲本、盧弼《集解》本作"似"，殿本、校點本作"以"。盧弼《集解》云："元本、官本'似'作'以'。劉家立曰：'以''似'古字通。"趙幼文《校箋》云："《御覽》卷一四二引作'以'，《通鑑》同。卷三九八引則作'似'，'以'與'似'雖古同，然疑此傳當作'以'，以，用也。本常訓。"按郝經《續後漢書》亦作"以"，今從殿本等。

[5] 性險妒容媚：趙幼文《校箋》謂《建康實錄》作"性陰妒善容媚"。

[6] 中書令：官名。孫吳仿西漢之制，置爲中書長官，主草擬詔令。　吕后：漢高祖劉邦之皇后吕雉。漢高祖去世後，惠帝即位，因吕后鴆殺趙王如意、殘廢戚夫人，惠帝不忍，不聽政，遂由吕后專斷。事見《史記》卷九《吕太后本紀》。

[7] 中惡：突然患病。

[8] 事泄：胡三省云："斯事也，實吳用事之臣所爲也。潘后求欲稱制，左右小人正當相與從臾爲之，安有不勝其虐而縊殺之之理？吳史緣飾，後人遂因而書之云爾！"（《通鑑》卷七五魏邵陵厲公嘉平四年注）

[9] 六七人：趙幼文《校箋》謂《太平御覽》卷一四二引作"六七十人"。疑今奪"十"字也。

　　孫亮全夫人，全尚女也。（尚）從祖母公主愛之，[1]每進見輒與俱。及潘夫人母子有寵，全主自以與孫和母有隙,[2]乃勸權爲潘氏男亮納夫人,亮遂爲嗣。夫人立爲皇后,以尚爲城門校尉,[3]封都亭侯,代滕胤爲太常、衛將軍,[4]進封永平侯,[5]錄尚書事。[6]時全氏侯有五人,[7]並典兵馬,其餘爲侍郎、騎都尉,[8]宿衛左右,自吳興,外戚貴盛莫及。及魏大將諸葛誕以壽春來附,而全懌、全端、全禕、全儀等並因此際降魏,[9]全熙謀泄見殺,由是諸全衰弱。會孫綝廢亮爲會稽王,後又黜爲候官侯,[10]夫人隨之國,居候官,尚將家屬徙零陵,[11]追見殺。〔一〕[12]

〔一〕《吳錄》曰:亮妻惠解有容色,居候官,吳平乃歸,永寧中卒。[13]

[1] 從祖母:"從"上各本皆有"尚"字。盧弼《集解》云:"此即謂全公主也。全公主爲全尚女之從祖母。此'尚'字衍。"校點本即從盧說刪"尚"字。今從之。
[2] 全主:盧弼《集解》本作"公主",百衲本、殿本、校點本作"全主"。今從百衲本等。
[3] 城門校尉:官名。掌京城諸門警衛,領城門屯兵,職顯任重。
[4] 太常:官名。東漢時仍爲列卿之首,秩中二千石。掌禮儀祭祀,選試博士等。三國沿置。 衛將軍:官名。東漢時位次大將軍、驃騎將軍、車騎將軍,位亞三公,開府置官屬。曹魏沿置,位在諸名號將軍上。第二品。孫吳亦置。
[5] 永平:縣名。治所在今江蘇溧陽市南古縣橋。
[6] 錄尚書事:職銜名義。錄爲總領之意。東漢以來,政歸尚書,錄尚書事,則總攬朝政。位在三公上,爲上公。自魏晉以後,

公卿權重者亦爲之。(本《晉書·職官志》)

[7] 侯有五人：吳金華《〈三國志集解〉箋記》謂《建康實錄》卷三作"侯者五人"。按史書慣例，"有"字應作"者"。

[8] 侍郎：官名。漢代爲皇帝的侍從官，爲郎官之一，隸光禄勳，宿衛宮禁，侍奉皇帝。東漢時五官、左、右中郎將署皆置，名義上備宿衛，實爲後備官員。魏、晉省。又魏、晉時，黃門侍郎、中書侍郎、散騎侍郎、尚書郎，皆可省稱侍郎。

[9] 禕：百衲本"禕"作"煒"，殿本、盧弼《集解》本、校點本作"禕"。本書《孫亮傳》《全琮傳》各本皆作"禕"，今從殿本等。

[10] 候官：即侯官。縣名。治所在今福建福州市。

[11] 零陵：縣名。治所在今廣西全州縣西南。

[12] 追：殿本作"道"，盧弼《集解》本作"追"，百衲本、校點本作"追"。郝經《續後漢書》亦作"追"，今從百衲本等。

[13] 永寧：晉惠帝司馬衷年號（301—302）。

孫休朱夫人，朱據女，休姊公主所生也。〔一〕[1]赤烏末，權爲休納以爲妃。休爲琅邪王，隨居丹楊。建興中，[2]孫峻專政，公族皆患之。全尚妻即峻姊，故惟全主祐焉。初，孫和爲太子時，全主譖害王夫人，欲廢太子，立魯王，朱主不聽，由是有隙。五鳳中，[3]孫儀謀殺峻，事覺被誅。全主因言朱主與儀同謀，峻枉殺朱主。休懼，遣夫人還建業，[4]執手泣別。既至，峻遣還休。太平中，[5]孫亮知朱主爲全主所害，問朱主死意，全主懼曰："我實不知，皆據二子熊、損所白。"亮殺熊、損。損妻是峻妹也，孫綝益忌亮，遂廢亮，立休。永安五年，[6]立夫人爲皇后。休卒，[7]羣臣尊夫

人爲皇太后，孫晧即位月餘，貶爲景皇后，稱安定宮。甘露元年七月，[8]見逼薨，合葬定陵。[二][9]

〔一〕臣松之以爲休妻其甥，事同漢惠。[10]荀悦譏之已當，故不復廣言。

〔二〕《搜神記》曰：孫峻殺朱主，埋於石子岡。[11]歸命即位，[12]將欲改葬之。冡墓相亞，[13]不可識別，而宮人頗識主亡時所著衣服，乃使兩巫各住一處以伺其靈，使察鑒之，[14]不得相近。久時，二人俱白：[15]見一女人年可三十餘，上著青錦束頭，紫白裌裳，[16]丹綈絲履，從石子岡上半岡，[17]而以手抑膝長太息，小住須臾，進一冡上便止，[18]徘徊良久，奄然不見。二人之言，不謀而同，於是開冡，衣服如之。

[1] 公主：即孫權女朱公主魯育。

[2] 建興：吳會稽王孫亮年號（252—253）。

[3] 五鳳：吳會稽王孫亮年號（254—256）。

[4] 建業：縣名。治所在今江蘇南京市。

[5] 太平：吳會稽王孫亮年號（256—258）。

[6] 永安：吳景帝孫休年號（258—264）。

[7] 休卒：按本書卷四八《孫休傳》作"休薨"，此"卒"字亦應作"薨"。

[8] 甘露：吳末帝孫晧年號（265—266）。

[9] 定陵：孫休陵墓。梁章鉅《旁證》引朱彝尊說，在今浙江海寧市。詳見本書卷四八《三嗣主傳》孫晧元興元年注。

[10] 漢惠：即漢惠帝。《漢書》卷九七上《外戚張皇后傳》謂漢惠帝姊魯元公主嫁張敖，有女。"惠帝即位，呂太后欲爲重親，以公主女配帝爲皇后"。荀悦《漢紀》亦載此事，並有所譏評。

[11] 石子岡：山岡名。在今江蘇南京市南雨花臺。

[12] 歸命：即孫晧。孫晧降晋後被封爲歸命侯。

[13] 相亞：相當，相象。

[14] 察鑒之：《建康實録》卷四引《搜神記》作"察戰監之"。

[15] 俱白：百衲本作"俱一白"，殿本、盧弼《集解》本、校點本皆作"俱白"。今從殿本等。

[16] 袷裳：夾衣裙。

[17] 從石子岡上半岡：百衲本無"上半岡"三字，殿本、盧弼《集解》本、校點本有，郝經《續後漢書》苟宗道注引亦有。今從殿本等。

[18] 進一冢上便止：殿本、《建康實録》卷四引《搜神記》作"進一冢上便止"，盧弼《集解》本作"進一冢便止"，百衲本、校點本作"進一冢上便住"。郝經《續後漢書》苟宗道注引亦作"進一冢上便止"。今從殿本。

孫和何姬，丹楊句容人也。[1]父遂，本騎士。孫權嘗游幸諸營，而姬觀於道中，權望見異之，命宦者召入，以賜子和。生男，權喜，名之曰彭祖，即晧也。太子和既廢，後爲南陽王，居長沙。[2]孫亮即位，孫峻輔政。峻素媚事全主，全主與和母有隙，遂勸峻徙和居新都，[3]遣使賜死，嫡妃張氏亦自殺。何姬曰："若皆從死，誰當養孤？"遂拊育晧及其三弟。晧即位，尊和爲昭獻皇帝，〔一〕何姬爲昭獻皇后，稱升平宮，月餘，進爲皇太后。封弟洪永平侯，蔣溧陽侯，[4]植宣城侯。[5]洪卒，子邈嗣，爲武陵監軍，[6]爲晋所殺，植官至大司徒。[7]吴末昏亂，何氏驕僭，子弟橫放，百姓患之。故民謠言"晧久死，立者何氏子"云。〔二〕

〔一〕《吳錄》曰：晧初尊和爲昭獻皇帝，俄改曰文皇帝。

〔二〕《江表傳》曰：晧以張布女爲美人，有寵，晧問曰："汝父所在？"[8]答曰："賊以殺之。"晧大怒，棒殺之。後思其顏色，使巧工刻木作美人形象，恒置座側。問左右："布復有女否？"答曰："布大女適故衞尉馮朝子純。"[9]即奪純妻入宮，大有寵，拜爲左夫人，晝夜與夫人房宴，不聽朝政，使尚方以金作華燧、步搖、假髻以千數。[10]令宮人著以相撲，[11]朝成夕敗，輒出更作，[12]工匠因緣偷盜，府藏爲空。會夫人死，晧哀愍思念，葬于苑中，大作冢，使工匠刻柏作木人，內冢中以爲兵衞，以金銀珍玩之物送葬，不可稱計。已葬之後，晧治喪於內，半年不出。國人見葬太奢麗，皆謂晧已死，所葬者是也。晧舅子何都顏狀似晧，云都代立。[13]臨海太守奚熙信譌言，[14]舉兵欲還秣陵誅都，[15]都叔父植時爲備海督，[16]擊殺熙，夷三族，譌言乃息，而人心猶疑。

[1] 句容：縣名。治所在今江蘇句容市。

[2] 長沙：郡名。治所臨湘縣，在今湖南長沙市。

[3] 新都：郡名。治所始新縣，在今浙江淳安縣西北。

[4] 溧陽：縣名。治所在今江蘇高淳縣東固城鎮。

[5] 宣城：百衲本、殿本、盧弼《集解》本作"宣成"，校點本作"宣城"。盧弼《集解》云："錢大昕曰：'宣成'當作'宣城'。"郝經《續後漢書》作"宣城"。今從校點本。宣城，縣名。治所在今安徽南陵縣東青弋鎮。

[6] 武陵監軍：官名。武陵地區的軍政長官。

[7] 大司徒：官名。即司徒。東漢時與太尉、司空並爲三公，共同行使宰相職能，位次太尉，本職掌民政。孫吳雖沿置，而又置有丞相，爲宰相之職，故司徒等三公，實無具體職掌，僅名高位崇而已。

［8］所在：盧弼《集解》本作"何在"，百衲本、殿本、校點本作"所在"。今從百衲本等。

［9］衛尉：官名。東漢時秩中二千石，列卿之一，掌宫門及宫中警衛。三國沿置。

［10］尚方：官署名。東漢分中、左、右三署，各設令、丞主之。掌製造供應皇帝所用器物。三國亦置。　華燧：古人用金屬製作的一種凹面鏡，可向日取火，稱爲金燧，用以佩帶。《禮記·内則》謂"左佩……金燧"，鄭玄注："金燧，可取火於日。"此華燧，蓋以金製作有花紋之金燧。　步摇：婦女附在簪釵上的一種首飾。　假髻（jì）：假髮所作之髻，婦女用作裝飾。

［11］相撲：我國傳統體育項目之一。又稱角抵，猶今之摔跤。

［12］輒出：趙幼文《校箋》謂《太平御覽》卷七一五引"出"字作"命"。

［13］云都代立：趙幼文《校箋》謂《通鑑考異》無"云"字，有"故民間言"四字，應補。乃與下文"譌言乃息"語正相承。

［14］臨海：郡名。吴置，初治臨海縣，在今浙江臨海市；後又移治章安縣，在今臨海市東南章安鎮。

［15］欲還：百衲本"欲還"下有"秣陵"二字，殿本、盧弼《集解》本、校點本無。趙幼文《校箋》謂《通鑑考異》有"秣陵"二字。今從百衲本。

［16］植：殿本、盧弼《集解》本作"信"，百衲本、校點本作"植"。今從百衲本等。　備海督：本書卷四八《孫晧傳》鳳皇三年作"三郡督"。

　　孫晧滕夫人，故太常胤之族女也。胤夷滅，夫人父牧，以疏遠徙邊郡。孫休即位，大赦，得還，以牧爲五官中郎。[1]晧既封烏程侯，聘牧女爲妃。[2]晧即位，立爲皇后，封牧高密侯，[3]拜衞將軍，録尚書事。後朝士以牧尊戚，頗推令諫争。而夫人寵漸衰，晧滋不悦，晧母何恒左右之。又太史言，[4]於運曆，后不可易，晧信巫覡，故得不廢，常供養升平宫。牧見遣居蒼梧郡，[5]雖爵位不奪，其實裔也，[6]遂道路憂死。長秋官僚，[7]備員而已，受朝賀表疏如故。而晧内諸寵姬，佩皇后璽紱者多矣。〔一〕[8]天紀四年，[9]隨晧遷于洛陽。[10]

〔一〕《江表傳》曰：晧又使黄門備行州郡，[11]科取將吏家女。[12]其二千石大臣子女，[13]皆當歲歲言名，年十五六一簡閱，簡閱不中，乃得出嫁。後宫千數，而採擇無已。

[1] 五官中郎：官名。東漢時隸五官中郎將，秩比六百石，執戟宿衞諸殿門，出充車騎，爲後備官員，以供選用。孫吴沿置。

[2] 聘：百衲本作"娉"，殿本、盧弼《集解》本、校點本作"聘"。按，二字通，今從殿本等。

[3] 高密：縣名。治所在今山東高密市西南。此乃魏國地，爲虚封。

[4] 太史：官名。即太史令。東漢秩六百石，屬太常。掌天時、星曆，歲終奏新曆，國祭、喪、嫁娶奏良日及時節禁忌，有瑞應、灾異則記之。孫吴沿置。

[5] 蒼梧郡：治所廣信縣，在今廣西梧州市。

[6] 裔：盧弼《集解》疑作"謫"。按作"裔"亦通。《廣雅·釋詁一上》："裔，遠也。"

[7] 長秋：皇后的代稱。漢代皇后所居宫有長秋宫，因以宫名代稱。　官僚：趙幼文《校箋》謂《通志》"官"字作"宫"。

［8］璽紱（fú）：又作"璽韍"，印璽上的絲帶。指印璽。《漢書·諸侯王表》"奉上璽韍"，顔師古注："韍音弗，璽之組也。"

［9］天紀：吳末帝孫晧年號（277—280）。

［10］洛陽：縣名。治所在今河南洛陽市東北白馬寺東。

［11］黄門：指宦官。

［12］科取：《建康實錄》卷四作"料取"。

［13］二千石：漢代官吏的秩禄等級。一年得俸穀一千四百四十石。通常郡太守以上的官多爲二千石。

評曰：《易》稱"正家而天下定"。[1]《詩》云"刑于寡妻，[2]至于兄弟，以御于家邦"。誠哉，是言也！遠觀齊桓，[3]近察孫權，皆有識士之明，傑人之志，而嫡庶不分，閨庭錯亂，遺笑古今，殃流後嗣。由是論之，惟以道義爲心、平一爲主者，然後克免斯累邪！

［1］正家而天下定：見《易·家人卦》之《象辭》。

［2］"刑于寡妻"三句：見《詩·大雅·思齊》。刑，法，謂周文王以禮法對待其妻。寡妻，嫡妻。

［3］齊桓：春秋時齊桓公。《史記》卷三二《齊太公世家》謂齊桓公多內寵，如夫人者六人，生子六人：無詭、惠公元、孝公昭、昭公潘、懿公商人、公子雍。桓公早與管仲立孝公昭爲太子，並屬託於宋襄公；桓公後又許立無詭。至管仲死後，五公子皆求立。及桓公死，諸子争立，太子昭奔宋國，五公子遂相攻，大亂，以致桓公屍在牀上六十七日無人收，屍蟲出於户。

三國志 卷五一

吳書六

宗室傳第六

孫靜字幼臺，堅季弟也。堅始舉事，靜糾合鄉曲及宗室五六百人以爲保障，[1]衆咸附焉。策破劉繇，定諸縣，進攻會稽，[2]遣人請靜，靜將家屬與策會于錢唐。[3]是時太守王朗拒策於固陵，[4]策數渡水戰，[5]不能克。靜説策曰：“朗負阻城守，難可卒拔。查瀆南去此數十里，[6]查音祖加反。而道之要徑也，宜從彼據其內，所謂攻其無備、出其不意者也。吾當自帥衆爲軍前隊，破之必矣。”策曰：“善。”乃詐令軍中曰：“頃連雨水濁，兵飲之多腹痛，令促具罌缶數百口澄水。”[7]至昏暮，羅以然火誑朗，[8]便分軍夜投查瀆道，襲高遷屯。〔一〕[9]朗大驚，遣故丹楊太守周昕等帥兵前戰。[10]策破昕等，斬之，遂定會稽。〔二〕表拜靜爲奮武校尉，[11]欲授之重任，靜戀墳墓宗族，不樂出身，[12]求留鎮守。策從之。權統事，就遷昭義中郎將，[13]終於家。有五子，昺、瑜、皎、奐、謙。昺三子：綽、超、恭。超爲偏將軍。[14]恭生峻。綽生緄。

〔一〕臣松之案：今永興縣有高遷橋。[15]

〔二〕《會稽典錄》曰：昕字大明。少游京師，師事太傅陳蕃，[16]博覽羣書，明於風角，[17]善推災異。辟太尉府，[18]舉高第，[19]稍遷丹楊太守。曹公起義兵，昕前後遣兵萬餘人助公征伐。袁術之在淮南也，[20]昕惡其淫虐，絕不與通。

《獻帝春秋》曰：袁術遣吳景攻昕，未拔，景乃募百姓敢從周昕者死不赦。昕曰："我則不德，百姓何罪？"遂散兵，還本郡。

[1] 鄉曲：本指鄉下，引申爲鄉親，同鄉人。　宗室：盧弼《集解》："劉家立曰：'宗室'疑作'宗族'。"按，宗室即宗族，不煩更改。顧炎武《日知錄》卷二四《上下通稱》云："今人以皇族稱爲宗室，考之於古不盡然，凡人之同宗者，即相謂曰宗室。"

[2] 會稽：郡名。治所山陰縣，在今浙江紹興市。

[3] 錢唐：縣名。東漢時又作"錢塘"。謝鍾英《補三國疆域志補注》謂錢唐，西漢爲縣，東漢省，蓋漢末靈帝時又復置。西漢時治所在今浙江杭州市西靈隱山下，東漢末復置後，治所在今杭州市。

[4] 固陵：城名。在今浙江蕭山市西北西興鎮。

[5] 渡：百衲本作"渡"，殿本、盧弼《集解》本、校點本作"度"。按，二字通，今從百衲本。

[6] 查瀆：地名。一名查浦，在今浙江蕭山市西南。盧弼《集解》引《水經·漸江水注》"查"字作"柤"。又按，百衲本等"查音祖加反"在下裴注之末，今從校點本提於此。

[7] 罌（yīng）缶（fǒu）：陶製容器，大腹小口。盧弼《集解補》云："顧炎武曰：《史記·淮陰侯傳》'從陽夏以木罌缶渡軍'

服虔曰：'以木押傅罌以渡'是也。古文簡不言縛爾。孫策詐令軍中促具罌缶數百口分軍夜投查瀆，亦此法也。其狀圖於喻龍德兵衡，謂之甕筏。"按，《淮陰侯列傳》裴駰《集解》引韋昭曰："以木爲器如罌缻，以渡軍。無船，且尚密也。"

[8] 羅：殿本、盧弼《集解》本作"四維"，百衲本、校點本作"羅"。今從百衲本等。羅，陳列。

[9] 高遷屯：地名。在今浙江蕭山市東北長山鎮附近。

[10] 丹楊：郡名。治所宛陵縣，在今安徽宣州市。

[11] 奮武校尉：官名。漢獻帝建安初，孫策所置。吳沿之。

[12] 出身：百衲本作"出身"，殿本、盧弼《集解》本、校點本作"出仕"。郝經《續後漢書》作"出身"，四庫館臣校云："《通志》作'出身'，與此合。"今從百衲本。

[13] 昭義中郎將：官名。建安中孫權所置，領兵。吳沿之。

[14] 偏將軍：官名。雜號將軍中地位較低者。

[15] 永興縣：治所在今浙江蕭山市。

[16] 太傅：官名。東漢時位上公，掌善導，無常職，多爲加銜。

[17] 風角：古代占卜之法。以五音占四方之風而定吉凶。

[18] 太尉：官名。東漢時，與司徒、司空並爲三公，共同行使宰相職能，而位列三公之首，名位甚重，或與太傅並錄尚書事，綜理全國軍政事務。

[19] 高第：官吏考課成績第一者稱高第。

[20] 淮南：西漢初王國名。漢高祖改九江郡爲淮南國，漢武帝元狩中復名九江郡，治所壽春縣，在今安徽壽縣。錢大昕云："初平四年，袁術殺揚州刺史陳溫，遂據淮南，淮南即壽春也。"

（《三史拾遺》卷五）

瑜字仲異，以恭義校尉始領兵衆。[1]是時賓客諸將多江西人，[2]瑜虛心綏撫，得其歡心。建安九年，[3]領丹楊太守，爲衆所附，至萬餘人。加綏遠將軍。[4]十一年，與周瑜共討麻、保二屯，[5]破之。後從權拒曹公於濡須，[6]權欲交戰，瑜說權持重，權不從，軍果無功。遷奮威將軍，[7]領郡如故，自溧陽徙屯牛渚。[8]瑜以永安人饒助爲襄安長，[9]無錫人顏連爲居巢長，[10]使招納廬江二郡，[11]各得降附。濟陰人馬普篤學好古，[12]瑜厚禮之，使二府將吏子弟數百人就受業，[13]遂立學官，[14]臨饗講肄，是時諸將皆以軍務爲事，而瑜好樂墳典，[15]雖在戎旅，誦聲不絕。年三十九，建安二十年卒。瑜五子：彌、熙、燿、曼、紘。曼至將軍，封侯。

[1] 恭義校尉：官名。建安中孫權所置，領兵。

[2] 江西：地區名。長江自西向東流，流至今安徽境，則偏北斜流，至今江蘇鎮江市東流而下，這段江路由西南向東北偏斜，古時這段江路東岸之地爲江東（即長江以南蘇、浙、皖一帶），西岸之地爲江西（即皖北和淮河下游一帶）。

[3] 建安：漢獻帝劉協年號（196—220）。

[4] 綏遠將軍：官名。建安中孫權所置。

[5] 麻：地名。即麻屯。在今湖北洪湖市東北長江北岸。保：地名。即保屯。當在今湖北洪湖市與嘉魚縣之間。

[6] 濡須：地名。在今安徽無爲縣東北古濡須水畔。

[7] 奮威將軍：官名。漢爲雜號將軍。三國沿置。徐紹楨《質疑》云："洪氏亮吉曰：濡須之役在建安十八年，今考《周瑜傳》'乞與奮威俱進取蜀'云云，時宗室諸人無號奮威者，公瑾之意當即指孫瑜。據此，則建安十五年之前，瑜已進號奮威，不至十

八年也,此傳恐誤。"按,周瑜"乞與奮威俱進取蜀"之言,在建安十五年,不久周瑜即卒,故洪氏有此言。

[8] 溧陽:縣名。東漢時治所在今江蘇高淳縣東固城鎮。 牛渚:山名。在今安徽馬鞍山市西南。此山突出於江中,稱牛渚磯,又名采石磯。自古爲大江南北重要津渡,爲軍事上必爭之地。

[9] 永安:吴侯國名。治所在今浙江德清縣西千秋鎮。 襄安:縣名。治所在今安徽無爲縣西南襄安鎮。

[10] 無錫:東漢縣名。治所在今江蘇無錫市。 居巢:縣名。治所在今安徽巢湖市東北。

[11] 廬江:郡名。治所本在舒縣,在今安徽廬江縣西南。建安四年劉勳移於皖縣,在今安徽潛山縣。 二郡:指與孫權所統區鄰近之廬江、九江二郡。九江郡治所壽春縣,在今安徽壽縣。

[12] 濟陰:郡名。治所定陶縣,在今山東定陶縣西北。

[13] 二府:指丹楊郡府與奮威將軍府。

[14] 學官:學校。

[15] 墳典:三墳、五典之並稱。後爲古代典籍之通稱。

　　皎字叔朗,[1]始拜護軍校尉,[2]領衆二千餘人。是時曹公數出濡須,皎每赴拒,號爲精鋭。遷都護、征虜將軍,[3]代程普督夏口。[4]黄蓋及兄瑜卒,又并其軍。賜沙羨、雲杜、南新市、竟陵爲奉邑,[5]自置長吏。輕財能施,善於交結,與諸葛瑾至厚,委廬江劉靖以得失,江夏李允以衆事,廣陵吴碩、河南張梁以軍旅,[6]而傾心親待,莫不自盡。皎嘗遣兵候獲魏邊將吏美女以進皎,[7]皎更其衣服送還之,下令曰:"今所誅者曹氏,其百姓何罪?自今以往,不得(擊)〔繫〕其老弱。"[8]由是江淮間多歸附者。嘗以小故與甘寧忿争，或以諫寧，寧曰："臣子一例，征虜雖公子，[9]何可專行侮人邪！吾值明主，但當輸效力命，[10]以報所天，誠不能隨俗屈曲矣。"權聞之，以書讓皎曰："自吾與北方爲敵，中閒十年，初時相持年小，[11]今者且三十矣。孔子言'三十而立'，[12]非但謂五經也。授卿以精兵，委卿以大任，都護諸將於千里之外，欲使如楚任昭奚恤，[13]揚威於北境，非徒相使逞私志而已。近聞卿與甘興霸飲，[14]因酒發作，侵陵其人，其人求屬呂蒙督中。此人雖麤豪，有不如人意時，然其較略大丈夫也。吾親之者，非私之也。我親愛之，卿疎憎之；卿所爲每與吾違，其可久乎？夫居敬而行簡，可以臨民；愛人多容，可以得衆。二者尚不能知，安可董督在遠，禦寇濟難乎？卿行長大，特受重任，上有遠方瞻望之觀，[15]下有部曲朝夕從事，[16]何可恣意有盛怒邪？人誰無過，貴其能改，宜追前愆，深自咎責。今故煩諸葛子瑜重宣吾意。[17]臨書摧愴，[18]心悲淚下。"皎得書，上疏陳謝，遂與寧結厚。後呂蒙當襲南郡，[19]權欲令皎與蒙爲左、右部大督，[20]蒙説權曰："若至尊以征虜能，宜用之；以蒙能，宜用蒙。昔周瑜、程普爲左右部督，共攻江陵，雖事決於瑜，普自恃久將，[21]且俱是督，遂共不睦，[22]幾敗國事，此目前之戒也。"權寤，謝蒙曰："以卿爲大督，[23]命皎爲後繼。"禽關羽，定荆州，[24]皎有力焉。建安二十四年卒。權追錄其功，封子胤爲丹楊侯。[25]胤卒，無子。弟晞嗣，領兵，有罪自殺，國除。弟咨、彌、儀皆將軍，[26]封侯。咨羽林督，[27]儀無難督。[28]咨爲滕胤所殺，儀爲孫峻所害。

　　[1]皎：殿本、盧弼《集解》本、校點本"皎"上皆有"孫"字，百衲本無。今從百衲本。
　　[2]護軍校尉：官名。孫吳置，領兵。
　　[3]都護：官名。漢獻帝建安中孫權置，後又別置左、右都護，蜀漢則分置中、左、右都護，皆掌軍事。　征虜將軍：官名。東漢爲雜號將軍。三國沿置。
　　[4]夏口：地名。在今湖北武漢市原漢水入長江處。
　　[5]沙羡（yí）：縣名。治所在今湖北武昌縣西南金口。　雲杜：縣名。治所在今湖北京山縣。　南新市：縣名。治所在今湖北京山縣東北。　竟陵：縣名。治所在今湖北潛江市西北。
　　[6]廣陵：郡名。東漢時治所廣陵縣，在今江蘇揚州市西北蜀岡上。曹魏又移治所於淮陰縣，在今江蘇淮陰市西南甘羅城。　河南：即河南尹。治所洛陽縣，在今河南洛陽市東北白馬寺東。
　　[7]兵候：吳金華《〈三國志〉管窺》疑"兵候"爲"斥候"之誤文。
　　[8]繫：各本皆作"擊"。趙幼文《校箋》謂《白孔六貼》卷五二引作"繫"。蕭常《續後漢書》同。今從趙説改。
　　[9]公子：百衲本無"子"字，殿本、盧弼《集解》本、校點本有，蕭常《續後漢書》亦有。今從殿本等。
　　[10]輸效力命：趙幼文《校箋》謂蕭常《續後漢書》作"輸力效死"。按，作"輸力效命"較通順。
　　[11]相持年小：百衲本"持"字作"遲"，殿本、盧弼《集解》本、校點本、蕭常《續後漢書》皆作"持"。今從殿本等。又"年小"，蕭常書作"年少"。
　　[12]三十而立：見《論語·爲政》。

[13] 昭奚恤：戰國時楚宣王之臣。《太平御覽》卷九〇九引《春秋後語》曰："楚宣王以昭奚恤爲相，諸侯畏之。王問群臣曰：'吾聞北方畏奚恤，其誠何如？'"

[14] 甘興霸：甘寧字興霸。

[15] 觀：百衲本作"觀"，殿本、盧弼《集解》本、校點本作"視"。今從百衲本。

[16] 部曲：本爲漢代軍隊的編制。《續漢書·百官志》云："大將軍營五部，部校尉一人，部下有曲。"因稱軍隊爲部曲。魏、晉以後，又稱私人武裝爲部曲。

[17] 諸葛子瑜：諸葛瑾字子瑜。

[18] 摧愴：悲傷。

[19] 南郡：蜀漢時治所江陵縣，在今湖北荆州市江陵區。

[20] 左右部大督：官名。吳置左、右部督，戰時置以統率軍隊作戰。加"大"字則表尊寵。

[21] 久將：趙幼文《校箋》謂蕭常《續後漢書》作"宿將"。

[22] 遂共：趙幼文《校箋》謂蕭常《續後漢書》作"遂至"。

[23] 大督：官名。吳置，戰時總統軍隊作戰。

[24] 荆州：吳荆州刺史治所樂鄉縣，在今湖北鍾祥市西北。

[25] 丹楊：縣名。治所在今安徽當涂縣東北小丹陽鎮。

[26] 咨彌儀：錢大昭《辨疑》云："皎與瑜，皆孫靜之子。瑜子名彌，則皎子必不同名；且下文但曰咨、儀，不及彌，疑'彌'字衍文。"

[27] 羽林督：官名。吳置。統羽林軍士，侍衛皇帝。

[28] 無難督：官名。孫吳置。統無難士，負責侍衛皇帝；亦外出征戰。又分置左、右部，稱無難左部督、無難右部督。地位頗重。

（孫）奐字季明。[1]兄皎既卒，代統其衆，以揚武中郎將領江夏太守。[2]在事一年，遵皎舊迹，禮劉靖、李允、吳碩、張梁及江夏閒舉等，並納其善。奐訥於造次而敏於當官，[3]軍民稱之。黃武五年，[4]權攻石陽，[5]奐以地主，使所部將軍鮮于丹帥五千人先斷淮道，[6]自帥吳碩、張梁五千人爲軍前鋒，降高城，[7]得三將。大軍引還，權詔使在前住，駕過其軍，見奐軍陣整齊，權歎曰："初吾憂其遲鈍，今治軍，諸將少能及者，吾無憂矣。"拜揚威將軍，[8]封沙羡侯。吳碩、張梁皆裨將軍，[9]賜爵關內侯。[一][10]奐亦愛樂儒生，復命部曲子弟就業，後仕進朝廷者數十人。年四十，嘉禾三年卒。[11]子承嗣，以昭武中郎將代統兵，[12]領郡。赤烏六年卒，[13]無子，封承庶弟壹奉奐後，[14]襲業爲將。孫峻之誅諸葛恪也，壹與全熙、施績攻恪弟公安督融，[15]融自殺。壹從鎮南遷鎮軍，[16]假節督夏口。[17]及孫綝誅滕胤、呂據，據、胤皆壹之妹夫也，壹弟封又知胤、據謀，自殺。綝遣朱異潛襲壹。異至武昌，[18]壹知其攻己，率部曲千餘口過將胤妻奔魏。魏以壹爲車騎將軍，[19]儀同三司，[20]封吳侯，[21]以故主芳貴人邢氏妻之。[22]邢美色妒忌，下不堪命，遂共殺壹及邢氏。壹入魏（黃初）三年死。[23]

〔一〕《江表傳》曰：初權在武昌，欲還都建業，[24]而慮水道泝流二千里，一旦有警，不相赴及，以此懷疑。及至夏口，[25]於塢中大會百官議之，詔曰："諸將吏勿拘位任，其有計者，爲國言之。"諸將或陳宜立柵柵夏口，[26]或言宜重設鐵鎖者，權皆以爲非計。時梁爲小將，未有知名，[27]乃越席而進曰："臣聞香餌引泉魚，重幣購勇士，今宜明樹賞罰之信，遣將入沔，[28] 與敵爭利，形勢既成，彼不敢干也。使武昌有精兵萬人，付智略者任將，常使嚴整。一旦有警，應聲相赴。作甘水城，[29] 輕艦數十，[30] 諸所宜用，皆使備具。如此開門延敵，敵自不來矣。"權以梁計爲最得，即超增梁位。後稍以功進至沔中督。[31]

[1] 奐：各本皆作"孫奐"。而奐與瑜、皎皆爲孫静子，又同附於《孫静傳》，瑜、皎前皆無"孫"字，此"奐"前亦應無"孫"字，"孫"字顯衍。趙幼文《校箋》謂蕭常《續後漢書》"奐"上無"孫"字。按，郝經《續後漢書》亦無"孫"字。今從二書删"孫"字。

[2] 揚武中郎將：官名。東漢末曹操置，爲領兵武職。孫吳亦置。　江夏：郡名。孫吳時治所武昌縣，在今湖北鄂州市。

[3] 造次：謂言談。《漢書》卷六九上《王莽傳上》"雖有鬼谷不及造次"，顏師古注："鬼谷先生，蘇秦之師，善談說。"

[4] 黄武：吴大帝孫權年號（222—229）。

[5] 石陽：縣名。治所在今湖北漢川市西北，當時爲曹魏江夏郡治所。

[6] 淮道：盧弼《集解》云："'淮'字疑誤。"但亦可理解爲通往淮河之道路。即阻截魏軍後退之路。

[7] 高城：地名。當在今湖北漢川市附近。

[8] 揚威將軍：官名。漢末曹操置，領兵。三國沿置。

[9] 裨將軍：官名。漢雜號將軍之低級者。三國沿置。

[10] 關內侯：爵名。漢制二十級爵之第十九級，次於列侯，僅有封户收取租税而無封地。魏文帝定爵制爲十等，關內侯在亭侯下，仍爲虛封，無食邑。

[11] 嘉禾：吴大帝孫權年號（232—238）。

[12] 昭武中郎將：官名。孫吳、蜀漢皆置，職掌不盡同。孫

承爲此職，領兵。

　　[13] 赤烏：吳大帝孫權年號（238—251）。

　　[14] 壹：盧弼《集解》云："魯王霸子亦名壹，二者必有一誤。"

　　[15] 公安督：官名。公安縣駐軍之長官。公安縣在今湖北公安縣西。

　　[16] 鎮南：即鎮南將軍。官名。漢獻帝初平中置。曹魏時位次四征將軍，領兵如征南將軍，第二品，多爲持節都督，出鎮方面。孫吳亦置。　鎮軍：即鎮軍將軍。漢獻帝建安末劉備置。魏定爲三品，吳亦置。

　　[17] 假節：漢末三國時期皇帝賜予臣下的一種權力。至晉代，此種權力明確爲因軍事可殺犯軍令者。

　　[18] 武昌：縣名。治所在今湖北鄂州市。

　　[19] 車騎將軍：官名。東漢時位比三公，常以貴戚充任。出掌征伐，入參朝政，漢靈帝時常作贈官。魏、晉時位次驃騎將軍，在諸名號將軍上，多作爲軍府名號，加授大臣、重要州郡長官，無具體職掌，二品。開府者位從公，一品。

　　[20] 儀同三司：謂官非三公，授予儀制同於三公的待遇。

　　[21] 吳：縣名。治所在今江蘇蘇州市。吳縣爲吳地，魏以此封乃虛封。

　　[22] 芳：即魏少帝齊王曹芳。　貴人：內官名。漢光武帝時始置，位次皇后，金印紫綬。

　　[23] 三年死：各本"三年"上皆有"黃初"二字。錢大昕云："壹以孫亮太平二年奔魏，即魏甘露二年也，距文帝黃初三年壬寅，已三十六年矣。此云黃初，必誤也。《魏志·高貴鄉公紀》甘露四年十一月'車騎將軍孫壹爲婢所殺'。蓋壹入魏三年而死爾，'黃初'二字當是衍文。"（《廿二史考異》卷一七）顧炎武《日知錄》亦早有此說。校點本即從顧、錢之說刪"黃初"二字，今從之。

［24］建業：縣名。吴都城，在今江蘇南京市。

［25］及：趙幼文《校箋》謂蕭常《續後漢書》作"乃"。

［26］宜立栅栅夏口：殿本只一"栅"字，百衲本、盧弼《集解》本、校點本皆二"栅"字。今從百衲本等。

［27］未有：趙幼文《校箋》謂蕭常《續後漢書》無"有"字。

［28］沔：水名。即漢水。

［29］甘水城：當在今湖北鄂州市境内。

［30］數十：百衲本作"數十"，殿本、盧弼《集解》本、校點本皆作"數千"。今從百衲本。

［31］沔中：地區名。本泛指以今湖北襄陽市爲中心的沔水（漢水）中游一帶。此當指下游一帶。沔中督，即沔中地區的軍事長官。

孫賁字伯陽。父羌字（聖壹）〔聖臺〕，[1]堅同產兄也。賁早失二親，弟輔嬰孩，賁自贍育，友愛甚篤。爲郡督郵、守長。[2]堅於長沙舉義兵，[3]賁去吏從征伐。堅薨，賁攝帥餘衆，扶送靈柩。後袁術徙壽春，賁又依之。術從兄紹用會稽周昂爲九江太守，紹與術不協，術遣賁攻破昂於陰陵。[4]術表賁領豫州刺史，[5]轉丹楊都尉，[6]行征虜將軍，討平山越。[7]爲揚州刺史劉繇所迫逐，[8]因將士衆還住歷陽。[9]頃之，術復使賁與吳景共擊樊能、張英等，未能拔。及策東渡，助賁、景破英、能等，遂進擊劉繇。繇走豫章。[10]策遣賁、景還壽春報術，值術僭號，署置百官，除賁九江太守。賁不就，棄妻孥還江南。〔一〕時策已平吳、會二郡，賁與策征廬江太守劉勳、江夏太守黃祖，[11]軍旋，聞繇病死，過定豫章，上賁領太守，〔二〕後封都亭侯。[12]建安十三年，使者劉隱奉詔拜賁爲征虜將軍，領郡如故。在官十一年卒。子鄰嗣。

〔一〕《江表傳》曰：袁術以吳景守廣陵，策族兄香亦爲術所用，作汝南太守，[13]而令賁爲將軍，領兵在壽春。策與景等書曰："今征江東，未知二三君意云何耳？"[14]景即棄守歸，賁因而後免，[15]香以道遠獨不得還。

《吳書》曰：香字文陽。父儒，[16]字仲孺，堅再從弟也，仕郡主簿、功曹。[17]香從堅征伐有功，拜郎中。[18]後爲袁術驅馳，加征南將軍，[19]死於壽春。

〔二〕《江表傳》曰：時丹楊僮芝自署廬陵太守，[20]策留賁弟輔領兵住南昌，策謂賁曰："兄今據豫章，是扼僮芝咽喉而守其門户矣。但當伺其形便，因令國儀杖兵而進，[21]使公瑾爲作勢援，[22]一舉可定也。"後賁聞芝病，即如策計。周瑜到巴丘，[23]輔遂得進據廬陵。

[1] 聖臺：各本皆作"聖壹"。盧弼《集解》云："郝經《續後漢書》作'字聖臺'。孫堅字文臺，孫靜字幼臺，羌爲堅兄，作'臺'是。"校點本即據郝經《續後漢書》改作"聖臺"。今從之。
[2] 郡：指吳郡。治所即吳縣。 督郵：官名。本名督郵書掾（或督郵曹掾），省稱督郵掾、督郵。漢置，郡府屬吏，秩六百石。主要職掌除督送郵書外，又代表郡守督察屬縣，宣達教令，並兼司獄訟捕亡等。每郡督郵皆分部，有二部、三部、四部、五部不等。 守長：謂試作縣長。
[3] 長沙：郡名。治所臨湘縣，在今湖南長沙市。
[4] 陰陵：縣名。治所在今安徽定遠縣西北。
[5] 豫州：東漢刺史治所譙縣，在今安徽亳州市。
[6] 都尉：官名。西漢時郡置都尉，輔佐郡守並掌本郡軍事。

東漢廢除，但如有緊急軍事，亦臨時設置；東漢又在邊郡或關塞之地置都尉及屬國都尉，並漸漸分縣治民，職如太守。

[7] 山越：漢末三國時期，居於南方山區的土著人民稱爲山越。因其在秦漢時稱越人，雖經三百餘年已與漢族相融合，但時人仍稱之爲越。（本唐長孺《孫吳建國及漢末江南的宗部與山越》）

[8] 揚州：東漢末刺史治所壽春縣，而當時袁術在壽春，劉繇不敢至，遂至曲阿縣，在今江蘇丹陽市。

[9] 歷陽：縣名。治所在今安徽和縣。

[10] 豫章：郡名。治所南昌縣，在今江西南昌市。

[11] 江夏：郡名。黃祖爲太守，治所沙羨縣。

[12] 都亭侯：爵名。位在鄉侯下，食祿於都亭。都亭，城郭附近之亭。

[13] 汝南：郡名。治所平輿縣，在今河南平輿縣北。

[14] 二三君：猶言"諸君"。

[15] 困：殿本、盧弼《集解》本作"因"，百衲本、校點本作"困"。郝經《續後漢書》亦作"困"。今從百衲本等。　後：殿本作"獲"，百衲本、盧弼《集解》本、校點本作"後"。今從百衲本等。

[16] 儒：殿本、盧弼《集解》本作"儒"，百衲本、校點本作"孺"。按，郝經《續後漢書》亦作"儒"。今從殿本等。

[17] 主簿：官名。漢代中央及州郡官府均置，以典領文書，辦理事務。　功曹：官名。漢代郡太守下設功曹史，簡稱功曹，爲郡太守之佐吏，除分掌人事外，得參與一郡之政務。魏、晉沿置。

[18] 郎中：官名。東漢時秩比三百石。分隸五官、左、右三署中郎將，名義上備宿衛，實爲後備官吏人材。

[19] 征南將軍：官名。漢末建安中置，爲四征將軍之一，秩二千石。

[20] 廬陵：郡名。治所廬陵縣，在今江西吉安市西南。

[21] 國儀：孫輔字國儀。

[22] 公瑾：周瑜字公瑾。

[23] 巴丘：縣名。吳置，治所在今江西峽江縣北。

鄰年九歲，代領豫章，進封都鄉侯。〔一〕[1]在郡垂二十年，討平叛賊，政績脩理。[2]召還武昌，爲繞帳督。[3]時太常潘濬掌荆州事，[4]重安長陳留舒燮有罪下獄，[5]濬嘗失燮，欲寘之於法。[6]論者多爲有言，[7]濬猶不釋。鄰謂濬曰："舒伯膺兄弟爭死，[8]海内義之，以爲美譚，仲膺又有奉國舊意。今君殺其子弟，若天下一統，青蓋北巡，[9]中州士人必問仲膺繼嗣，答者云潘承明殺燮，[10]於事何如？"濬意即解，燮用得濟。〔二〕鄰遷夏口、沔中督、威遠將軍，[11]所居任職。赤烏十二年卒。子苗嗣。苗弟旅及叔父安、熙、績，皆歷列位。〔三〕

〔一〕《吳書》曰：鄰字公達，雅性精敏，幼有令譽。
〔二〕《博物志》曰：仲膺名邵。初，伯膺親友爲人所殺，仲膺爲報怨。事覺，兄弟爭死，皆得免。袁術時，邵爲阜陵長。[12]亦見《江表傳》。
〔三〕《吳歷》曰：鄰又有子曰述，爲武昌督，平荆州事。[13]震，無難督。諧，城門校尉。[14]歆，樂鄉督。[15]震後禦晉軍，與張悌俱死。賁曾孫惠，字德施。
《惠別傳》曰：[16]惠好學有才智，晉永寧元年，[17]赴齊王冏義，以功封晉興侯，[18]辟大司馬賊曹屬。[19]冏驕矜僭侈，天下失望。惠獻言於冏，諷以五難、四不可，[20]勸令委讓萬機，歸藩青岱，[21]辭甚深切。冏不能納，頃之果敗。成都王穎召爲大將軍參軍。[22]是時穎將有事於長沙，[23]以陸機爲前鋒都督。[24]惠與機鄉里親厚，憂其致禍，謂之曰："子盍讓都督於王粹乎？"[25]機曰：

"將謂吾避賊首鼠,更速其害。"機尋被戮,[26]二弟雲、耽亦見殺,惠甚傷恨之。永興元年,[27]乘輿幸鄴,[28]司空東海王越治兵下邳,[29]惠以書干越,[30]詭其姓名,自稱南嶽逸民秦秘之,勉以勤王匡世之略,辭義甚美。越省其書,牓題道衢,招求其人。惠乃出見,越即以爲記室參軍,[31]專掌文疏,豫參謀議。每造書檄,越或驛馬催之,應命立成,皆有辭旨。累遷顯職,後爲廣武將軍、安豐內史。[32]年四十七卒。惠文翰凡數十首。[33]

[1] 都鄉侯:爵名。列侯食邑爲都鄉者,稱都鄉侯。位次於縣侯,高於鄉侯。

[2] 政績:百衲本、殿本作"政績",盧弼《集解》本、校點本作"功績"。郝經《續後漢書》亦作"政績",今從百衲本等。

[3] 繞帳督:官名。吳置。統禁軍繞帳兵,負責宿衛侍從,地位頗重要。

[4] 太常:官名。東漢時仍爲列卿之首,秩中二千石。掌禮儀祭祀,選試博士等。三國沿置。

[5] 重安:縣名。治所在今湖南衡陽縣北。 陳留:郡名。治所陳留縣,在今河南開封市東南。

[6] 寔:百衲本作"致",殿本、盧弼《集解》本、校點本作"寔",郝經《續後漢書》亦作"寔"。今從殿本等。

[7] 多爲有言:殿本作"多有爲言",百衲本、盧弼《集解》本、校點本作"多爲有言"。盧弼《集解》云:"郝經《續後漢書》作'多爲言之'。"趙幼文《校箋》謂《册府元龜》卷八二〇引無"有"字。蕭常《續後漢書》作"作爲爕言",亦無"有"字。今暫從百衲本等。

[8] 舒伯膺:舒邵之兄,舒爕之伯父。名不詳。

[9] 青蓋:《晉書·輿服志》謂天子法車之一,"青蓋,黃爲裏,謂之黃屋"。故"青蓋"又指帝王。

[10] 潘承明：潘濬字承明。

[11] 威遠將軍：官名。孫吳置，權任頗重。

[12] 阜陵：縣名。治所在今安徽全椒縣東。

[13] 平荊州事：謂參與評決荊州之軍政大事。

[14] 城門校尉：官名。掌京城諸門警衛，城門屯兵，職顯任重。

[15] 樂鄉：城名。在今湖北松滋市東北長江南岸涴市。

[16] 惠別傳：指《孫惠別傳》。《隋書》《舊唐書》之《經籍志》、《新唐書·藝文志》皆未著錄。

[17] 永寧：晋惠帝司馬衷年號（301—302）。

[18] 晋興：縣名。晋武帝元康中置，治所在今江西餘江縣東北晋興鄉。

[19] 大司馬賊曹屬：《晋書》卷七一《孫惠傳》謂孫惠"永寧初赴齊王冏義，討趙王倫，以功封晋興縣侯，辟大司馬户曹掾，轉東曹屬"。而《晋書》卷五九《齊王冏傳》亦謂孫惠爲賊曹屬。大司馬，時齊王司馬冏爲大司馬輔政。賊曹，漢三公府及州郡縣府皆置之，主盜賊事，以掾主之，屬爲其副。魏晋亦置。

[20] 五難四不可：此說見《晋書·齊王冏傳》孫惠所上諫書。

[21] 青岱：青州岱山（泰山）。指齊郡。

[22] 大將軍參軍：官名。大將軍府之僚屬，主參謀軍務。時成都王司馬穎爲大將軍，至齊王冏敗後，穎在鄴城遥輔政。

[23] 長沙：指長沙王司馬乂。時長沙王乂在京都洛陽爲撫軍大將軍，領左軍將軍，成都王穎因而憚之，遂與河間王顒謀伐長沙王乂。

[24] 前鋒都督：官名。前鋒部隊之統率。

[25] 王粹：王濬之孫。《晋書》卷四二《王濬傳》謂濬子矩，矩弟暢，暢子粹，"太康十年，武帝詔粹尚潁川公主，仕至魏郡太守"。

［26］機尋被戮：事詳見《晉書》卷五四《陸機傳》。

［27］永興：晉惠帝司馬衷年號（304—306）。

［28］鄴：縣名。治所在今河北臨漳縣西南鄴鎮東一里半。

［29］下邳：王國名。治所下邳縣，在今江蘇睢寧縣西北。當時東海王司馬越奉晉惠帝北征鄴，越爲大都督。軍敗後，司馬越即奔下邳。事見《晉書》卷五九《東海王越傳》。

［30］惠以書干越：孫惠書見《晉書·孫惠傳》。

［31］記室參軍：官名。西晉置，爲記室曹長官，掌文疏表奏。

［32］廣武將軍：官名。魏晉皆置，爲名號將軍中地位較高者，第四品。　安豐：王國名。治所安風縣，在今安徽霍邱縣西南。　內史：官名。即王國相，晉武帝太康十年（289）改稱內史，職如太守，掌民政。

［33］文翰：《隋書·經籍志》集部別集類著錄《孫惠集》八卷，梁十一卷，錄一卷。《舊唐書·經籍志》《新唐書·藝文志》皆著錄《孫惠集》十卷。

　　孫輔字國儀，賁弟也，以揚武校尉佐孫策平三郡。[1]策討丹楊七縣，[2]使輔西屯歷陽以拒袁術，并招誘餘民，鳩合遺散。又從策討陵陽，[3]生得祖郎等。〔一〕策西襲廬江太守劉勳，輔隨從，身先士卒，有功。策立輔爲廬陵太守，撫定屬城，分置長吏。遷平南將軍，[4]假節、領交州刺史。[5]遣使與曹公相聞，事覺，權幽繫之。〔二〕數歲卒。子興、昭、偉、昕，皆歷列位。

　　〔一〕《江表傳》曰：策既平定江東，逐袁胤。[6]袁術深怨策，乃陰遣閒使齎印綬與丹楊宗帥陵陽祖郎等，使激動山越，大合衆，圖共攻策。策自率將士討郎，生獲之。策謂郎曰："爾昔襲擊孤，斫孤馬鞍，今創軍立事，除棄宿恨，惟取能用，與天下通耳。非但汝,汝莫恐怖。"郎叩頭謝罪。即破械,賜衣服,署門下賊曹。及軍還,郎與太史慈俱在前導軍,人以爲榮。

〔二〕《典略》曰:輔恐權不能保守江東,因權出行東冶,[7]乃遣人齎書呼曹公。行人以告,權乃還,僞若不知,與張昭共見輔,權謂輔曰:"兄厭樂邪,何爲呼他人?"輔云無是。權因投書與昭,昭示輔,輔慚無辭。乃悉斬輔親近,分其部曲,[8]徙輔置東〔吳〕。[9]

[1] 揚武校尉:官名。東漢末孫策置,爲領兵武職。 三郡:指丹楊、吳郡、會稽等。

[2] 丹楊七縣:指丹楊、宣城、涇、陵陽、始安、黟、歙等七縣。(見本書卷四六《孫策傳》裴注引《江表傳》)

[3] 陵陽:縣名。治所在今安徽石臺縣東北廣陽鎮。

[4] 平南將軍:官名。東漢末孫策置。魏晉亦置,與平西、平南、平北將軍合稱四平將軍,第三品。

[5] 交州:建安八年(203)刺史治所龍編縣,在今越南河内東天德江北岸;同年又移治廣信縣,在今廣西梧州市;建安十五年又移治番禺縣,在今廣東廣州市。

[6] 袁胤:袁術從弟,袁術以之爲丹楊太守。

[7] 東冶:百衲本、殿本作"東治",盧弼《集解》本、校點本作"東冶"。今從《集解》本等。東冶縣治所在今福建福州市。盧弼《集解》又引陳景雲曰:"輔之得罪,史不著其年,以阮瑀《代曹公與權書》考之,蓋在赤壁之役後也。是時江東乘戰勝勢,霸業已安,輔不當復有懼心,其通使曹公,殆自有他志,非慮權之不克保國也。權雖領會稽太守,然自以將軍屯吳,不過使丞之郡行文書而已,考之《吳志》,終權之世,未嘗一至會稽,況東冶僻在海隅,何暇遠涉其地?此魚豢所紀,殆不可信。"

[8] 分:盧弼《集解》本作"亦",百衲本、殿本、校點本作

"分"。今從百衲本等。

[9] 置東：趙一清《注補》謂"東"下疑落"冶"字。趙幼文《校箋》則謂《文選》陳琳《檄吳將校部曲文》李善注引"東"下有"吳"字。應據補。按，李善注引正是《典略》，今從趙說補。東吳，蓋謂吳郡之東部。

孫翊字叔弼，權弟也，驍悍果烈，有兄策風。太守朱治舉孝廉，[1]司空辟。〔一〕[2]建安八年，以偏將軍領丹楊太守，時年二十。後卒爲左右邊鴻所殺，[3]鴻亦即誅。〔二〕

〔一〕《典略》曰：翊名儼，[4]性似策。策臨卒，張昭等謂策當以兵屬儼，而策呼權，佩以印綬。

〔二〕《吳歷》載翊妻徐節行，宜與嬀覽等事相次，故列於後《孫韶傳》中。

[1] 孝廉：漢代選拔官吏的主要科目。孝指孝子，廉指廉潔之士。原本爲二科，後混同爲一科，也不再限於孝子和廉吏。東漢後期定制爲不滿四十歲者不得察舉；被舉者先詣公府課試，以觀其能。郡國每年要向中央推舉一至二人。

[2] 司空：官名。東漢時與太尉、司徒並爲三公，共同行使宰相職能，而位列三公之末。本職掌土木營建與水利工程。

[3] 卒：百衲本作"年"，殿本、盧弼《集解》本、校點本作"卒"。今從殿本等。

[4] 翊名儼：趙一清《注補》云："於文當云'一名儼'。"

子松爲射聲校尉、都鄉侯。〔一〕[1]黃龍三年卒。[2]蜀丞相諸葛亮與兄瑾書曰："既受東朝厚遇，[3]依依於子弟。[4]又子喬良器,[5]爲之惻愴。見其所與亮器物,感用流涕。"其悼松如此,由亮養子喬咨述故云。[6]

〔一〕《吳錄》曰:松善與人交,輕財好施。鎮巴丘,數咨陸遜以得失。嘗有小過,遜面責松,松意色不平,遜觀其少釋,謂曰:"君過聽不以其鄙,[7]數見訪及,是以承來意進盡言,便變色,何也?"松笑曰:"屬亦自恣行事有此,豈有望邪!"

[1] 射聲校尉:官名。東漢時秩比二千石,掌京師宿衛兵。三國沿置,職位略輕。
[2] 黃龍:吳大帝孫權年號(229—231)。
[3] 東朝:指孫吳。對蜀漢而言,孫吳在東。
[4] 依依:戀戀不忘之貌。
[5] 子喬:潘眉《考證》云:"子喬,即松之字。松字子喬,猶喬字伯松,字義相應也。"
[6] 喬:諸葛瑾第二子。因諸葛亮初無子,故求喬爲子。
[7] 其:百衲本、盧弼《集解》本作"其",殿本、校點本作"某"。郝經《續後漢書》亦作"其",今從百衲本等。《楚辭·九章·哀郢》"眇不知其所跖",王逸注:"其,一作余。"

孫匡字季佐,翊弟也。舉孝廉、茂才,[1]未試用,卒,時年二十餘。[一]子泰,曹氏之甥也,[2]爲長水校尉。[3]嘉禾三年,從權圍新城,[4]中流矢死。泰子秀爲前將軍、夏口督。[5]秀公室至親,握兵在外,[6]晧意不能平。建衡二年,[7]晧遣何定將五千人至夏口獵。先是,民間僉言秀當見圖,而定遠獵,秀遂驚,夜將妻子親兵數百人奔晉。晉以秀爲驃騎將軍,[8]儀同三司,

封會稽公。[二][9]

〔一〕《江表傳》曰：曹休出洞口，[10]呂範率軍禦之。時匡爲定武中郎將，[11]（遣）〔違〕範令放火，[12]燒損茅芒，以乏軍用，範即啓送匡還吴。權別其族爲丁氏，禁固終身。

臣松之案本傳曰："匡未試用卒，時年二十餘。"而《江表傳》云呂範在洞口，匡爲定武中郎將。既爲定武，非爲未試用。且孫堅以初平二年卒，[13]洞口之役在黄初三年，[14]堅卒至此合三十一年，匡時若尚在，本傳不得云卒時年二十餘也。此蓋權別生弟朗，《江表傳》誤以爲匡也。朗之名位見《三朝録》及虞喜《志林》也。[15]

〔二〕《江表傳》曰：晧大怒，追改秀姓曰厲。

干寶《晋紀》曰：秀在晋朝，初聞晧降，羣臣畢賀，秀稱疾不與，南向流涕曰："昔討逆弱冠以一校尉創業，[16]今後主舉江南而棄之，宗廟山陵，於此爲墟。悠悠蒼天，此何人哉！"朝廷美之。

《晋諸公贊》曰：吴平，降爲伏波將軍，[17]開府如故。永寧中卒，追贈驃騎、開府。子儉，字仲節，給事中。[18]

[1] 茂才：即秀才。東漢時避光武帝劉秀諱改，爲漢代薦舉人材科目之一。東漢之制，州牧刺史歲舉一人。三國沿之，或稱秀才。

[2] 曹氏之甥：本書卷四六《孫策傳》謂曹操"以弟女配策小弟匡"。

[3] 長水校尉：官名。東漢時秩比二千石，掌京師宿衛兵。三國沿置，職位略輕。

[4] 新城：即合肥新城。在今安徽合肥市西北。

[5] 前將軍：官名。東漢時位如上卿，與左、右、後將軍掌京

師兵衞與邊防屯警。三國沿置，權位漸低。

[6] 握兵：百衲本作"捉兵"，盧弼《集解》本作"提兵"，殿本、校點本作"握兵"。今從殿本等。

[7] 建衡：吳末帝孫晧年號（269—271）。

[8] 驃騎將軍：官名。東漢時位比三公，地位尊崇。魏、晉沿置，居諸名號將軍之首，僅作爲將軍名號，加授大臣、重要州郡長官，無具體職掌，二品。開府者位從公，一品。

[9] 公：爵名。魏元帝咸熙元年（264）行公、侯、伯、子、男五等爵制。凡公爵，賜地七十五里，邑一千八百户，許置相一人，職如太守，又置郎中令等屬官。魏、晉以後，又依封國規模，分郡公、縣公、鄉公、開國公、開國郡公、開國縣公等名目。

[10] 洞口：地名。即洞浦。在今安徽和縣東南長江邊。

[11] 定武中郎將：官名。孫吳置，領兵。

[12] 違：各本皆作"遣"。盧弼《集解》云："何焯校改'遣'作'違'。"校點本即從何焯説改爲"違"。今從之。

[13] 初平：漢獻帝劉協年號（190—193）。

[14] 黄初：魏文帝曹丕年號（220—226）。

[15] 三朝録：未詳。

[16] 討逆：指孫策。孫策爲討逆將軍。

[17] 伏波將軍：官名。將軍名號之一，東漢末地位較高。魏、晉皆五品。

[18] 給事中：官名。位在散騎常侍下，給事黄門侍郎上，或爲加官，或爲正官，無定員。

孫韶字公禮。伯父河，字伯海，本姓俞氏，亦吳人也。[1]孫策愛之，賜姓爲孫，列之屬籍。〔一〕後爲將軍，屯京城。[2]

〔一〕《吴書》曰：河，堅族子也，出後姑俞氏，後復姓爲孫。河質性忠直，訥言敏行，[3]有氣幹，能服勤。少從堅征討，常爲前驅，後領左右兵，典知内事，待以腹心之任。又從策平定吴、會，從權討李術，術破，拜威寇中郎將，[4]領廬江太守。

[1] 吴：郡名。治所吴縣，在今江蘇蘇州市。
[2] 京城：亦稱京口城。在今江蘇鎮江市。
[3] 訥言敏行：《論語·里仁》子曰："君子欲訥於言而敏於行。"
[4] 威寇中郎將：官名。漢末建安初孫權所置。

初，孫權殺吴郡太守盛憲，〔一〕憲故孝廉媯覽、戴員亡匿山中，孫翊爲丹楊，皆禮致之。覽爲大都督，[1]督兵，員爲郡丞。[2]及翊遇害，河馳赴宛陵，[3]責怒覽、員，以不能全（權）〔護〕，[4]令使姦變得施。二人議曰："伯海與將軍疎遠，而責我乃耳。[5]討虜若來，[6]吾屬無遺矣。"遂殺河，使人北迎揚州刺史劉馥，令住歷陽，以丹楊應之。會翊帳下徐元、孫高、傅嬰等殺覽、員。〔二〕

〔一〕《會稽典録》曰：憲字孝章，器量雅偉，舉孝廉，補尚書郎，[7]稍遷吴郡太守，[8]以疾去官。孫策平定吴、會，誅其英豪，憲素有高名，[9]策深忌之。初，憲與少府孔融善，[10]融憂其不免禍，乃與曹公書曰：[11]"歲月不居，時節如流，五十之年，忽焉已至。公爲始滿，融又過二，海内知識，零落殆盡，[12]惟會稽盛孝章尚存。其人困於孫氏，妻孥湮没，單子獨立，孤危愁苦，若使憂能傷人，此子不得復永年矣。[13]《春秋傳》曰：'諸侯有相滅亡者，桓公不能救，則桓公恥之。'[14]今孝章實丈夫之雄也，天下譚士依以揚聲，而身不免於幽執，命不期於旦夕，是吾祖不當復論損益之友，[15]而朱穆所以絶交也。[16]公誠能馳一介之使，加咫尺之書，則孝章可致，友道可弘也。今之少年，喜謗前輩，或能譏平皮柄反。孝章；孝章要爲有天下大名，九牧之民所共稱歎。[17]燕君市駿馬之骨，[18]非欲以騁道里，乃當以招絶足也。惟公匡復漢室，宗社將絶，又能正之，正之之術，實須得賢。珠玉無脛而自至者，以人好之也，況賢者之有足乎？昭王築臺以尊郭隗，[19]隗雖小才，而逢大遇，竟能發明主之至心，故樂毅自魏往，劇辛自趙往，鄒衍自齊往。嚮使郭隗倒縣而王不解，[20]臨溺而王不拯，則士亦將高翔遠引，莫有北首燕路者矣。凡所稱引，自公所知，而有云者，欲公崇篤斯義也，因表不悉。"由是徵爲騎都尉。[21]制命未至，果爲權所害。子匡奔魏，位至征東司馬。[22]

〔二〕《吳歷》曰：嬀覽、戴員親近邊洪等，[23]數爲翊所困，常欲叛逆，因吳主出征，遂其姦計。時諸縣令長並會見翊，翊以妻徐氏頗曉卜，[24]翊入語徐："吾明日欲爲長吏作主人，[25]卿試卜之。"徐言："卦不能佳，可須異日。"翊以長吏來久，宜速遣，乃大請賓客。[26]翊出入常持刀，爾時有酒色，空手送客，洪從後斫翊，郡中擾亂，無救翊者，遂爲洪所殺，迸走入山。[27]徐氏購募追捕，中宿乃得，覽、員歸罪殺洪。諸將皆知覽、員所爲，而力不能討。覽入居軍府中，悉取翊嬪妾及左右侍御，欲復取徐。恐逆之見害，乃紿之曰："乞須晦日設祭除服。"時月垂竟，覽聽須祭畢。徐潛使所親信語翊親近舊將孫高、傅嬰等，說："覽已虜略婢妾，今又欲見偪，所以外許之者，欲安其意以免禍耳。欲立微計，願二君哀救。"高、嬰涕泣答言："受府君恩遇，[28]所以不即死難者，以死無益，欲思惟事計，事計未立，未敢啓夫人耳。今日之事，實夙夜所懷也。"乃密呼翊時侍養者二十餘人，[29]以徐意語之，共盟誓，合謀。到晦日，設祭，徐氏哭泣盡哀畢，乃除服，薰香沐浴，更於他室，安施幃帳，言笑歡悦，示無戚容。大小悽愴，怪其如此。覽密覘視，無復疑意。徐呼高、嬰與諸婢羅住戶內，使人報覽，説已除凶即吉，惟府君敕命。覽盛意入，徐出戶拜。覽適得一拜，徐便大呼："二君可起！"高、嬰俱出，共得殺覽，餘人即就外殺員。夫人乃還縗絰，[30]奉覽、員首以祭翊墓。舉軍震駭，以爲神異。吴主續至，悉族誅覽、員餘黨，擢高、嬰爲牙門，[31]其餘皆加賜金帛，殊其門戶。

[1] 大都督：官名。此爲郡中統兵武職，地位較低。建安中孫權置。

[2] 郡丞：官名。郡太守之副，佐掌衆事。

[3] 宛陵：縣名。即丹楊郡治所。

[4] 護：各本作"權"。盧弼《集解》云："'權'疑作'翊'。"但"權"與"翊"字形差别太大，不易誤。按，蕭常《續後漢書》"權"字作"護"，今從蕭書改。

[5] 乃耳：盧弼《集解》云："'耳'疑作'爾'"。吴金華《校詁》云："'爾''耳'二字雖通用，然此文'耳'字易使誤解爲句末語氣詞，盧氏疑之，是也。"

[6] 討虜：指孫權。孫權當時爲討虜將軍。

[7] 尚書郎：官名。東漢之制，取孝廉之有才能者入尚書臺，初入臺稱守尚書郎中，滿一年稱尚書郎，三年稱侍郎，統稱尚書郎，秩四百石。凡置三十六員，分隸六曹尚書治事，主要掌文書起草。

[8] 稍遷：趙幼文《校箋》謂《文選》孔文舉《論盛孝章書》李善注引無"稍"字。　吴郡：盧弼《集解》本作"郡"，百衲本、殿本、校點本皆作"吴郡"。今從百衲本等。

[9] 憲素有：百衲本無"憲"字，殿本、盧弼《集解》本、校點本皆有。今從殿本等。

[10] 少府：官名。漢列卿之一，秩中二千石。東漢時掌宮中御衣、寶貨、珍膳等。

[11] 與曹公書：《文選》卷四一載有孔文舉《論盛孝章書》，即此文。下文字句除明顯有誤者外，一般不與《文選》對勘。

[12] 零落：《文選》張銑注："零落，死也。"

[13] 不得復永年：趙幼文《校箋》謂郝經《續後漢書》無"復"字，《文選》同。

[14] 桓公恥之：以上三句，見《公羊傳·僖公元年》。《文選》李周翰注："齊桓公也。時桓公爲諸侯長，故有相滅亡者必救之，不救則恥弱也。言曹公雄霸，比於桓公，欲使救盛憲於吳，故云此。"

[15] 吾祖：指孔子。孔融爲孔子二十一代孫。 損益之友：《論語·季氏》："孔子曰：'益者三友，損者三友。'"

[16] 朱穆：《後漢書》卷四三《朱暉附穆傳》謂朱穆漢桓帝時曾爲侍御史，"常感時澆薄，慕尚敦篤，乃作《崇厚論》"；"又著《絕交論》，亦矯時之作"。《文選》劉良注："朱穆著《絕交論》譏時人澆薄於交道也。言今孝章有此困厄，若不救之，是無損益之友而有澆薄之譏。"

[17] 九牧：《文選》李善注："九牧，猶九州也。"

[18] 燕君市駿馬之骨：燕君，指戰國燕昭王。《戰國策·燕一》郭隗謂燕昭王曰："臣聞古之人君有以千金求千里馬者，三年不能得。涓人言於君曰：'請求之。'君遣之。三月得千里馬，馬已死，買其首五百金，反以報君。君大怒曰：'所求者生馬，安事死馬而捐五百金？'涓人對曰：'死馬且買之五百金，況生馬乎？天下必以王爲能市馬，馬今至矣。'於是不能期年，千里之馬至者三。"

[19] 昭王築臺以尊郭隗：《史記》卷三四《燕召公世家》謂燕王噲末年，燕內亂，齊國乘機破燕。燕昭王於破燕之後即位，"卑身厚幣以招賢者。謂郭隗曰：'齊因孤之國亂而襲破燕，孤極知燕小力少，不足以報。然誠得賢士以共國，以雪先王之恥，孤之願

也。先生視可者，得身事之。'郭隗曰：'王必欲致士，先從隗始。況賢於隗者，豈遠千里哉！'於是昭王爲隗改築宫而師事之。樂毅自魏往，鄒衍自齊往，劇辛自趙往，士爭趨燕。"

[20] 倒縣：即"倒懸"。以人體倒掛比喻處境困難、危急。

[21] 騎都尉：官名。秩比二千石，屬光禄勳，掌監羽林騎。

[22] 征東司馬：官名。征東將軍府之屬官，掌參贊軍務，管理府内武職，位僅次於長史。

[23] 邊洪：殿本作"邊鴻"，百衲本、盧弼《集解》本、校點本作"邊洪"。今從百衲本等。

[24] 頗曉卜：趙幼文《校箋》謂蕭常及郝經之《續後漢書》"卜"下俱有"筮"字。

[25] 長吏：指縣令、長。　作主人：謂作爲東道主晏請客人。

[26] 大請：趙幼文《校箋》謂蕭常及郝經之《續後漢書》"請"字俱作"會"。

[27] 迸走入山：趙幼文《校箋》謂蕭常《續後漢書》作"鴻走入山"。

[28] 府君：對太守的尊稱。

[29] 侍養者：胡三省云："謂侍訽左右而厚蒙給養者。"（《通鑑》卷六四漢獻帝建安九年注）

[30] 纕絰（dié）：指喪服。纕，披於胸前的麻布條。絰，結在頭上和腰間的麻帶。

[31] 牙門：指牙門將。魏文帝黄初中置，爲統兵武職，位在裨將軍下。蜀漢、孫吴、兩晋亦置。魏、晋皆五品。

韶年十七，收河餘衆，繕治京城，起樓櫓，脩器備以禦敵。權聞亂，從椒丘還，[1]過定丹楊，引軍歸吴。夜至京城下營，試攻驚之，兵皆乘城傳檄備警，讙聲動地，頗射外人，權使曉喻乃止。明日見韶，甚器之,即拜承烈校尉,[2]統河部曲,食曲阿、丹徒二縣,[3]自置長吏,一如河舊。後爲廣陵太守、偏將軍。權爲吳王,遷揚威將軍,封建德侯。[4]權稱尊號,爲鎮北將軍。[5]韶爲邊將數十年,善養士卒,得其死力。常以警疆場遠斥候爲務,先知動靜而爲之備,故鮮有負敗。青、徐、汝、沛頗來歸附,[6]淮南濱江屯候皆徹兵遠徙,[7]徐泗、江、淮之地,[8]不居者各數百里。自權西征,還都武昌,韶不進見者十餘年。權還建業,乃得朝覲。權問青、徐諸屯要害,遠近人馬衆寡,魏將帥姓名,盡具識之,所問咸對。[9]身長八尺,儀貌都雅。權歡悅曰:"吾久不見公禮,不圖進益乃爾。"加領幽州牧、假節。[10]赤烏四年卒。子越嗣,至右將軍。[11]越兄楷武衞大將軍、臨成侯,[12]代越爲京下督。[13]楷弟異至領軍將軍,[14]奕宗正卿,[15]恢武陵太守。[16]天璽元年,[17]徵楷爲宮下鎮驃騎將軍。[18]初永安賊施但等劫晧弟謙,襲建業,或白楷二端不即赴討者,晧數遣詰楷。楷常惶怖,而卒被召,遂將妻子親兵數百人歸晉,晉以爲車騎將軍,封丹楊侯。〔一〕

〔一〕《晉諸公贊》曰:吳平,降爲渡遼將軍,[19]永安元年卒。[20]

《吳錄》曰:楷處事嚴整不如孫秀,而人聞知名,[21]過也。

[1] 椒丘:地名。在今江西新建縣東北。東漢末,孫策將取豫章郡,太守華歆於此築城以防禦。

[2] 承烈校尉:官名。漢末孫權置,領兵。

〔3〕曲阿：縣名。治所在今江蘇丹陽市。　丹徒：縣名。治所在今江蘇鎮江市東南丹徒鎮。

〔4〕建德：縣名。治所在今浙江建德縣東北梅城鎮。

〔5〕鎮北將軍：官名。漢末建安中置，多領兵出鎮方面。

〔6〕青：州名。刺史治所臨菑縣，在今山東淄博市東北臨淄鎮北。　徐：州名。魏刺史治所彭城縣，在今江蘇徐州市。　汝：指汝南郡。　沛：指沛國。治所相縣，在今安徽濉溪縣東北。

〔7〕屯候：猶斥候，哨兵。

〔8〕徐泗：指泗水。泗水源於今山東泗水縣東蒙山南麓，西流經泗水、曲阜、兗州等縣市，折南經濟寧市南魯鎮及魚臺縣東，轉東南流經江蘇沛縣及徐州市，此下略循廢黃河至淮陰市西南入淮河。

〔9〕所問：校點本作"有問"，百衲本、殿本、盧弼《集解》本皆作"所問"。今從百衲本等。

〔10〕幽州：刺史治所薊縣，在今北京城西南。此爲魏地，乃空名遙領。

〔11〕右將軍：官名。東漢時位如上卿，與前、後、左將軍掌京師兵衛和邊防屯警。魏晉亦置，第三品。權位漸低，略高於一般雜號將軍，不典禁兵，不與朝政，僅領兵征戰。孫吳亦置。

〔12〕武衛大將軍：官名。漢獻帝建安中曹操置武衛中郎將，魏文帝曹丕代漢後改爲武衛將軍，掌禁軍，第四品，權任甚重。孫吳亦置，權任亦重。孫吳又加"大"，爲武衛大將軍。　臨成：即臨城。縣名。治所在今安徽青陽縣南。

〔13〕京下督：官名。即駐京口之督。

〔14〕領軍將軍：官名。漢獻帝延康元年（220）曹丕置。魏沿置，爲禁軍最高統帥，由親信或宗室擔任，權勢極重。孫吳亦置。

〔15〕宗正卿：官名。漢列卿之一，秩中二千石，由宗室擔任。掌皇族親屬事務，登記宗室王國譜諜，以別嫡庶；凡宗室親貴有罪，須先報宗正，方得處治。三國沿置。

[16] 武陵：郡名。治所臨沅縣，在今湖南常德市。

[17] 天璽：吳末帝孫晧年號（276）。

[18] 宮下鎮：胡三省云："宮下鎮在建業。"（《通鑑》卷八〇晉武帝咸寧二年注）

[19] 渡遼將軍：官名。亦作"度遼將軍"。漢置，領兵出征。魏、晉沿置。

[20] 永安：晉惠帝司馬衷年號（304）。

[21] 人聞：殿本、盧弼《集解》、校點本作"人間"，百衲本作"人聞"。按，知名，自然指在人間，無須贅言，人聞與知名乃同義辭。今從百衲本。

孫桓字叔武，河之子也。〔一〕年二十五，拜安東中郎將，[1]與陸遜共拒劉備。備軍衆甚盛，彌山盈谷，桓投刀奮命，[2]與遜戮力，備遂敗走。桓斬（上兜）〔土襲〕道，[3]截其徑要。備踰山越險，僅乃得免，忿恚歎曰："吾昔初至京城，桓尚小兒，而今迫孤乃至此也！"桓以功拜建武將軍，[4]封丹徒侯，下督牛渚，[5]作橫江塢，[6]會卒。〔二〕

〔一〕《吳書》曰：河有四子。長助，曲阿長。次誼，海鹽長。[7]並早卒。次桓，儀容端正，器懷聰朗，[8]博學彊記，能論議應對，權常稱爲宗室顏淵，[9]擢爲武衛都尉。[10]從討關羽於華容，[11]誘羽餘黨，得五千人，牛馬器械甚衆。

〔二〕《吳書》曰：桓弟俊，字叔英，性度恢弘，才經文武，[12]爲定武中郎將，屯戍薄落，[13]赤烏十三年卒。長子建襲爵，平虜將軍。[14]少子慎，鎮南將軍。慎子丞，[15]字顯世。

《文士傳》曰：丞好學，有文章，作《螢火賦》行於世。爲黃門侍郎，[16]與顧榮俱爲侍臣。歸命世內侍多得罪尤，[17]惟榮、丞獨獲全。[18]常使二人記事，承答顧問，[19]乃下詔曰："自今已後，用侍郎皆當如今宗室丞、顧榮疇也。"[20]吳平赴洛，[21]爲范陽涿令，[22]甚有稱績。永安中，陸機爲成都王大都督，[23]請丞爲司馬，與機俱被害。

[1]安東中郎將：官名。孫吳置，領兵征伐。

[2]投刀：吳金華《校詁》疑作"投身"，"刀"爲"身"之壞文，脫其上半。趙幼文《校箋》亦謂"刀"字疑有誤，字當作"身"。本書卷五五《周泰傳》"投身衛權"。投身猶言舍身。吳金華《〈三國志校詁〉及〈外編〉訂補》又據劉百順《東漢魏晋南北朝史書語詞札記》，謂"投刀"不誤，"投"字當解作"揮"。在漢魏兩晋典籍中，即有"投刀""投刃""投斤""投戈""投斧刃"等説，"投"皆爲"揮"意。

[3]斬土龑道：各本皆作"斬上兜道"。盧弼《集解》云："沈欽韓曰：'上'當作'土'，謂削土填道耳。"趙幼文《校箋》則謂"上"當作"土"是也。疑"斬土"二字爲"塹"字之誤。今從沈、趙説改"上"爲"土"。又趙一清《注補》謂"兜"當作"龑"，《水經·江水注》叙及此事，即云"孫桓爲遜前驅，斬上龑道，截其要徑"。校點本即從趙説，改"兜"爲"龑"。今從之。龑道，即通往龑城之道。龑城在今湖北秭歸縣東龑子城。

[4]建武將軍：官名。東漢末曹操置，三國魏、吳置。魏爲四品。

[5]下督牛渚：百衲本無"督"字，殿本、盧弼《集解》本、校點本有。今從殿本等。

[6]橫江塢：在橫江邊。橫江即今安徽和縣與馬鞍山市之間的長江。

[7]海鹽：縣名。治所在今浙江平湖市南乍浦鎮。

[8] 聰朗：趙幼文《校箋》謂《初學記》卷一八、《太平御覽》卷三七九引"朗"字作"明"。

[9] 顏淵：孔子弟子，以好學賢德著稱。

[10] 武衛都尉：官名。孫吳置。領兵，隨從征伐。多授予宗室。

[11] 華容：縣名。治所在今湖北監利縣北。

[12] 經：吳金華《三國志校詁》云："此'經'作通曉、擅長解，亦魏晉習語。"

[13] 薄落：未詳。

[14] 平虜將軍：官名。建安中曹操置。魏、吳亦置。魏三品。

[15] 丞：《晉書》卷五四《陸機傳》作"拯"。盧弼《集解》云："何焯曰：'丞，當從《晉書》本傳作拯。下同。'丁國鈞《晉書校文》曰：'《通鑑考異》引《晉春秋》作承。'《文館詞林》（百五十六）載有孫承贈陸機詩及機答承詩，當即一人，三字形聲都近，不知孰是。"

[16] 黃門侍郎：官名。即給事黃門侍郎，東漢時，秩六百石。掌侍從左右，給事禁中，關通中外。初無員數，漢獻帝定爲六員，與侍中出入禁中，近侍帷幄，省尚書奏事。三國沿置，魏定爲五品。

[17] 歸命：即歸命侯孫晧。　罪尤：趙幼文《校箋》謂《太平御覽》卷二二一引無"尤"字。

[18] 獲全：趙幼文《校箋》謂《太平御覽》引"全"字作"免"。

[19] 承：盧弼《集解》本作"承"，百衲本、殿本、校點本作"丞"。今從盧弼《集解》本。

[20] 如今：盧弼《集解》云："何焯曰：'如今'《御覽》作'令如'。"

[21] 洛：即洛陽，在今河南洛陽市東北白馬寺東。

[22] 范陽：王國名。治所涿縣，在今河北涿州市。

［23］成都王：即成都王司馬穎。爲西晉八王之亂中的一王。《晉書·陸機傳》成都王穎與河間王顒起兵討長沙王乂，以陸機爲後將軍、河北大都督，督北中郎將王粹、牽秀等諸軍二十餘萬人。

評曰：夫親親恩義，古今之常。宗子維城，[1]詩人所稱。況此諸孫，或贊興初基，或鎮據邊陲，克堪厥任，不忝其榮者乎！故詳著云。

［1］宗子維城：《詩·大雅·板》之辭。謂宗子就像城牆。